Robert Dž. Sternberg
LJUBAV JE PRIČA

XXI vek
Knjiga 6

Urednik
SIMON SIMONOVIĆ

Recenzija
Prof. dr LJUBOMIR ŽIROPAĐA

Na koricama: Rafael, "Trijumf Galateje", 1511.

ROBERT DŽ. STERNBERG

LJUBAV JE PRIČA

Nova teorija odnosa

Prevela sa engleskog
LJILJANA MIOČINOVIĆ

RAD

Za Alehandru

❧SADRŽAJ

I PRIČE KOJE PRIČAMO

II LJUBAVNE PRIČE

⁓❧PREDGOVOR

Kao i svi drugi i ja sam proveo dosta vremena pokušavajući da odgonetnem zašto su neki od mojih bliskih odnosa bili uspešni, a zašto su neki propali. Kao i mnogi drugi ljudi, čitao sam o odnosima, video različite medijske prezentacije o njima, išao kod savetnika koji su mi obećavali da će mi pomoći da ih razumem. Čak sam i jedan deo svoje profesionalne psihološke karijere proveo pokušavajući da razumem šta je to u nekima od njih bilo dobro za mene a šta nije. Čudno, ali izgleda da mi čak ni moje sopstvene teorije nisu omogućile da razumem ono za čim sam tragao – bilo svoje sopstvene odnose bilo odnose drugih ljudi.

Ljubav sam počeo da proučavam ranih 1980-ih, usredsređujući se u početku na njenu strukturu. Zajedno sa svojom diplomiranom studentkinjom, Suzan Gradžek, predložio sam psihometrijski tip teorije ljubavi.[1]

Cilj nam je bio da otkrijemo da li se ljubav može razumeti pomoću strukturalnih građevinskih blokova, i ako može, da otkrijemo njihovu prirodu. Prema toj teoriji, ljubav bi se mogla razumeti pomoću velikog broja različitih emocija, misli i motivacija – kao što su briga za drugu osobu, dobra komunikacija i pružanje podrške. Problem je bio u tome što je ovaj niz "građevinskih blokova" opisivao elemente ljubavi, ali ih nije sistematizovao niti je ukazivao na to zašto ja ili bilo ko drugi voli neke ljude a druge ne.

Krajem 1980-ih godina predložio sam novu, trougaonu teoriju ljubavi, prema kojoj se ljubav sastoji iz tri komponente: intimnosti, strasti i predanosti.[2] Različite vrste ljubavi bi uključivale različite kombinacije ovih komponenti. Na primer, romantičnu ljubav bi karakterisala intimnost plus strast, zanesenu ili ludu ljubav predanost koju pokreće jedino strast i ostvarenu ili potpunu ljubav kombinacija sve tri komponente – intimnost, strast i predanost. Iako je ova teorija sistematizovala ljubav na način na koji to prethodna teorija nije, ona ipak nije objašnjavala zašto se ja, ili bilo ko dugi, zaljubljuje ili može da održi ljubavni odnos sa jednom ali ne i sa drugom osobom.

Sredinom 1990-ih stvari sam počeo da sagledavam u novom svetlu. Shvatio sam da treba da razumem i sistematizujem mnogobrojne priče koje sam čuo o raznim odnosima. Ove priče su se veoma razlikovale, ne samo kada je reč o samim odnosima, već ponekad i u okviru istog odnosa. Dva partnera mogla su da imaju sasvim različite priče o svom odnosu, i što su se njihove priče više razlikovale to su oni bili manje zadovoljni odnosom. Tako sam počeo da formulišem novo shvatanje o ljubavi – kao – priči.[3] To shvatanje ovde iznosim. Osnovna ideja je da se mi zaljubljujemo u ljude čije su priče iste ili slične našoj, ali čije su uloge u tim pričama komplementarne sa našom. Prema tome, oni su na neki način slični nama, ali se po svoj prilici na neki drugi način razlikuju od nas. Ako se desi da se zaljubimo u osobu čije su priče potpuno različite, naš odnos i ljubav u njegovoj osnovi izloženi su velikoj opasnosti.

Prikupili smo dosta podataka da bismo testirali naše shvatanje o ljubavi – kao priči, i u ovoj knjizi ih iznosimo, ali naši pokušaji da procenimo njegovu valjanost još su u toku, i po svoj prilici će još dugo trajati. Prema tome, ova knjiga predstavlja izveštaj o radu koji je u toku, a ne krajnji prikaz potpuno proverene teorije.

Ovu knjigu sam napisao za sve koje zanima ljubav, a to po svoj prilici uključuje sve nas. To nije knjiga tipa kako – da, niti je to knjiga koja se zalaže za određenu vrstu mentaliteta. Pokušao sam na napišem ozbiljan, a ipak pristupačan rad koji bi mogao biti od koristi kako običnim ljudima tako i profesionalcima. Nadam se da je u njemu izneto shvatanje ljubavi koje će odgovoriti na pitanja na koja tradicionalne teorije – uključujući i moje prethodne – nisu mogle da odgovore, na primer zašto se zaljubljujemo u osobe u koje se zaljubljujemo i zašto naša ljubav prema nekim ljudima traje, a prema nekima ne.

Veliki broj ljudi je, kako neposredno tako i posredno, doprineo ovoj knjizi. Moji prvi saradnici u istraživanju o ljubavi, Suzana Gradžek i Majkl Barnes, igrali su važnu ulogu u razvoju mog mišljenja. U novije vreme, saradnja sa An Bil takođe mi je pomogla da dalje razvijem svoje ideje o ljubavi, naročito s obzirom na to kako je ona konstruisana u određenom društvu.[4]

Mahzad Hodžat bio je dragocen saradnik u razvoju stavki u inventaru u ovoj knjizi kao i ocenjivanju raznih priča o ljubavi. Hodžat je takođe sarađivao i u procenjivanju valjanosti teorije, uključujući i studiju u kojoj su članovi jednog velikoj razreda koji je pohađao predavanja iz psihologije pričali priče o svojim ljubavni odnosima. Nil Veksler je takođe bio od dragocene pomoći prilikom prikupljanja i prikazivanja priča izloženih u ovoj knjizi, i sugerišući priču nastavnik–učenik.

Dugujem zahvalnost svim oni saradnicima koji su radili sa mnom u raznim stadijumima razvoja moga rada o ljubavi. Sai Durvasula provela je mnogo sati na kompjuterskoj obradi teksta na čemu sam joj iskreno zahvalan. Na kraju, želim da se zahvalim Džoani Bosert što je prihvatila ovu knjigu za štampanje, Sju Vaega na izvršenoj lekturi i korekturi rukopisa i Kim Tore-Taso što je ovu knjigu objavila kod Oxford University Press-a, i svim članovima moje porodice od kojih sam naučio toliko mnogo o ljubavi.

Priče u ovoj knjizi počivaju ili na stvarnim individualnim slučajevima ili predstavljaju kombinaciju slučajeva razvijenih tokom mnogih godina. Međutim, imena i pojednosti su izmenjeni kako bi se obezbedila potpuna anonimnost.

R.Dž.S.
Nju Heivn. Kon.
Avgust, 1997

I
PRIČE KOJE
PRIČAMO

Šta znači kada se kaže da je ljubav priča? Koje su karakteristike priče? Kako se priče razvijaju? Ovim pitanjima bavimo se u ovom delu knjige. Pokazaću vam šta su ljubavne priče, zašto su one važne, i kako njihovo razumevanje može da promeni vaš život.

LJUBAV KAO PRIČA

Zak i Temi su u braku dvadesetosam godina. Sve to vreme njihovi prijatelji predviđaju da će se razvesti i njihova predviđanja čine se sasvim razumnim. Temi stalno preti da će napustiti Zaka; on, pak, besno uzvraća da ga ništa u životu ne bi više usrećilo.

Zak i Temi se skoro stalno prepiru, dovodeći ponekad svoje prijatelje u nepriliku, zato što su njihove svađe bučne i javne. Njihovi prijatelji ne mogu da zamisle lošije uklopljen par, i smatraju da njih dvoje, po svoj prilici, ostaju zajedno jedino zbog obične inercije.

S druge strane, Valerija i Leonard su se razveli. Niko ko ih poznaje izgleda da ne može da razume zašto. Činilo se da imaju savršen brak. Naravno, kao i mnogi drugi parovi koji skrivaju probleme i bol koji osećaju u svom odnosu. Ali ovde je čudno to što su i Valerija i Leonard, takođe, mislili da imaju savršen brak. To su govorili jedno drugom, a isto su govorili i svojim prijateljima. Njihova deca su izjavljivala da se njihovi roditelji praktično nikada nisu svađali, i njihove svađe, čak i kada su se svađali, više su ličile na manja neslaganja.

Na kraju, Valerija i Leonard su se razveli kada je Leonard sreo koleginicu na poslu i zbog nje ostavio Valeriju. Leonard je bio pomalo zbunjen i posramljen zbog svog ponašanja, i jedino je mogao da ga objasni tako što je rekao da je konačno našao pravu ljubav. Ali priznao je da je pre nego što se dosada uselila u njihov brak, takođe smatrao da je Valerija njegova prava ljubav. Na kraju, išao je na terapiju pokušavajući da shvati šta se dešava.

Na osnovu zdravog razuma, Zak i Temi bi trebalo da se razvedu, a Valeri i Leonard da doveka ostanu u srećnom braku. Čini se da njihove sudbine protivureče svakom razumnom predviđanju, bez obzira na osnovu koje teorije je doneto. Ima li načina da razumemo šta se desilo ovim parovima.

LJUBAVNE PRIČE

Jedan od načina da razumemo ponašanje ova dva para jeste da razmotrimo koju vrstu priče svaki od partnera ima o tome šta je ljubav u njihovom trenutnom odnosu i o tome šta bi ljubav idealno trebalo da bude. Priče partnera o tome šta je ljubav i šta bi ona trebalo da bude mogu da se podudaraju ali i ne moraju. Pitam se da li opstanak jednog para zavisi od toga da li njihove pojedinačne priče o tome kakva bi ljubav idealno trebalo da bude dovoljno liče na priče o njihovom stvarnom odnosu. Na primer, neko ko želi da živi romantičnu bajku, a otkrije da zapravo živi u ratnoj priči, po svoj prilici biće nezadovoljan. Drugi koji više voli ratnu priču smrtno će se dosađivati u romantičnoj bajci.

Ono što je zanimljivo kod Zaka i Temi jeste to da su i jedno i drugo u svojim pričama ljubav videli kao rat. Bez obzira na to kako se čudan ili čak smešan njihov odnos mogao činiti drugim ljudima, za njih je on bio uspešan. Dobro je odgovarao onome što je svako od njih želeo, a oboje su želeli istu stvar. Za razliku od njih, Valeri i Leonard su imali odnos koji se drugim ljudima činio dobrim, ali koji se nije podudarao sa Leonardovom pričom o tome šta on želi. I konačno, on i Valerija su želeli sasvim različite stvari. Odrasli su na veoma različitim pričama o ljubavi i njihove priče o tome šta je ljubav i dalje su se razlikovale.

Svi mi odrastamo na ljubavnim pričama. Erik Sigal napisao je roman best-seler i nazvao ga jednostavno *Ljubavna priča*. Naslov je bio pun pogodak. Knjiga je postigla ogroman uspeh kako u knjižarama tako i na filmu. Da li priče poput ove utiču na naše odnose u stvarnom životu?

Često nam govore da treba da budemo realistični – da razdvajamo priče koje pričamo sebi od onoga što se stvarno dešava, da razlikujemo stvarnost od fikcije. Suština boljeg upoznavanja jedne osobe jeste, po svoj prilici, u tome da se otkrije kakva je ona "odista", da se prodre iza onoga što se opaža ili zamišlja da je ona.

Ali kada je reč o ličnim odnosima jednostavno nije mogućno jasno razlučiti činjenice od fikcije, zato što činjenice o odnosu oblikujemo tako da se uklapaju u naše lične fikcije. Na mnogo načina, mi smo skup naših priča. Kao što je Imanuel Kant istakao u svojoj *Kritici čistog uma*, ako postoji objektivna stvarnost, ona je nesaznatljiva. Mi jedino možemo da znamo stvarnost koju sami konstruišemo. A ta stvarnost ima oblik priče.

Prema tome, ljubav je zaista priča, samo što smo je napisali mi, a ne Vilijam Šekspir, Gabrijel Garsija Markes, Erik Sigal ili Barbara Kartland.[5] Priče o ljubavi postoje otkad je sveta i veka, i osnovne teme i zapleti ovih priča malo su se promenili. Međutim, promenio se način kako se one odigravaju u svakodnevnom životu, kao i popularnost nekih priča u odnosu na druge. Mi mnogo lakše pronalazimo sebe u ljubavnim pričama – bilo da su u romanima, pozorišnim komadima, sapunicama ili negde drugde – nego u knjigama tipa

17

kako pomoći sam sebi ili u člancima u časopisima koji sadrže listu uopštenih koraka koje se od nas očekuje da učinimo kako bismo razumeli i poboljšali svoj odnos. Stoga bi možda trebalo više da obraćamo pažnju na ljubavne priče u našim životima, a manje na ove liste sa logički propisanim postupnim koracima. Problem sa ovim listama nije u tome što nisu racionalne; one jednostavno ne daju željene rezultate čak i kada se obrađuju kao deo kursa iz psihoterapije.

Konvencionalne terapije čiji je cilj poboljšanje ljubavnog života ljudi nemaju uspeha ako se bave jedino *dejstvima* priča koje sebi pričamo – drugim rečima, našim razumevanjem zašto je odnos propao. Mi treba da razmotrimo same priče.[6] Ljudi idu od jednog do drugog terapeuta, od jednog do drugog bračnog savetnika, da bi na kraju otkrili da se stvari ne poboljšavaju. I to sve zato što se leče simptomi a ne uzorci, kao što aspirin leči simptome a ne uzrok bolesti. Aspirin može da smanji groznicu povezanu sa virusom, ali on neće izlečiti osobu od virusa. Što je još gore, groznica povezana sa virusom nije prouzrokovana virusom, u svakom slučaju. To je reakcija tela, koje pokušava da podigne temperaturu i ubije virus. Prema tome, ako tretiramo jedino simptome, možemo u stvari samo da pogoršamo stvari.

Kada je reč o odnosima, simptomi neuspeha – bilo da je to depresija, razdražljivost ili strepnja – znaci su da nešto ne valja. Odlazak na terapiju ili uzimanje pilula može da ublaži simptome depresije ili strepnje ali da pritom uopšte ništa ne čini da se poboljša odnos koji u stvari izaziva problem. Mi na kraju možemo da počnemo da tolerišemo odnos koji nastavlja da bude loš po nas – odnos koji se loše uklapa u našu ličnu idealnu ljubavnu priču – a jedino što zapravo treba da uradimo jeste da ili promenimo naš odnos ili da promenimo našu priču.

Film *Kada je Hari sreo Seli* postigao je priličan uspeh kada se pojavio u bioskopima zato što je istraživao ideju ljubavnih priča, a posebno načina kako se priče o ljubavi razlikuju od priča o prijateljstvu. Harijev odnos prema Seli i način kako ju je opažao uklapali su se u njegovu unapred stvorenu ideju o priči ali ne priči o ljubavi već priči o prijateljstvu. Uprkos njihovom bliskom odnosu, Hari je proveo mnogo godina tragajući za romansom sa drugim ženama. Konačno je promenio svoju priču o ljubavi, delom zbog svog odnosa sa Seli. Ali sve dok se ta priča nije promenila, Hari nije mogao da vidi Seli na romantičan način, bez obzira na to šta bi neko od njih učinio. Kada je Hari promenio svoju priču, njegov odnos sa Seli se poboljšao pa čak i promenio.

Ljudi će uvek biti romantično angažovani, pa će stoga uvek biti onih koji će pokušavati da razumeju, poboljšaju i promene svoje intimne odnose. Oni ulažu velike napore da to postignu: razgovaraju jedno sa drugim, sa prijateljima izvan odnosa, sa članovima porodice, sa terapeutima. Kupuju knjige, pohađaju kurseve, gledaju video trake. Ali koliko oni zaista imaju uspeha u svojim nastojanjima da poboljšaju svoj odnos. Stopa razvoda, koja se u SAD i mnogim drugim zemljama kreće oko 50%, daje nam samo veoma ograničenu ideju o tome. Svi se možemo setiti odnosa koji se po svoj prilici neće raspasti, ali koji su ipak nesrećni. Većina nas može da na prstima jedne ruke izbroji odnose za koje zna da odista jesu srećni.

Ili su intimni odnosi izuzetno teški ili su naši su pokušaji da ih razumemo i poboljšamo neuspešni zato što ne uspevamo da uzmemo u obzir važan aspekt onoga što ih održava. Ovde nam može pomoći ideja o ljubavi kao priči. Svako od nas ima idealnu priču o ljubavi, i to je možda ono najvažnije što možemo da naučimo o sebi.

ODNOSI KAO PRIČE

Kada prvi put sretnemo nekoga mi sasvim prirodno želimo da ga bolje upoznamo i vidimo da li on razmišlja na način na koji mi razmišljamo. Želimo da uskladimo svoje prve utiske sa stvarnošću, da zamenimo činjenice fikcijom, istinu sa pričom. Mi zamišljamo, da upoznajući nekoga, zamenjujemo "fikciju" sa "realnošću" nefikcije. Ali ako razmišljamo o prvim utiscima, o ritualima povezanim sa udvaranjem i venčanjem, ova zamena se, u stvari, često ne dešava. Stupamo u odnos sa mnogo unapred stvorenih ideja. Ove ideje ili priče, nisu same po sebi tačne ili pogrešne, iako mogu biti u manjoj ili većoj meri adaptivne – to jest, da u manjoj ili većoj meri pomažu zdravo uklapanje u sredinu. A ono što se smatra prilagođenim ponašanjem menja se od vremena do vremena i od mesta do mesta. Na primer, u jednoj kulturi može se smatrati da je ljubav neophodan deo braka; u drugoj se može misliti da je ona nevažna za brak. U obe ove kulture, ove vrednosti se mogu usvajati ne kao proizvoljna stvar kulturnih konvencija, već kao nešto što je ispravno odnosno pogrešno. Ono što se smatra "stvarnostima" pre su u stvari opažanja stvarnosti – priče. Priča osmišljava naš odnos u životu. Ponekad svaki od partnera u odnosu pridaje različito značenje istim postupcima ili događajima, zato što svako tumači postupke ili događaje u okviru različite priče.

Moja priča, tvoja priča

Kada je Tajron sreo Samantu, mislio je da je našao ljubav svog života. Pre toga napravio je mnogo grešaka, ali ne i ovog puta. Činilo se da Samanta ima sve ono za čim je tragao, kao i ono što je mislio da nikada neće pronaći. Bila je lepa, visprena, seksi, otvorena, staložena, zainteresovana za sport, sa finim smislom za šalu. A što je bilo najbolje od svega, interesovala se za njega. Tajron je predložio Samanti da idu zajedno na utakmicu i ona je prihvatila.

Tokom prvog meseca Tajron i Samanta su se viđali redovno. Drugog meseca već su bili nerazdvojni. Posle trećeg meseca kod Tajrona su počele da se rađaju izvesne sumnje. Bio je prilično siguran da se Samanta krišom viđa sa još jednim muškarcem, a možda i sa više njih. Cela priča počela je da poprima dobro poznati ružni oblik – žena kojoj se ne može verovati, koja se pretvara da je iskrena ali koja vara čim joj se ukaže prva prilika. Tajron je bio zadovoljan što je upoznao Samantu bolje, pre nego što bude isuviše kasno. Posle nekoliko ružnih scena, odnos je imao gorak kraj. Tajron je bio zadovoljan zbog toga, kao i Samanta, koja se nije viđala ni sa kim sem sa Tajronom, ali koja nije želela da bude sa čovekom za koga je počela da misli da pati od deluzija*.

Iako može biti da Tajron pati od deluzija, da neprestano zamišlja da ga partnerke varaju, u izvesnom smislu svi mi ličimo na njega. Kako upoznajemo ljude, tako počinjemo da na njih projektujemo svoje sopstvene misli i osećanja – stečenu mudrost kao i emocionalni balast prošlosti. Kao rezultat toga, iako osećamo da sve bolje upoznajemo nekoga, to u stvari uopšte ne mora da bude tako. Naprotiv, mi možda stvaramo priču koja ima sve manje i manje veze sa osobom kakva je ona odista a više sa onim kakvom je mi *zamišljamo*. Bez sumnje, mi znamo ljude jedino kroz način kako ih opažamo.

Ali ja nisam kao Tajron, kažete vi. No možda više ličite na njega nego što mislite. Jednom sam razgovarao sa jednim

---

* Deluzija, bolesno verovanje u nešto što nije istinito, što se može dosta lako utvrditi (prim. prev.)

čuvenim istraživačem ljubavi o njegovom odnosu sa supru-
gom. Ovaj čovek je bio jedan od vodećih stručnjaka u oblasti
bliskih odnosa, elita među onima koji tragaju za psihološkim
razumevanjem takvog partnerstva. Opisao mi je kako je
jednog dana, posle više od dve decenije braka, razgovarao sa
svojom suprugom u dnevnoj sobi. Vatra je gorela u kaminu,
napolju se spuštao suton, i čitava situacija nije mogla biti ro-
mantičnija. Njegova žena je napravila jedan uzgredan komen-
tar, i iznebuha njegovo celo viđenje odnosa se promenilo.
Shvatio je da način kako ona shvata odnos i kako ga on vidi
nemaju ništa zajedničko. Više od dvadeset godina su zajedno,
a on to nikako nije primetio. Dalji razgovor potvrdio je, bar
njemu, njegovu novu hipotezu. I njegov brak se konačno ra-
spao.

Ovaj istraživač ljubavi nije bio Tajron. Pa ipak bio je pod-
ložan iluzijama kao i svi mi. Da li je njegova nova percepcija
bila tačna? Pa, nema načina da budemo sigurni u to. Kao i
Tajron, i on je počeo sa jednom pričom i onda ju je zamenio
drugom. Njegova supruga, poput Samante, imala je svoju,
različitu priču. Nema objektivne, "tačne" priče o odnosu, ili
bar ne one koju možemo znati.

Ako sumnjate, razgovarajte sa dve osobe koje se upravo
razvode. Često izgleda kao da svaka od njih opisuje različit
brak. Odnos koji jedan partner opisuje veoma malo liči ili
opšte ne liči na ono što drugi opisuje. To je glavni razlog za-
što se razvode. Priče o njihovom odnosu počele su toliko da
se razlikuju da praktično nemaju ničeg zajedničkog.

Međutim, priče se ne razlikuju samo kod odnosa koji se ra-
spadaju. Zajedno sa Majklom Barnesom, izvršio sam istraži-
vanje u kojem sam tražio od parova da popune upitnik u
kojem su postavljana pitanja o tome šta osećaju prema svom
partneru i šta misle da partner oseća prema njima.[7] Bilo je

pitanja kada je svaki partner trebalo da pogađa kako će onaj drugi odgovoriti. Skala se kretala od 0 do 1, gde je 0 značila da je osoba potpuno slučajno pogodila kako će partner odgovoriti, a i da je partner uvek tačno pogodio, korelacija između toga kako je partner stvarno odgovorio i kako je osoba mislila da će njen partner odgovoriti bila je oko 0.3. Drugim rečima, postojala je samo umerena veza između između onoga kako su pojedinci odgovarali i kako su njihovi partneri mislili da će oni odgovoriti. Ljudi su imali samo veoma maglovitu ideju o tome šta njihovi partneri stvarno osećaju prema njima. A to su bili parovi čiji su odnosi bili stabilni! Zamislite kakvi bi rezultati bili kod parova čiji se odnosi raspadaju. Na osnovu svog iskustva znam da se često dešava da je jedan od partnera nezadovoljan ili da čak želi da se razvede, a da je drugi partner obično potpuno nepripremljen za to. Pa ipak, ako pitate partnera koji želi da se razvede da li je vest neočekivana, reći će vam da je upozoravao onog drugog desetak pa čak i stotinu puta. Priče o odnosu dva partnera toliko su se razmimoišle da je njihova komunikacija u velikoj meri postala iluzija. Nasuprot tome, odnosi imaju mnogo više izgleda da uspeju kada zajednička priča ima isti pogled na svet, pretpostavke o odnosima i tumačenje događaja. Sve što čini osnovu za dobru komunikaciju.

Činjenica da ljudi imaju različite priče o ljubavi baca svetlost na jednu veoma važnu stvar o ljubavi. Nastojanje da se otkrije šta ljubav "jeste" može biti osujećujući i jalov posao, zato što ona ne znači potpuno istu stvar za bilo koje dvoje ljudi. To je priča za svakoga, ali ono što se nalazi u toj priči može se veoma razlikovati od jedne do druge osobe. Istovremeno, ipak, dvoje ljudi u jednom odnosu treba da pored svojih individualnih priča, stvore nekako i zajedničku priču.

Naša priča

Ne samo da svaka osoba može da ima ličnu priču o odnosu, već i svaka osoba može da ima ideju o zajedničkoj priči za koju veruje da je i drugi partner deli. Zajednička priča može ali i ne mora da odgovara individualnoj priči svakog od njih, i naravno oba partnera mogu da imaju različite ideje o zajedničkoj priči. Razmotrimo slučaj Bet i Blejka.

Bet i Blejk su zajedno dvadeset godina i oboje su srećni u odnosu. Oboje su ponosni na činjenicu da su ostali zajedno dvadeset godina, i mada je ponekad bilo napetosti, naročito zbog njihovo dvoje dece, u braku je bilo relativno malo trzavica. Po mnogo čemu bili su model srećnog para. Mada, ruku na srce, možda ne baš u svemu.

Bet se viđa šest možda sedam meseci sa Dejvidom. Dejvid je razveden i nije zainteresovan da se ponovo oženi. Čudno, i Beti uopšte ne pada na pamet da napusti Blejka. Ona je stvarno srećna sa njim, ali na miran i donekle neuzbudljiv način. Otkrila je da viđanje sa Dejvidom u njen život donosi uzbuđenje kakvo nikada nije imala sa Blejkom.

Bet se oseća krivom zbog svog odnosa sa Dejvidom. Zna da njihov odnos nema nikakvog smisla, i šta više, da bi Blejk, ako bi ga otkrio, istog časa napustio kuću.

Ne bi bilo izmirenja – ne kod Blejka. Isuviše je on ponosan. Jedan deo nje želi da istog trena prekine odnos sa Dejvidom, pre nego što bude isuviše kasno. Ali drugi deo nje – koji kao da postoji paralelno sa prvim – izgleda da ne može to da dopusti.

Bet ima čudno ambivalentno osećanje prema celoj situaciji. Njena aktualna priča o njenom odnosu sa Blejkom je pozitivna. Njihova zajednička priča je takođe veoma pozitivna, ali kakva, je zapravo, ta njihova zajednička priča? Ona zna da

Blejkova ideja zajedničke priče i njena ne mogu biti iste. Kada je sa Blejkom, ona zna da se pretvara. Njena aktualna priča sa Blejkom je isuviše različita od njene idealne priče. Pre ili kasnije, nešto će se desiti. Samo što Bet nije sigurna šta će to biti.

Slučaj Bet i Blejka je u stvari mnogo složeniji nego što se to čini, zato što se, Blejk, bez Betinog znanja, takođe viđa sa drugom osobom, i razmišlja na skoro isti način kao i ona. Da su rekli jedno drugome da osećaju da njihov odnos stagnira, možda su ga i mogli popraviti. Umesto toga, svako od njih je nastojao da onog drugog drži u mraku.

Izgleda da su se i Bet i Blejk pretvarali mada su u stvari imali možda više zajedničkog nego što su znali. Ponekad se zajednička priča jednog para toliko istroši, da ne može da izdrži ni najmanju probu. Nedavno se u novinama pojavio članak o vereničkom paru koji se rastao zbog loza. Žena je kupila loz i dala muškarcu da ga čuva. Loz je dobio zgoditak i žena je želela da ga uzme – bio je njen. Muškarac nije video stvar na isti način – loz je bio njihov, a on je verovao da muškarac treba da raspolaže novcem. Sada je na sudu da presudi. Par je otkrio, isuviše kasno, da njihovi pogledi na odnos i nisu baš mnogo slični.

Često se kaže da vremenom partneri postaju sve sličniji. Razlog za to jeste jednim delom taj što ljudi ne samo da pokušavaju da izaberu partnera sa podudarnom pričom već takođe i postupaju na način kojim aktivno oblikuju ponašanje svog partnera, kako bi se njihove priče što bolje uklopile. Drugim rečima, ako se partner ne uklapa sasvim u željenu ulogu, osoba će postupati tako da će, svesno ili nesvesno, kod njega ohrabrivati željeno ponašanje. Rezultat tog oblikovanja može da bude da partner počne da igra ulogu u odnosu koju ranije nikada ne bi mogao da zamisli kao moguću. Ta uloga za njega može ali i ne mora da bude prijatna pa čak ni pri-hvatljiva. Ako uloga nije prihvatljiva, on može da smatra da odnos vrši nasilje nad njim a da on to nikako ne želi.

Odnosi su moćni i oblikuju nas i menjaju na način na koji možda ne želimo. Nas na akciju ne pokreće samo naša ljubavna priča, već i ljubavna priča našeg partnera. A situaciju kompli-kuje činjenica da svako od nas ima više priča o ljubavi. Kako se sve ove priče odvijaju? Da li su svesne? O ovim i drugim pitanjima govorićemo u sledećem poglavlju.

NAŠE VIŠEVRSNE PRIČE O LJUBAVI

Svako od nas obično ima više priča o ljubavi, a ne samo jednu. Ove priče govore jasno da ljubav ne samo što ne znači isto za različite ljude, nego da čak za svakog od nas pojedinačno nije jednostavna stvar. Razmotrimo slučaj Arona i Lusi.

Aron se viđa sa Lusi sedam meseci. Ovo je za svakog od njih drugi pokušaj, ali se oboje ponašaju kao da je to ono pravo. Otkrili su da oboje žele iste stvari od života i da se dopunjuju. Kada su zajedno sve je napokon mirno i opušteno. U prethodnim brakovima oboje su se neprestano svađali i skoro nikada nisu bili mirni i opušteni. Kakva promena! Počeli su da razgovaraju o braku i deci – o zajedničkom životu. Razgovori koji su počeli kao razgovori o hipotetičkoj budućnosti polako su prerasli u razgovore o onome što se činilo stvarna budućnost. Lusi nije sasvim sigurna kako su se te obične spekulacije tako brzo promenile u nešto više od praznih razgovora. Ali to se nekako desilo samo od sebe.

Nažalost i nešto drugo se desilo. Samo tri nedelje ranije, Aron uopšte ne bi mario za Doti. Sada misli da mu je do nje stalo. Na jednonedeljnom poslovnom putu, u fabričkom

postrojenju koje je posetio, sreo je Doti, pomoćnicu mena-
džera. Kako su dani prolazili, to je počinjalo sve više da liči
na priču o Doti nego na priču o poslovom putu. Sve je poče-
lo tako što je pokušao da joj proda mašinske delove, a zavr-
šilo se njegovim pokušajima da joj proda sebe. Aron je potpuno
zbunjen.

Ima dobar odnos sa Lusi i ne traži drugi. Naprotiv, vidi
Lusi i sebe kao ozbiljan par. Oboje su ozbiljni ljudi, i našli su
zajednički život bez kavgi i stresa iz prethodnih brakova.
Njihov zajednički cilj bio je da im odnos bude bez gloženja.
Njegov novi odnos sa Doti uopšte nije bio takav. Pre bi se
moglo reći da liči na brak koji je upravo ostavio za sobom.
Trebalo bi da beži od Doti što ga noge brže nose, ali njegove
noge se uopšte nisu pokretale, a kamoli bežale.

Njegov odnos sa Doti najveći deo vremena bio je zabavan,
i ne veoma ozbiljan. Ali kada su se svađali – a bile su već dve
svađe – sve je praštalo; posle njih bio je napet i nije mogao
dobro da funkcioniše. On misli da je lud što se spetljao sa
Doti, ali ipak joj se stalno vraća.

Aron nije Lusi spomenuo Doti, niti je Doti govorio o
Lusi. Zaključio je da do kraja nedelje mora da donese neku
vrstu odluke. Raskinuće ili sa Doti ili sa Lusi, ili prilagoditi
svoj odnos sa jednom ili drugom, ili nešto treće što još nije
smislio. Jedno je zasigurno znao da ne želi da dođe u situ-
aciju da ima dve veze u dva različita grada. Osećao se užasno.
Ne razume kako mogu da ga privlače i Lusi i Doti – one se
tako razlikuju jedna od druge. Jedino što zna jeste da ga obe
privlače.

Aron je konačno prekinuo sa Doti i vratio se Lusi. Ali
uskoro posle toga, veza sa Lusi se takođe prekinula. Nije za-
dovoljavala ni Arona ni Lusi. Za oboje, to je bio pokušaj da
se što je moguće više udalje od ranijih odnosa. Ali ići od

jedne krajnosti do druge ne daje rezultate. To je pre strategija za izbegavanje prošlosti nego za suočavanje sa budućnošću.

Aronova situacija nije neuobičajena. Svi mi imamo više od jedne priče koje nastojimo nekako da izmirimo u našim ljubavnim odnosima. Obično nismo svesni kakve su to priče, niti smo svesni da one za nas nisu podjednako važne. Drugim rečima, neke priče nam se više sviđaju od drugih. Različiti partneri bude u nama različite priče.

Kao rezultat toga, ono što u jednom trenutku prihvatamo kao zadovoljavajući ili čak kao dobar ljubavni odnos može ubrzo da postane neadekvatan ako drugi potencijalni partner počne da igra ulogu u drugoj priči koja zauzima više mesto u našoj hijerarhiji preferencija. Kada sretnemo novog potencijalnog partnera koji odgovara priči koja je na višoj lestvici u našoj hijerarhiji, stari partner može odjednom da izgubi mnogo od svoje privlačnosti. Čak je i zbunjujuće kako neko ko se činio privlačnim u jednom trenutku može da u sledećem izgleda relativno neprivlačan. Takve promene mogu da se dese kada nismo svesni naše hijerarhije priča i uticaja koje one imaju na nas.

Budući da često nismo svesni sadržaja naših preferencija, pa čak ni toga da imamo hijerarhiju, možemo biti iznenađeni kao i svi ostali kada otkrijemo da preispitujemo naš postojeći odnos sa potpuno nove tačke. To se upravo desilo Aronu. Obe žene mu se dopadaju, zato što svaka može da igra ulogu u jednoj od njegovih priča. Aron je zbunjen jer ne zna šta želi.

U stvari on želi obe ljubavne priče, ali ne želi da istovremeno ima dva odnosa. Tako on, poput većine nas, mora da izabere jedan od njih, ili nijedan. Aron po svoj prilici ima sreću zato što nijedan od njegovih odnosa na kraju krajeva nije uspešan, zato što nijedan od njih ne odgovara priči koja bi ga u potunosti zadovoljila.

Isto se desilo i Leonardu u ranije pomenutoj vinjeti. Ispočetka se činilo da Valerija odgovora onome što je Leonard mislio da želi od ljubavnog odnosa. Leonard je mislio da je Valerija ono što on želi, sve dok nije otkrio nekog drugog čija je priča bila još bliža njegovom idealu. Naravno, on još može da sretne nekoga čija je priča još sličnija njegovom idealu, ili može da promeni svoju idealnu priču. U izvesnom trenutku, mi svi treba da odlučimo da li je ono što imamo dosta blisko idealu, ili da se izložimo opasnosti od niza vrlo kratkih odnosa.

PENJANJE NA PLANINU

Zamislite da se nalazite u podnožju planine. Želite da se popnete na vrh, ali mračno je i uz to oblačno, tako da ne možete da vidite vrh planine, pa čak ni mnogo daleko uz stazu kojom se penjete. Jedini način da se popnete na planinu jeste da prvo svojim stopalom opipate oko sebe, a onda učinite korak koji će vas odvesti naviše. Međutim, morate da pravite male korake, jer ako napravite veliki korak možete slučajno da padnete.

Tako se vi polako penjete planinom, ne znajući zasigurno kuda idete. Konačno stižete na vrh – i gde god da stavite nogu, ona je na nižem mestu od onoga na kojem se sada nalazite. Sada ne možete nikuda ići sem naniže. Prema tome, mora da ste na vrhu planine, zar ne? E pa nije baš tako.

Vi stvarno ne znate da li ste se popeli na vrh planine. Možda ste samo dospeli do najvišeg mesta na toj stazi, ali ne i do najvišeg vrha cele planine. Budući da je mračno vi ne možete čak ni znati da li je vrh do koga ste dospeli samo lokalni vrh ili najviši vrh planine. Možda ste se zaustavili na relativno niskom uzvišenju, misleći da ste dospeli do vrha. Sve oko vas vodi naniže, ali vi ne znate da samo četvrt milje od vas postoji staza koja vodi do višeg vrha.

Imate dve mogućnosti. Možete da odlučite da ste se popeli dosta visoko i ostanete gde ste. Ili se možete spustiti na neku drugu tačku planine i ispočetka započeti celi proces, nadajući se da ćete pronaći viši vrh. Taj ćete viši vrh možda naći, a možda i nećete. Nema načina da budete sigurni. Stoga morate da donesete odluku hoćete li da rizikujete. U najboljem slučaju, možete naći viši vrh, još uvek ne znajući da li je to ujedno i najviši vrh. U najgorem slučaju, nikada nećete pronaći vrh koji je visok kao onaj na kojem se upravo nalazite. Drugim rečima, možda se nikada ponovo nećete uspeti da popnete toliko visoko kao sada.

Tako je i sa pričama o ljubavi. Vi nikada u stvari ne znate da li je odnos u kome ste sada i priča koja ga reprezentuje nešto najbolje što možete pronaći. Možda vas negde čeka neka bolja priča. Ili možda postoji bolje izvođenje priče u kojoj ste sada. Drugim rečima, odnos sa drugom osobom može da odgovara priči koja vam je draža, ili može da bude bolja verzija iste ljubavne priče u kojoj ste sada. Baš kao što planinar u mraku i magli ne može da bude siguran gde stoji, tako i u ljubavi većina nas se oseća kao da je ostavljena u mraku. Naši partneri su takođe u mraku. Tako smo oboje u neizvesnosti šta je šta – šta je ono "pravo".

Odnos između priča i događaja

Parovi se često prepiru oko toga čije viđenje više odgovara "istini", ali sa stanovišta ljubav-je-priča teško je ako ne i nemoguće, saznati pravu istinu o odnosu. I to stoga što su informacije koje partneri imaju, kao i informacije koje daju drugima, uvek filtrirane kroz njihove priče o odnosima. Dva partnera mogu biti ubeđena da onaj drugi laže kada u stvari svako od njih govori istinu, onako kako je on vidi.

Razmotrimo, na primer, uobičajen problem u odnosima između muškarca i žene. Dinov idealni ljubavni odnos jeste miran i skladan odnos, relativno bez sukoba. Po njegovom mišljenju, ako se dvoje ljudi istinski vole oni prihvataju jedan drugog takvi kakvi jesu, to jest ne súprotstavljaju se jedan drugome i verbalno se ne napadaju. Za Suzan, međutim, dvoje ljudi koji se vole suprotstavljaju svoje razlike i grade zajednički put. Suzan veruje da par koji ne komunicira, posebno o svojim razlikama, uopšte ne može ni da započne zajednički život. Rezultat toga jeste da se Suzan suprotstavlja Dinu skoro uvek kada vidi neki problem.

Din vidi ova suprotstavljanja kao napade koji su, po njegovom mišljenju, upravo ono što dvoje ljudi koji se vole ne treba da započinju. On se povlači u sebe, a Suzan, frustrirana njegovim povlačenjem, postaje sve agresivnija, što ima za rezultat Dinovo dalje povlačenje itd. Odnos se pogoršava, ne zato što ovo dvoje ljudi vidi različite činjenice, niti zato što se ne vole, već zato što ih njihove različite priče o ljubavi navode na to da događaje tumače na suprotan način. Odnos se može raspasti jednostavno zato što nijedan od partnera ne razume priču o ljubavi onog drugog. Bez obzira na to koliko mnogo partneri imaju zajedničkog iskustva, njihove različite priče ih razdvajaju.

Ako zajedničko iskustvo i doživljaji ne dovode do neke vrste "istine", kako onda uopšte možemo da upoznamo jedno drugog? Zašto uopšte da se trudimo? Ali u stvari, postoje dobri razlozi zašto treba nekoga bolje da upoznamo; samo što oni nisu ono što mi mislimo da jesu.

Da bismo nekog bolje upoznali možemo pokušati da naš odnos vidimo kao odraz zajedničke priče u kojoj smo i uloga koje igramo u toj zajedničkoj priči. Kao što sam već istakao, Kant je pre mnogo godina rekao da mi nikada ne možemo saznati stvari po sebi – krajnju suštinu stvari. Ono što možemo saznati, međutim, jesu naše percepcije stvari. Sa iskustvom naše percepcije postaju sve složenije i bogatije. One nužno ne postaju i valjanije u apsolutnom smislu, pa čak ni bitno konzistentnije. Naprotiv, sve što više saznajemo o jednoj osobi, to nam se ona može činiti protivrečnijom! Naravno, protivrečne mogu biti pre naše percepcije, nego sami naši partneri.

Ideja da nikada ne možemo saznati stvari po sebi, bilo da su to ljudi ili nešto drugo, može nam se činiti depresivnim gledištem. Pa ipak, to je veoma važna ideja jer nam pomaže da shvatimo da naši odnosi sa ljudima nisu ništa subjektivniji, na neki način, nego što su druge stvari koje doživljavamo u životu. Uzmimo, na primer, boje. Pogledajte odeću koju sada nosite. Koje boje vidite? Gde postoje te boje?

Čini se, naravno, da su boje u stvarima koje vidimo. Ali one nisu. Jedino što vaše odelo može da učini jeste da upija izvesne zrake elektromagnetne radijacije a druge da reflektuje. Interakcija između reflektovanih zraka i naših očiju proizvodi ono što mi znamo kao boje.[8] Neki ljudi, i mnoge vrste životinja, potpuno su ili delimično slepi za boje. A pošalica koju deca često postavljaju drugoj deci – da li je plavo koje ti vidiš isto plavo koje ja vidim ? – možda ima veze sa ovim. Nema načina da saznamo da li kupaste ćelije u vašim očima (ćelije koje opažaju boju) funkcionišu na potpuno isti način kao kupaste ćelije u mojim očima. Nema načina da saznamo da li svi vidimo istu stvar kao plavu.

Sporno je da li mi svi vidimo boje na isti način. Ali nije sporno da li ljudi na isti način vide boje ljubavi, pošto oni ne vide. Kada je reč o ljubavi, ljudi će uvek tumačiti događaje

na različite načine. Ono što jedan pojedinac vidi kao kon-
struktivnu kritiku, drugi će videti kao napad, kao u slučaju Dina
i Suzan. Ono što jedan vidi kao pokušaj da se spase odnos,
drugi će videti kao pokušaj da se on uništi, kao u slučaju Keti
i Ernesta.

Keti ponovo putuje u Francusku. Njen uzvozno-izvozni
posao dobro napreduje, što je prava sreća, jer Ernest ne radi
već šest meseci. Žrtva smanjivanja broja službenika, on ne
može da nađe bilo kakav posao koji bi mu donosio ni približ-
no onome što je zarađivao pre nego što je izgubio svoj posao
višeg menadžera u velikoj telekomunikacionoj kompaniji.

Ernest se oseća postiđenim što ne može da nađe posao. A
i ljut je zato što bi sa trideset tri godine iskustva, trebalo da
bude glavni u kompaniji po svom izboru. Misli da je žrtva
starosne diskriminacije, ali nema načina da to dokaže. Šta
više, zna on kako se to radi na poslu i kako je i sam nekada
zapošljavao ljude: zašto platiti više ako možete da dobijete ne-
koga približno isto toliko dobrog za mnogo manje novca?

Iako je srećan što Ketin posao dobro napreduje, on je tako-
đe ozlojeđen zato što mu se čini da ona nikada nije kod kuće.
Zna on da mu ona prvih godina njihovog braka kada je radio
šezdeset sati nedeljno nikada nije prebacila nijednu reč. Ali
oni su sada stariji, i Ernest želi da Keti češće bude kod kuće.
Ona odgovara da će oni, ako ne putuje često, biti na suvom
hlebu i vodi. Keti vidi svoja putovanja kao jedini način da
održi odnos pa čak i da obezbedi stan i hranu.

Ernest joj baš i ne veruje. On sumnja da Keti stvarno uživa
u njegovom društvu, i gledano unazad, misli da je to razlog
zašto nikada nije ništa rekla kada je on u prošlosti bio stalno
na poslu. Kako gledano unazad događaji mogu da se različi-
to tumače!

Ono što Keti vidi kao jedinu nadu da spase njihov brak i da ne upadnu u bedu, Ernest vidi kao sabotažu. Ko je u pravu: Keti, Ernest ili oboje, ili niko od njih? Jedino što se zasigurno može reći jeste, da su oboje, bez obzira na to ko je u pravu, nesigurni i da strepe za budućnost svog odnosa.

Jedan odnos i mnogo takmičarskih priča

Priča Keti i Ernesta pokazuje da odnos uključuje mnogo priča, ne samo priču o ljubavi, nego i razne druge priče – o novcu, o deci, o seksu, kao i o mnogo drugih stvari. Ljudi mogu čak i da imaju priče o svojim pričama – da objašnjavaju, na primer, zašto su ljubomorni na svoje partnere ("Uvek se brinem gde je moja partnerka, jer je možda sa nekim drugim momkom" ili "Pre dvadeset godina, momak, koga sam smatrao svojim najboljim prijateljem, spavao je s mojom ženom").

Ljudi skloni ljubomori mogu da shvate da će im biti teško da budu sa nekim ko ne voli da podnosi izveštaj o tome gde ili s kim provodi vreme. To je upravo bio slučaj sa Huliom. Njemu je bilo potrebno da zna gde je Marija. Ovo nije imalo bilo kakve veze sa njenom ličnošću. Njihov odnos imao je mnogo dobrih strana. Ali Hulio je morao da zna da mu je žena odana, i jedini način kako je mogao da bude stvarno siguran u to bio je da zna kako ona provodi svoje vreme.

Marija je tumačila Huliovu potrebu da zna gde je kao nedostatak poverenja u nju. Njihov odnos je zadovoljavao mnogo njenih potreba i ona je uživala u drugim njegovim stranama. Ali nije želela da se oseća kao da provodi život u zatvoru. A sve se više i više tako osećala. Hulio je to zvao radoznalošću: ona morbidnom ljubomorom. Želela je da se iz toga izvuče. Ali to nije bilo lako. Hulio to nije želeo i Marija se istinski plašila šta bi on uradio kada bi ga napustila. Išla je kod savetnika, advokata, sveštenika, i prijatelja. Niko od njih nije izgleda mogao da joj pomogne, naročito zato što Hulio nije uradio ništa nezakonito. Osećala je da su joj ruke vezane i bile su. Kako se priča odvijala tokom vremena, činilo se da stvari postaju sve gore. Kako se priče razvijaju tokom vremena i koji su elementi tih priča?

∽ELEMENTI PRIČA

Naša priča o odnosu i elementima koji je sačinjavaju može da se menja, ali priča je uvek naša priča. Čak i ako nam partner pomaže da je "napišemo", ona je naša tvorevina i partner, po svoj prilici, nikada neće potpuno razumeti šta naša priča obuhvata. A ona je obično izuzetno izdržljiva i trajna.

Priče se menjaju tokom vremena, ali one jednostavno ne iščezavaju. Pre bi se moglo da reći da mi beskonačno prerađujemo stare priče i postepeno ih zamenjujemo novim. Nove priče mogu da budu bolje ili gore, ali one ipak opstaju kao priče. Mi razvijamo naše priče kako život teče dalje, dodajemo poglavlja kako nepredviđeni događaji i novi pravci ulaze u naš život. Retrospektivne priče, one koje stvaramo posle okončavanja odnosa, odražavaju naše pokušaje da uključimo zadocnelo uviđanje u naše razumevanje onoga što se dešavalo u našem odnosu, i mogu se potpuno razlikovati od naših prospektivnih priča, onih koje stvaramo pre nego što odnos počne. Kada se odnos okonča, mi možemo da promenimo ispričani početak priče kako bi se bolje uklopio u njen kraj.

Priče o odnosima su poput svih drugih priča: imaju početak, sredinu i kraj. Ova tri široka stadijuma priče imaju različita svojstva.

Početak je u mnogo čemu najuzbudljiviji deo priče. Ko zna šta će se dogoditi? Početak je u velikoj meri funkcija osobe koju smo sreli: kakva je ona i kako reagujemo na nju. Skloni smo da potcenjujemo u kojoj meri ispunjavamo praznine u svom znanju o partneru očekivanjima iz našeg sopstvenog iskustva. Deo uzbuđenja koje donosi početak odnosa jeste upravo u činjenici da na tu realnu osobu koja stoji pred nama projektujemo mnogo od onoga što se nadamo da ta osoba jeste.

Čak i kada smo tek na početku odnosa, većina nas zamišlja kako će se postojeća ljubavna priča završiti. Krajevi su uvek neizvesni, jer čak i kada se odnos okonča, mi ne zatvaramo knjigu o njemu. Obično nastavljamo retrospektivno da razvijamo i ulepšavamo a ponekad i menjamo priču o našem odnosu. Iako razvod može zakonski da okonča odnos, priča se nastavlja i može da se tokom vremena menja, čak i ako ne postoji bilo kakav kontakt sa bivšim partnerom. Mnogi razvedeni pojedinci otkrivaju da se priča koju pričaju sebi i drugima o završenom odnosu deset godina posle razvoda sasvim razlikuje od one koju su pričali dan posle razvoda.

Kraj se ne dešava onog trenutka kada prestanemo da budemo u bliskom partnerstvu sa nekim drugim. Zato što mi, poput autora, zaplet naših priča smišljamo delom unapred a delom dopuštamo da se priča sama odvija i možemo, svesno ili ne, da prilično dobro znamo kako će se odnos završiti skoro na samom njegovom početku, čak i pre nego što je "zvanično" počeo. Naravno, tok događaja može da promeni naša predviđanja a prema tome i kako se priča razvija. Ali naše predviđanje kraja može da oblikuje odnos isto toliko koliko odnos oblikuje stvarni kraj. Anticipirani kraj može unapred da odredi koju vrstu zapleta i tema ćemo dopustiti da naša priča ima.

Ljubavne priče imaju zaplet, teme i karaktere. Ovi elementi, koji sjedinjuju aspekte naših ličnih istorija (poput zapleta i tema svih pisaca priča), u velikoj meri su naša sopstvena kreacija.

Zaplet ljubavne priče je jednostavno ono što se dešava u odnosu. On ima i površinski nivo (ono što se čini da se desilo) i dublji nivo (ono što mi mislimo da se odista desilo). Mogli bismo da pomislimo da je zaplet objektivan, ali nije. Na primer, pretpostavimo da je jedan par položio zalog za kuću i dotle se oboje slažu. Ali šta su oni zapravo uradili? Za jednog partnera oni su kupili san, utočište. Za drugog, oni su svoju teško stečenu ušteđevinu utopili u bure bez dna. Ove dve osobe će skoro zasigurno različito gledati na događaje koji se dešavaju posle ove kupovine.

Ponekad se parovi ne mogu složiti ni oko fizičkih događaja, a da ne govorimo o njihovom tumačenju. Zak je jednom upitao Temi ko je bio glavni glumac u filmu za koji se sećao da su zajedno gledali, a Temi je uzvratila da je on taj film sigurno gledao sa nekim drugim. Sam događaj je mnogo manje važan od zapleta ispletenog oko njega – u ovom slučaju, zaplet se vrteo oko toga ima li Zak tajne sastanke (i ko zna kakve sve druge tajne sastanke) sa nekim pored Temi.

U osnovi zapleta nalazi se tema. Tema nam govori šta naša priča znači. Teme su lekcije koje mislimo da smo naučili iz onoga što se dešava u odnosu. Na primer, u primeru sa kupovinom kuće, jedan partner tumači kupovinu kao pokazatelj da je drugi partner raspikuća; ovaj, pak, tumači kupovinu kao pokazatelj da njegovom partneru nedostaje bilo kakvo osećanje za pravi dom i utočište. A zapravo, mi konstruišemo ove teme u istoj onoj meri u kojoj konstruišemo zaplet.

Dvoje ljudi mogu da uzmu isti događaj i da razviju potpuno različite teme, misleći da su naučili različite stvari iz odnosa. Oni mogu da okončaju svoj odnos, jedan zaklinjući se da nikada više neće imati ozbiljnu vezu, drugi će istog časa tražiti novog ozbiljnog partnera. Oboje će misliti da su iz odnosa naučili pravu lekciju. To dvoje ljudi će se sada razvijati veoma različito, od kojih jedan možda nikada više neće dopustiti novom junaku da igra romantičnu ulogu u njegovom životu.

Vi možete da mislite da su junaci naših priča prilično jasni, ali čak i ovde mogu da nastanu komplikacije. Na primer, odnosi, čak i između dvoje ljudi, uvek uključuju partnerovu prošlost i sadašnjost. Na naš odnos sa partnerom utiču drugi junaci, prošli i sadašnji, a nekih od njih ne moramo da budemo čak ni svesni. Šta više, kao i u literaturi, ono što junake čini onim što za nas jesu obojeno je vrstom priča koje donosimo u naš odnos. Dve različite jedinke koje imaju odnos sa istom osobom mogu da vide tu osobu u potpuno različitom svetlu, u toj meri da su fizička svojstva ono jedino što im je zajedničko (pa čak se i ona mogu razlitičo opažati). Mi "konstruišemo" ljude koji žive u našim glavama, na veoma sličan način kako konstruišemo odnose sa njima. A naše konstrukcije su najvećim delom intuitivne.

Priče, poput same ljubavi, prvenstveno funkcionišu na intuitivnom ili doživljajnom nivou. Ljudi koji stvarno pokušavaju da poboljšaju svoje odnose često se obraćaju psihologu za pomoć. Ali psiholozi ponekad ne uvažavaju dovoljno činjenicu da ljubav ima mnogo više veze sa pričom nego sa naučnom analizom.

Ljubav je pre sintetička nego analitička – doslovno sinetička u smislu da sintetizuje priču u toku naših doživljavanja. Priče se pokoravaju intuitivnim i doživljajnim pravilima, a ne logičkim i racionalnim. Stoga naše odnose treba da shvatimo kao pripovedanje, a ne kao logičke sisteme koji treba da se uklapaju.

Psiholog Sejmor Epštajn upoređivao je karakteristike doživljajnog ili narativnog mišljenja sa karaketristikama racionalnog.[9] Razmotrimo šta je našao.

Narativno mišljenje je holističko, intuitivno, alogično, konkretno, brzo se odvija, sporo menja i samo po sebi je valjano ("doživljavanje je verovanje"). Racionalno mišljenje, naprotiv, analitičko je, racionalno, logičko, apstraktno, sporo teče, brzo se menja, i, da bi mu se verovalo, mora da bude opravdano na osnovu logike i dokaza. Razmotrimo slučaj Brajana i Silvije.

Kada je Brajan pitao Silviju zašto ga je napustila, Silvija je bila u stanju da Brajanu navede razloge. Ali razlozi su jasni jedino unazad. Oni su dali Brajanu, a u izvesnoj meri i Silviji, niz naizgled racionalnih objašnjenja zašto odnos nije uspeo, bar sa Silvijine tačke gledišta. Komunikacija je postajala sve gora, vođenje ljubavi sve je manje zadovoljavalo; a vreme provedeno zajedno sve manje prijalo. Ali ovi razlozi bili su samo simptomi problema koji se nalazio u osnovi, i toliko je Silvija intuituivno znala na nivou narativnog mišljenja. Zašto je komunikacija postajala sve lošija? Zašto je vođenje ljubavi sve manje zadovoljavalo?

Za Silviju pravi razlog bio je taj što je odnos između njih dvoje, kako su se njihove karijere razvijale – počeo da liči na poslovnu priču a ne na romansu. Kao posledica toga, njoj je bilo sve teže da komunicira sa Brajanom i postajala je sve nezainteresovanija za vođenje ljubavi. Priča se promenila od one koja joj se sviđala do one koja joj se nije dopadala. Silvijin odnos sa Brajanom se raspao zato što ona, na intuitivnom, narativnom nivou, nije više osećala da je ljubavnom odnosu. Nije želela ljubavni odnos u kome se ljubav shvata kao posao, i to ne zbog nekog posebnog razloga, već zato što je osećala da to nije ono pravo za nju.

Priče koje pričamo

Često, problem u ljubavnom odnosu nije ono što ljudi aktualno misle, već pretpostavke toga mišljenja – sadržaj priča koje ljudi donose u odnos. U sledećem odeljku ispitaćemo podrobno sadržaj priča.

~NEKE VRSTE PRIČA

Čitavog svog života slušamo razne vrste priča, od kojih mnoge imaju ljubav kao lajtmotiv. Tako imamo čitav niz priča na koje možemo da se oslonimo kada sastavljamo sopstvenu. One koje izabiramo da nosimo sa sobom kroz život odražavaju ono što nas zanima i mogu se grubo klasifikovati prema svom sadržaju, poput knjiga u knjižarama grupisanih prema raznim oblastima. Te priče čine jezgro ove knjige i u drugom delu teksta razradićemo ih bolje.

Postojeća lista od dvadeset pet ovde prikazanih priča predstavlja širok opseg raznih shvatanja o tome šta je ljubav. Ove priče su se iznova i iznova javljale u našim intervjuima, ali po svoj prilici postoji još mnogo više (većinom nesvesnih) priča o ljubavi koje ljudi neguju, pa stoga ovu listu treba shvatiti samo kao probnu – nagoveštaj koje sve vrste priča postoje. Neka od tih shvatanja (na primer, ljubav kao bašta) mogu nam se činiti češćim od drugih (na primer, ljubav kao pornografija).

Svaka priča ima karakterističan način mišljenja i ponašanja. Na primer, neko ko vidi ljubav kao igru između dva takmičara ponašaće se prema voljenoj osobi različito od onoga ko vidi ljubav kao religiju. Prva osoba može događaje pripisivati sudbini, ali ne i druga, koja vidi plan u osnovi događaja i stoga će one, po svoj prilici, automatski različito reagovati na događaje.

Posebna ljubavna priča, sa svojim pretpostavkama o tome šta ljubavni odnos jeste ili bi trebalo da bude, može da se odvija skoro na isti način kao i " automatske misli" – misli koje se čini da naviru bez bilo kakvog napora.[10] Mi možemo da ne budemo svesni da su te pretpostavke svojstvene za našu posebnu priču o ljubavi. Umesto toga, smatramo da su ove pretpostavke manje ili više "tačan" opis onoga što ljubav treba da bude i često ćemo partnera koji ne uspeva u njega da se uklopi smatrati nekako neadekvatnim. Ali i sebe možemo smatrati neadekvatnim ako ne možemo da se saglasimo sa ulogama koje zamišljamo da igramo u našem odnosu. Stoga se može desiti da se osoba koja shvata ljubav kao poslovni dogovor a takvu vrstu odnosa ne može da izgradi ni posle više pokušaja, oseća neadekvatnom u ljubavnom odnosu, uprkos činjenici da je kadra da izgradi neku drugu vrstu ljubavnog odnosa. Ponekad se, pak, dešava da osoba ima pravu priču ali pogrešnu ulogu u toj priči.

Uloge u ljubavnim pričama su komplementarne. Najsrećniji smo sa osobom koja ima istu kao i mi ili bar kompatibilnu priču koja manje ili više može da se uklopi sa našom, ali to ne mora da bude osoba koja liči na nas. Umesto toga, mi tragamo za nekim ko je sličan nama po tome što deli sličnu priču, ili ko je komplementaran sa nama po ulozi koju igra u toj priči.

Razmotrimo, na primer, ono što zovem pričom o zavisnosti (opisanoj kasnije u knjizi) u kojoj je jedan partner zavisnik od odnosa i ljubavi koja je u njegovoj osnovi. Dva partnera mogu da imaju zajedničku priču o zavisnosti, ali da bi odnos bio uspešan, potrebno je da oni imaju komplementarne uloge. Jedan će obično biti zavisnik a drugi onaj od koga se zavisi, ko "pomaže" zavisniku kroz njegovo stradanje. A zavisiti se može od partnera, ali takođe i od droge, alkohola, pa čak i cilja. Kritičan moment je postojanje zavisnosti, i po svoj prilici mnogo je manje važno od čega se zavisi. Ironično, ako je zavisnik u stanju da pobedi svoju zavisnost, odnos može da počne da se raspada, zato što više ne počiva na zajedničkoj priči.

Bivšem zavisniku više nije potreban onaj od koga zavisi a možda ga više i ne želi, jer ga podseća na zavisnost, dok ovaj drugi, kada zavisnika više nema, ostaje bez svoje uloge. Prema tome, priča koja je u jednom trenutku u životu radila u drugom ne mora, baš kao što priča koja radi za jednu osobu ne mora da radi i za drugu.

Ono što je prihvatljivo za jednu osobu u jednoj situaciji ne mora da bude prihvatljivo za drugu osobu u drugoj situaciji. Na primer, ljubavna priča u kojoj je humor glavna tema – u kojoj pravljenje šala i viđenje stvari na šaljiv način predstavlja glavni deo odnosa – može za neke činiti odnos zabavnim i zanimljivim, i njihovo često zbijanje šale može im činiti odnos živim i svežim. Istovremeno, takvo zbijanje šale može se koristiti da bi se izbegla prava prisnost, da se zataškaju problemi, ali to može da bude i način da se prema partneru agresivno ponaša na prikriven i negativan način. Prema tome, priča koja može u jednim okolnostima sasvim dobro da odgovara partnerima u drugim ne mora. Da bismo razumeli da li odnos odgovara odnosno ne odgovara partnerima koji su u njemu, potrebno je da razumemo priču na kojoj on počiva.

Čini se da izvesne priče imaju više izgleda na uspeh od drugih, ali opet, ono što priču čini potencijalno uspešnom zavisi od ljudi, njihove situacije i kulture u kojoj se ona dešava. A koliko će priča biti uspešna zavisi i od toga koliko ljudi veruju u nju.

Priča može da bude uspešna za osobu samo ako ona veruje u nju. Leonard, čiju smo priču već razmatrali, bio je u odnosu koji bi mnogi ljudi smatrali savršenim. Leonardova zajednička priča je ono što ja zovem baštenska priča, koja je obično adaptivna. Cilj ove priče jeste da se odnos sačuva i da se o partneru dobro brine, veoma nalik na način kako gajimo cveće u bašti. Problem je u tome što je Leonard mislio da želi tu priču, ali postojala je takođe druga, idealna priča koja je vapila za njegovom pažnjom. Kao što se otkrilo u sledećem odnosu, Leonardova idealna priča bila je sličnija tajanstvenoj priči. On je želeo tajanstvenost i ljubavno zamešateljstvo, a Valeriju je znao kao otvorenu knjigu. Opšte uzev, tajanstvenost i intriga obično su povezani sa početkom odnosa. Ljudi koji osećaju da im je potrebna misterija u ljubavnoj priči pre ili kasnije postaju razočarani. Ono što je isprva izazivalo sreću, može kasnije da kao svoju glavnu posledicu ima nesreću.

Priče su i uzroci i posledice zavisno od toga u kakvoj su interakciji sa ostatkom naših života. Priče sa kojima počinjemo naše odnose mogu prouzrokovati da se ponašamo na određen način, a mogu čak i kod drugih izazvati izvesna ponašanja. Istovremeno, naš sopstveni razvoj i naše interakcije sa drugima mogu da oblikuju i modifikuju priče sa kojima počinjemo naš odnos, i pomoću kojih pokušavamo da postignemo uspeh u našim odnosima.

Mogućnost da bilo koja vrsta priče bude uspešna, zavisi od toga kako osoba definiše uspeh. Zak i Temi, čiju smo priču već ispričali, uspeli su iako su svi očekivali da njihov odnos propadne, zato što su imali zajedničku priču o ljubavi kao ratu. Činjenica je, da su oni, pored svih pretnji i prepirki, srećni sa onim što imaju i da po svoj prilici ne bi znali šta da rade bez njih. Oboje dolaze iz porodica gde su sukobi bili svakodnevna stvar i koje se nisu razlikovale od porodica koje su oni zasnovali. Da li je odnos "uspešan"? Jeste, ako se meri podudarnošću njihovih ljubavnih priča. Ne, ako se meri stalnim uzajamnim prebacivanjem, ili ako se procenjuje njihovim verbalno iskazanim zadovoljstvom, koje bi bilo na donjem delu bilo koje numeričke skale uspeha. Nema jedinstvenog kriterijuma uspeha. Šta više, svaki od partnera može različito da definiše uspeh, kao što to može i treća osoba koja sa strane posmatra odnos. Različite definicije uspeha mogu i same da nastaju iz različitih priča.

Odnosi su najuspešniji kada ljudi imaju kompatibilne vrste priča. Uzmimo na primer Džejn i Dona. Džejn je postala veoma nesrećna u svom odnosu sa Donom. Za Džejn, priča o njenom odnosu sa Donom jeste policijska priča. Ako se Donu ne sviđa njena odeća, on očekuje da je Džejn promeni. Govori joj da izgleda dežmekasto, ili staromodno, ili aljkavo. Don posmatra šta ona jede, pa čak i menja njenu porudžbinu u restoranu ako je ne odobrava. Džejn ga je konačno ubedila da joj dopusti da radi, ali joj on nije dozvolio da se prihvati bilo kakvog posla na kojem su postojali i najmanji izgledi da napravi karijeru. Njegova potreba za kontrolisanjem uništava njihov odnos jer, Džejn ne želi da proživi ostatak života kao prestupnik na uslovnoj slobodi. Ne postoji nijedna verzija policijske priče koja bi nju zadovoljila.

Njena idealna priča je baštenska priča u kojoj bi ona i Don s puno ljubavi gajili svoj odnos, baš kao što predani baštovani vode računa o svojoj bašti. Dženi bi bilo po svoj prilici najbolje sa nekim drugim ko bi želeo da gaji baštu odnosa. Njoj bi verovatno bilo dobro i sa nekim ko ima srodnu priču. Na primer, neko sa "kuvarskom pričom" koji traga za formulom za uspešan odnos, i koji bi mogao da je ubedi da pokuša da pronađe formulu kako da njena bašta cveta. Ali u njenom životu nema mesta za policajca koji za nju gradi zatvor ili život u kojem bi osećala da je pod stalnom prismotrom.

Ljudi pišu sopstvene verzije svih ovih priča, i mogu imati potpuno različite priče od onih opisanih u drugom delu knjige. Šta više, naše priče se menjaju tokom vremena. Stoga, priče razmatrane u drugom delu treba da služe kao putokazi, a ne kao večan, nepromenljiv spisak priča.

ODAKLE POTIČU PRIČE, I KUDA ONE MOGU DA IDU?

Odakle potiču naše priče? Mi polazimo od naših opažanja i konstruišemo ih u nešto za šta verujemo da se može smatrati tačnom pričom. Ali naši doživljaji, emocije, motivi i saznanje utiču na naše priče. Naše individualne crte ličnosti mogu takođe da nas navedu da opažamo stvari na različite načine. Ova pozadina služi kao osnova za teme naših priča, i veoma mnogo utiče na vrstu priče (srećnu ili tužnu, kratku ili dugačku, herojsku ili lupešku) koju sastavljamo.

Kada konstruišemo nove priče, mi često biramo delove starih priča i dodajemo novi materijal kako bismo ih prilagodili novom odnosu. Ako imamo istoriju osećanja odbačenosti, verovatno ćemo biti veoma osetljivi na odbacivanje, i tumačićemo svako ponašanje kao odbacujuće, čak i kad njegova namera nije bila takva. Odbacivanje će tako verovatno postati glavna tema naših ljubavnih priča i biće utkano u svaki zaplet. Ako smo u svojoj prošlosti gajili nepoverenje prema voljenoj osobi, tražićemo znake da osoba koju trenutno volimo nije vredna našeg poverenja, zato što se svako ponašanje može tumačiti na beskrajno mnogo načina, uključujući i mogućnost da ga tumačimo kao neiskreno. Mi često stvaramo ono što ne postoji. Razmotrimo slučaj Alana i Dejl.

Alan je primer čoveka koji temu odbacivanja pronalazi u skoro svakom zapletu. Alan je odista kao adolescent bio bolno odbacivan od svojih vršnjakinja. Sada ima dvadeset osam godina ali njegovi gimnazijski dani još uvek žive u njemu. Ako je Dejl, njegova dragana sa kojom živi, jednog dana rasejana, Alan njenu rasjenost shvata kao znak gubljenja interesovanja. Ako ona pravi planove u koje on nije uključen, Alan smatra da je namerno isključen. Ako Dejl odbaci njegov izbor restorana, Alan to shvata kao odbacivanje njega samog.

Kao inteligentna osoba Alan često priznaje da ne reaguje baš racionalano. Ali to priznanje mu obično ne pomaže, jer on odbacivanje doživljava veoma bolno kao da Dejl stvarno namerava da ga odbaci. Alenova sopstvena plašljiva priča o tome šta bi se moglo desiti njihovom odnosu iskrivljuje njegovo opažanje onoga što se dešava. On ne može jasno da vidi stvari.

Svi mi, s vremena na vreme, kažemo sebi "Sada stvari vidim jasno". Ali mi ih nikada ne vidimo nezavisno od naših priča. Uvek smo pod uticajem njihovih tema i biće nam bolje da to shvatimo nego da verujemo da ih nekako možemo da zanemarimo ili ignorišemo. Teme potiču iz našeg detinjstva, iz interakcija sa roditeljima, braćom, sestrama i prijateljima; one nastaju, takođe, iz naših adolescentnih interakcija (često najbolnijih). Ali nas nikada ne napuštaju. Teme koje najviše utiču na nas su teme iz našeg iskustva i koje, u interakciji sa našim ličnostima, izgleda da lično za nas imaju najviše smisla. Te iste teme možda nikada ne bi čak ni okrznule živote drugih, i to ne zato što ne postoje, već zato što za te druge osobe nemaju lično značenje.

Ako ne znamo koje su to teme ne možemo otkriti njihov uticaj i ne možemo videti kako one menjaju naše viđenje događaja. Prema tome, važan zadatak za sve nas jeste da razumemo teme koje imaju udela u našim pričama – kao što su osetljivost na ozlede, uverenje da imamo pravo na neograničene ustupke, strah od gubljenja kontrole, verovanje da smo nevoljeni i tako dalje.[11] Ako, na primer, znamo, da smo ranjivi pred drugima, mi ćemo verovatno pre priznati da posebno osećanje ranjivosti potiče iz naše sopstvene predispozicije da se osećamo ranjivim nego iz stvarne ozlede.

U skladu sa ovim shvatanjem o pričama, mi oblikujemo našu sredinu bar onoliko koliko ona oblikuje nas. Mi ne reagujemo samo na ono što situacija nameće.[12] Pre bi se moglo reći da mi, kroz priče koje na ovaj svet donosimo o ljubavi i o drugim stvarima, delom stvaramo svet na koji zatim reagujemo. Ali često ne shvatamo ili ne priznajemo ovu proaktivnu ulogu, i to je ono zbog čega često čujemo ljude kako kažu – To mi se stalno iznova dešava.

Na primer, žena može stalno da traži partnera koji je kontroliše i zloupotrebljava, i da se stalno žali kako nailazi samo na strašne gubitnike. Ona je u pravu, ali možda ne shvata da igra aktivnu ulogu u stvaranju takve situacije. Kada bi se Zak i Temi rastali, oni bi po svoj prilici završili u novom odnosu koji nalikuje ratnoj zoni. Kasnije bi verovatno proklinjali svoju lošu sreću. Naše priče ne upravljaju samo načinom kako se razvijamo u našim odnosima, već i kako sredina koju mi razvijamo pomaže da se odnos održi ili prekine.

PRIČE UPRAVLJAJU RAZVOJEM ODNOSA

Naše priče, određene kako našom prošlošću tako i ljudima sa kojima smo trenutno u vezi, uobličavaju naše odnose. Jednom kada smo stvorili priču o nekome i našem odnosu sa tom osobom, radimo ono što radi i svaki pisac dobre priče: pokušavamo da je nastavimo na dosledan način. Niko ne voli da čita knjigu koja grubo protivureči sama sebi. Slično, niko ne voli da bude u ljubavnom odnosu koji nema smisla u kontekstu onoga što se ranije desilo. Prema tome, mi opažamo nove događaje u svetlu starih priča.

Pretpostavimo da supruga želi skupi ortopedski krevet. Suprug može da razume njenu želju kao znak njene izuzetne preokupiranosti zdravljem, ili njenog stalnog ludovanja za poslednjim modnim novitetima, ili rasipništva koje će ga u grob oterati, ili njene hipohondrije i na još bezbroj drugih načina. Kako će suprug razumeti postupke svoje žene zavisi velikim delom od njegove ljubavne priče i uloge koju njegova supruga igra u njoj.

Naša priča tako kontroliše način kako opažamo postupke drugih, koje, pak, uzimamo kao potvrdu naše priče. U stvari, isti postupak ili niz postupaka može se uzeti kao potvrda velikog broja priča. Jednom kada imamo priču, mi možemo da tumačimo skoro svaki događaj kao njenu potvrdu, i da je tako razrađujemo, pošto se sve uklapa. Naše priče tokom vremena nužno ne postaju tačnije, ali svakako postaju razrađenije. One utiču na to kako opažamo sve ono što naš partner čini, i kako mi zauzvrat reagujemo. Priče često postaju samoispunjavajuće proročanstvo, jer naše akcije i reakcije mogu da navedu druge da reaguju na način kako očekujemo da će oni reagovati iako možda ne shvatamo u kojoj meri mi sami oblikujemo njihovo ponašanje.

Priče ne samo da upravljaju razvojem naših odnosa, već i našim izborom odnosa koje želimo da razvijamo. Neki ljudi veruju da mi, kada biramo dragana ili supružnika između potencijalnih kandidata, počinjemo sa listom racionalno izabranih atributa i onda biramo pobednika takmičenja, na osnovu bodova koje je potencijalni partner osvojio na osnovu tih atributa. Naprotiv, često otkrivamo da biramo osobu koja bi izgubila na svakom takvom racionalnom takmičenju. Ponekad izgubimo glavu za osobom koju bismo na bilo kojoj racionalnoj osnovi odmah odbacili. Razlog za to jeste da u većini slučajeva priča, a ne čvrste činjenice, utiče na nas.

Ovim ne želim da kažem da racionalna razmatranja ne predstavljaju faktor u našim racionalnim izborima. Neki od nas daju prednost pričama o večnoj ljubavi; drugi onima o novcu; a treći, pak, pričama koje govore o prijateljstvu, kontroli ili kažnjavanju. Teme koje preferiramo mogu biti racionalne ili iracionalne, društveno poželjne ili nepoželjne. Ali na kraju krajeva nas privlače potencijalni partneri koji nam omogućavaju da ispletemo zajedničku priču koja se uklapa u našu ideju o tome šta *želimo* da je ljubav, ne vodeći mnogo računa o tome šta bi drugi mogli da kažu o tome šta bi ona *trebalo* da bude. Onaj ko nas uhvati u zamku ne postiže to strašću, novcem ili moći, već zato što nam nudi ili nam se čini da nudi zajedničku priču o novcu, moći ili bilo čemu drugom što želimo. Mi se zaljubljujemo u osobu, ili je možda tačnije ako kažemo da se zaljubljujemo u našu priču o njoj.

Možemo stupiti u brak sa osobom u koju smo se zaljubili, ali i ne moramo. Ponekad odlučimo da stupimo u brak sa racionalnim izborom, bilo da je to osoba koja se najbolje uklapa u našu priču odnosno koja se ne uklapa. Ali ako se

venčamo sa racionalnim izborom – onim koje društvo ili po-
rodica nameću kao najbolji – na kraju smo obično nesrećni kada
otkrijemo ne samo da ne volimo tu osobu, nego da je čak ni-
kada ne možemo zavoleti. A pitanje je da li je brak uopšte
stvar ljubavi. Ali ako jeste, pitanje ljubavnih priča postaje naj-
važnije. Ako su priče nekompatibilne ljubav će biti teška, ako
ne i nemoguća.

Ponekad imamo suprotan problem – znamo više od jedne
osobe sa kojima su naše priče na neki način kompatibilne.

Neretko se dešava da smo istovremeno emocionalno vezani
za dve osobe; to je tema mnogih ljubavnih priča i ljubavnih
pesama. Jedan partner je sušto savršenstvo. On ima sva svoj-
stva koje čovek može poželeti da njegov bračni drug ima.
Drugi partner ne može ni da mu se približi po svojim kva-
litetima koje smatramo važnim. Pa ipak zaljubljeni smo u
drugu osobu, a volimo, ali nismo zaljubljeni, u prvu. Ako su
u dobu kada se ljubavna priča plete oko stupanja u brak, ljudi
će često izabrati drugu osobu ako su primorani da naprave
izbor. Razmotrimo Marijin slučaj.

Mariji se istovremeno udvaraju dva muškarca. Sem ima sve
što je oduvek želela – inteligentan, privlačan, uspešan, pažljiv,
stabilan. Marijini prijatelji smatraju Sema odličnim ulovom.
Na oko, Kurt izgleda očajno. Inteligentan je, ali na nekako
prepreden način, privlačan je, ali ne naročito uspešan na poslu.
Prema Mariji se ponaša po sistemu toplo-hladno, neko vre-
me obraća pažnju na nju, a potom se viđa sa drugim ženama
pod najprovidnijim izgovorima. Kurt je nestabilan samo kako
se to može biti. Pa ipak, Marija ga voli. Zna da bi trebalo da
da prednost Semu, ali ona želi Kurta. On se uklapa u njenu
priču o tome šta je ljubav. Marija je, nesumnjivio, odrasla
gledajući ljubavne priče koje su bile sličnije njenom odnosu
sa Kurtom nego njenom odnosu sa Semom. Ona bi možda

volela da promeni svoju priču, ali to je lakše reći nego učiniti.

Zašto je priče teško promeniti? Razmotrimo nešto što psiholozi nazivaju pristrasnošću potvrđivanja. Ljudi obično nastoje da potvrde a ne da opovrgnu, ono u šta veruju. Ulažu veliki trud da zanemare nedoslednu informaciju. Stoga nije ništa čudno što izbegavamo dokle god možemo da promenimo našu priču o odnosu. Veoma je neprijatno menjati postojeću priču. Za to je potrebno da reorganizujemo ogromnu količinu informacija, da priznamo sebi da nismo bili u pravu, da shvatimo da sada nismo sigurni u svoj odnos, i da razumemo da će naša nova priča možda takođe morati da se promeni. Možemo da počnemo da sumnjamo u svoja osećanja, verovanja, pa čak i naše poverenje u partnera. Stoga smo skloni da se držimo stare priče, čak i kada ona više nije adaptivna. Razmotrimo, na primer, preljubu.

Zašto je partneru često tako teško da pređe preko prevare svoga supružnika? Pre pet godina Džim je imao kratku ljubavnu vezu. Elen je to saznala od zajedničkog prijatelja. Džim je u početku poricao, ali je na kraju priznao prevaru, prekinuo vezu i od tada nije imao nijednu drugu. Ali za Elen, odnos se suštinski izmenio. Njena aktualna ljubavna priča sa Džimom potpuno se razlikuje od one što je bila: Džim je bio njen Romeo, a sada se pretvorio u Don Žuana. Pošto je nekada Džim na prvi pogled oborio Elen s nogu, ona se sada boji da bi on mogao tako lako da zavede i druge žene.

Džimovo ponašanje je u suštini ostalo isto kao i pre preljube. Elen je ranije pretpostavljala da je Džimova pažnja usmerena samo na nju; sada vidi da on nastoji da bude privlačan i za druge žene. Kako on može da joj dokaže da greši? Elen je uhvaćena u zamku ove priče o Don Žuanu. Ne može više da vidi sebe u priči o Romeu i Juliji, ali takođe ne može ni da se pokrene u pravcu priče koja bi u datoj situaciji bila delotvornija. Ona ne može da promeni svoju priču, i Džimu će biti veoma teško da utiče na nju i pomogne joj da promeni svoju priču nabolje.

Teško je promeniti priče drugih ljudi, jer ako pokušamo da to učinimo, oni će to naše nastojanje često uzeti kao dokaz svoje priče bilo kakva da je (na primer, da pokušavamo da njima manipulišemo, da ih kontrolišemo, da verujemo samo u svoje gledište). Otuda će, na naše napore, po svoj prilici, biti uzvraćeno protivnapadom što će samo još više učvrstiti staru, nepoželjnu priču umesto da označi početak nove.

Većina pokušaja da se odnosi promene nema uspeha zato što nastoje da modifikuju saznanje, osećanja ili ponašanje umesto da se usredsrede na priču koja utiče na te doživljaje. Ali teško je usredsrediti se na priču kada nismo sigurni koja je to priča.

Sve dok se priča ne promeni, odnos se ne može suštinski promeniti. Pokušaji da se odnos izgladi gotovo se nikada ne usredsređuju na priču u celini, nego samo na njene izolovane teme ili fragmente. Čak i ako uspemo da promenimo ove delove naše ljubavne priče, svi novi elementi biće verovatno uključeni u staru priču.

PRIČE SE MOGU MENJATI NABOLJE I NAGORE

Priče koje se odigravaju u našim odnosima menjaju se tokom vremena, nabolje ili nagore. One postaju bolje kada otkrijemo da nam se neko sve više i više sviđa. Dosta čudno, zbog dva psihološka fenomena one se mogu promeniti nagore čak iako ne otkrijemo ništa novo o drugoj osobi.

Prvi fenomen se naziva "efekat negativne informacije".[13] Negativna informacija je mnogo moćnija od pozitivne. Na primer, ako čitamo preporuku za nekog kandidata za određeni posao, jedan jedini negativni iskaz može skroz da uništi njegove izglede za uspeh, bez obzira na to koliko ima pozitivnih tvrdnji. Jedna negativna informacija može da nanese više štete nego što stotine pozitivnih informacija mogu da donesu dobra. Negativna informacija utiče na našu procenu značajno više od pozitivne.

I naravno, ona ne mora da bude negativna u bilo kojem objektivnom smislu, već jedino sa stanovišta priče u koju uklapamo tu informaciju. Stoga mi možemo da je precenjujemo, tako da se osoba čini mnogo gorom nego što jeste.

Drugi fenomen zove se "osnovna greška atribucije."[14] Skloni smo da mislimo da je nepovoljno ponašenje drugih osoba prouzrokovano nečim što je rđavo u njima samima (tj. karakternim manama), dok istovremeno smatramo da je naše sopstveno nepovoljno ponašanje izazvano određenom situacijom. Ako naš partner viče, to je zato što je po prirodi goropadna osoba; ako mi vičemo, to je zato što smo izazvani ili loše raspoloženi. Ako naš partner učini nešto nepromišljeno, to je zato što je on nepromišljena osoba; ako mi učinimo tako nešto, onda je to zato što smo trenutno rasejani. Ukratko, drugi se ponašaju rđavo, zato što su rđavi, dok se mi ponašamo rđavo zato što smo trenutno van sebe ili zato što nas situacija prisiljava na to. Razmotrimo primer Džeka i Sendi.

Džek i Sendi izgledaju kao skladan par, ako verujemo da sličnost stvara skladnost. Sličnost može ponekad da dovede do uzajamnog razumevanja. Ali ne i u ovom slučaju. I Džek i Sendi su plahoviti. Džek opravdava svoje iznenadne napade besa Sendinim čestim neprihvatljivim ponašanjem, dok njene izlive besa, ironično, vidi kao suštinsku karakternu manu. Nažalost, Sendino viđenje situacije je slika u ogledalu Džekovog viđenja. Posledica toga je da njihov sukob stalno raste. Njihov odnos bi se znatno poboljšao kada bi primenjivali na sebe iste standarde koje svako od njih primenjuje na onog drugog ili kada bi na drugog primenjivali iste standarde koje primenjuju na sebe.

Tokom vremena, i efekt negativne informacije i osnovna greška atribucije učiniće da priče koje se odvijaju u odnosima često budu sve manje i manje blagonaklone prema pratneru. Ali budući da je priče veoma teško svesno promeniti, promena po svoj prilici neće biti samo postepena već i predsvesna. Mi čak nećemo ni shvatiti da se ona dešava. Tokom vremena, ono što je počelo kao prijatna priča, postaće neprijatna. Predsvesna priča konačno postaje svesna i to je trenutak kada shvatamo da smo nesrećni. Priča nije više ono što želimo da ona bude; da je ona bila takva od samog početka, možda ne bismo ni stupili u partnerstvo. Kada se dostigne ova tačka, što god da partner učini doprineće da situaciju vidimo kao sve nepovoljniju, a ne povoljniju.

Međutim, priče se mogu promeniti i nabolje, ako smo svesni tema naših priča i načina kako obrađujemo informacije. Ako razumemo kako efekat negativne informacije i greška osnovne atribucije mogu da nas obmanu i ako shvatimo da ne utiču samo odnosi na priču već i da priča utiče na odnose, možemo da preduzmemo korake i poboljšamo naš odnos priznajući da su mane koje pripisujemo našim partnerima u stvari mane u našim sopstvenim procesima obrade informacija o partneru, a ne u samom partneru.

ZAŠTO SU UOBIČAJENI POKUŠAJI DA SE ODNOS PROMENI ČESTO BEZUSPEŠNI

Zašto su pokušaji da se odnos promeni, bilo da partneri sami pokušavaju da ga poprave ili traže pomoć bračnog savetnika, tako često bezuspešni? Oni su bezuspešni zato što ne uzimaju u obzir priče koje upravljaju načinom kako osoba vidi odnos i kako mu pristupa.

Svako od nas bio je u jednom ili više neuspešnih odnosa. Često se dešava da odluka da se veza prekine nije obostrana, i ostavljena osoba pokušava da sazna zašto se, s tačke gledišta drugog partnera, odnos raspao. Osoba koja je raskinula odnos ponekad oseća kao da pronalazi razloge zašto se odnos raspao, i to ne samo zbog partnera, već i zbog sebe same. Ostavljena osoba može isto tako da se oseća. Obe su u pravu. Ono za što one veruju da su uzroci raspada odnosa u stvari su posledice. Mi *stvaramo* razloge raskida, baš kao što smo nekada stvarali razloge da budemo zajedno. Razlozi su pre prividni nego stvarni. Možemo reći da je partner bio preterano zahtevan, da komunikacija uopšte nije bila onakva kakva bi trebalo da bude, ili da odnos nije napredovao, ili bilo koji od mnoštva drugih razloga. U suštini, mi verujemo da racionalno razmišljamo, dok u stvari razmišljamo na narativan, intuitivan način.

Ovi "razlozi" su u stvari "uzroci" raskida. Mi izmišljamo te razloge kako bismo sebi i drugima opravdali ono što smo učinili. A pravi razlog za raskid je taj da nam se više ne dopada način na koji se naša priča odvija. Priče se teško menjaju, ali se ipak tokom vremena menjaju. Ono što je počelo kao priča koja nam se dopada postalo je priča koja nam se ne sviđa.

Ponašanje koje smo nekada tolerisali, više ne tolerišemo, ne zato što se ponašanje promenilo, već zato što je sada deo loše priče u kojoj smo. Ono što nam se sviđalo kod jedne osobe, više nam se ne sviđa, zato što nas to sada podseća na lošu priču. Da bismo promenili odnos, treba da razumemo priču i da o njoj povedemo računa. A treba i da razumemo kako svoju idealnu priču tako i idealnu priču našeg partnera, koja nas je, po svoj prilici, u početku i spojila. Razmotrimo slučaj Gerija i Karle.

Dok je pokušavao da se oporavi od problema sa alkoholom, Geri je bio očaran Karlinom brižnošću i pažnjom. Nije joj bilo teško da bilo šta učini za njega; uvek je bila tu kada mu je bila potrebna i potpuno posvećena njegovom izlečenju. Karla se nije promenila, ali se promenio Gerijev stav prema njoj. On sada oseća da ga Karla guši. Potrebno mu je prostora, a oseća da mu ga Karla neće dati. Zna da mu ona želi dobro, ali sada je deo njegove priče o lečenju od zavisnosti, priče koju bi on, kada se sve uzme u obzir, najviše voleo da zaboravi. Upravo ono ponašanje kojem se nekada tako divio postalo je sada izvor tinjajuće ozleđenosti. Ono što je nekada bila Gerijeva idealna priča više ne postoji.

RAZUMEVANJE IDEALNE PRIČE

Da bismo razumeli šta partner oseća prema nama, treba da razumemo njegovu priču o idealnom odnosu. Priča je često predsvesna, i zato je naš partner često nije potpuno svestan, kao što ni mi nismo svesni svoje sopstvene idealne priče.

Verujem da su posebne priče koje stvaramo u stvari mešavina svojstava osoba koje smo u prošlosti na neki način želeli ali nismo mogli da imamo. Gubimo partnera; kao dete bili smo odbačeni od druge dece koja su nas ismejavala; kao mladi slamali smo srca drugima, i srce su nama slamali. Svaki put kada izgubimo nekoga, mi internalizujemo ona svojstva koja su nam se sviđala i na kraju gradimo, obično nesvesno, skup svojstava kojih smo u prošlosti bili lišeni.

Naše istraživanje na Jelu pokazalo je da ljudi imaju ideale o ljubavnim odnosima, i da su ti ideali isto toliko važni koliko i sam aktualni odnos.[15] Ideali ne kontrolišu samo kako formiramo svoju aktualnu priču, već i koliko ćemo biti srećni sa njom. Šta više, mi osećamo emocije kada osećamo da postoji sklad između aktualne i potencijalne priče i naše idealne priče. Saznanje da postoji sklad izaziva pozitivne emocije, kao što su sreća i zadovoljstvo. Negativne emocije, poput tuge, ljutnje i osujećenosti mogu da se jave kada očekujemo i nadamo se da će postojati sklad a njega nema.[16] Ponekad pokušavamo da ga na silu nametnemo. Kada sretnemo neku osobu, utvrđujemo koliko se ona približila našem idealu. Ako mu uopšte nije nalik, mi jednostavno možemo da je odbacimo. Međutim, ako mu se približava možemo pokušati da je nekako uguramo u naš ideal. Drugim rečima, tumačićemo postupke drugih tako da se uklapaju u naše najružičastije maštarije. Mi želimo da se naša idelna priča ostvari.

Mnogi od nas bili su u odnosu u kojem smo osećali da naše sopstvena angažovanost kao i angažovanost našeg partnera počiva na samoovekovečujućim iluzijama koje ne odgovaraju stvarnosti. Iluzije mogu da se na kraju sruše ako ponašanje i iskazi partnera konačno ne mogu da izdrže sve napornije pokušaje da se održi naizgled prihvatljiva fikcija. Razmotrimo primer Lize i Lerija. Lizu je oduvek privlačio snažan i ćutljiv tip. Kada je srela Lerija, provodila je sate i sate pokušavajući da odgonetne šta on misli. Leri je bio dosta škrt u davanju komplimenata, ali kada bi ih dao, Liza je bila na sedmom nebu od sreće. Odnos je bio uzbudljiv, zato što je za Lizu, idealna priča ona u kojoj se sve dešava iznutra – ispod površine. Leri i Liza su sada u braku tri godine, i Liza je došla do užasnog saznanja. Ispod Lerijeve ćutljivosti nalazila se ogromna praznina. On nije ličio na artičoku sa skrivenim jezgrom, već na crni luk. Kada oljuštite slojeve Lerijeve ćutljivosti, dole ništa ne ostaje. Leri je ćutao sve ove godine zato što nije imao šta da kaže. Liza je sada shvatila da je zamišljala da je Leri nešto što on nije. Nevolja je u tome što je isuviše kasno da se bilo šta učini a da se radikalno ne promene njihovi životi.

Neki potencijalni partneri se odmah uklapaju u naše idealne priče, dovodeći do osećanja zaluđenosti, dok drugi potencijalni partneri ne. Ako se ljubav razvija sporo, iz prijateljstva, možemo da osećamo da se naša idealna priča lagano menja kako bi odgovarala našem sadašnjem odnosu. Nova idealna priča nužno ne mora da zameni staru, već može da postoji zajedno s njom. U ovom slučaju, uvek postoji mogućnost da kasnije sretnemo nekoga ko se više uklapa u našu originalnu priču. Ako nas ta priča još privlači možemo otkriti da želimo da se prebacimo na drugi odnos ili da istovremeno budemo u oba odnosa.

Naravno, ideali mogu ali i ne moraju da se menjaju, ali odnosi se uvek menjaju. A kako se oni menjaju, partneri mogu da postaju sve zadovoljniji odnosno nezadovoljniji. Često se dešava da mnogi ljudi koji počinju sa pričama koje su manje realistične ili ih je bar teže održati u dugotrajnijem odnosu, kao što je bajkovita ili tajanstvena priča, otkrivaju da te priče počinju da blede kako se odgovornosti povećavaju – na primer održavanje domaćinstva, podizanje dece, plaćanje poreza. Ovi elementi mogu da se dobro uklapaju, na primer, u poslovnu priču ali mnogo manje u bajku – priču u kojoj princ traži svoju princezu ili obrnuto. Kao posledica toga, ljudi sa izvesnim pričama koje je teško održati mnogo se brže razočaravaju nego ljudi koji imaju životnije priče.

Ponekad takvo razočaranje dovodi do promene partnera. U suštini, idealna priča ostaje stalna i osoba pokušava da promeni aktualnu priču. Na primer, muškarac ili žena sa umetničkom pričom – ako u partneru traže umetničko delo – mogu da počnu da se osećaju razočaranim kako njihov partner stari. Ponekad se muškarci srednjih godina okreću mlađim ženama, omogućavajući tako sebi da održe umetničku priču kao ljubavni odnos, ili, kada je reč o priči o vladanju i upravljanju, stariji muškarac imaće ili će osećati da ima veću moć u odnosu sa mlađom ženom. Druge priče, takođe, mogu da navedu muškarca da se okrene mlađoj ženi, ili ženu da se okrene različitom tipu muškarca, na primer, da u situranijem muškarcu otkrije uspešnijeg poslovnog partnera. Priče čine važan element u promeni partnera, ali tu je i kulturni kontekst u kojem su priče smeštene.

PRIČE KOJE DRUGI OČEKUJU DA ĆEMO IH PRIČATI KULTURNA MATRICA

Priče koje pričamo su jedinstveni prototipovi – odgovaraju našem posebnom vremenu i prostoru.[17] One su utisnute u našu kulturnu matricu.[18] Kulture odobravaju izvesne priče, a druge ne odobravaju. Na primer, danas se u SAD smatra da je brak priča o pravoj ljubavi, istorijski posmatrano, to je bilo retkost. Savremeni Amerikanci smatraju nedoličnim venčati se samo zbog novca ili statusa, dok je takva priča smatrana prihvatljivom pa čak i poželjnom tokom najvećeg dela istorije.

Prema tome, iako stvaramo naše vlastite priče, mi to činimo u kontekstu kulturnih običaja. Mi smo pod stalnim, iako obično tananim pritiskom da stvaramo priče koje su prihvatljive u našoj kulturi. U određeno doba i na određenim prostorima ljudi mogu izgubiti život zbog priče – preljube na primer, dok bi u neko drugo vreme i na drugom mestu na to jedva i obratili pažnju.

Šta više, naša ljubavna priča je samo jedna od priča koju stvaramo. Mi stvaramo priče i o drugim temama kao što su posao i porodica. Razmišljamo o tome kako bismo voleli da vidimo sebe na poslu i sa drugim članovima porodice Ove priče se ponekad dopunjuju, ali takođe mogu i da se takmiče sa našom ljubavnom pričom. Stoga je nekim ljudima i teško da priču o ljubavi povežu sa pričom o poslu što ima za posledicu da su one u stanju stalne napetosti. Neki ljudi u stvari više vole da kombinuju različite vrste svojih životnih priča u jednu jedinu priču, dok ih drugi drže odvojeno. Na primer, neko ko voli da kombinuje priče može više da voli da bude u bliskom odnosu sa kolegom sa posla, dok neko ko voli da drži priče odvojenim ne bi ni pomislio da stupi u takav odnos. Ali većina ljudi teži kognitivnoj doslednosti – finom uklapanju priča jedne u drugu. Da bismo potpuno razumeli svoju ljubavnu priču, moramo da vodimo računa kako se ona uklapa u celokupni kontekst našeg života. Razmotrimo slučaj Bena i Lize.

Ben voli Lizu, ali da Liza to ne zna, on se nikada njom neće oženiti. Čak i Ben ne želi da to prizna sebi. Ben je pomoćnik potpredsednika jedne velike banke. Svi znaju da se, ako želite da poslovno napredujete u banci, morate oženiti samo izvesnom vrstom partnerke. Ona mora da bude neko ko će doprineti da dobro izgledate na socijalnim funkcijama banke. Treba da izgleda na pravi način, da govori na pravi način, i da zna da ugosti zvanice. Mora da potiče iz prave porodice. Niko o tome ne govori, zato što se ne zamišlja da je u moderno vreme život takav. No tako je to u bankama. Liza je silna, ali ženidba sa njom bi značila da zaboravi na karijeru. Tako on čeka, znajući da će morati da pređe na drugu vrstu odnosa za koji još nije spreman. Liza se jednostavno ne uklapa u priču koja je potrebna Benu da bi uspeo. Da je Liza razumela Benovu priču ona ne bi nikada ni stupila u odnos s njim.

Odakle potiču priče i kuda mogu da idu?

Razumevanje naših i partnerovih priča je od presudne važnosti za formiranje odnosa kao i za njegovo menjanje. Ovo razumevanje nam izuzetno pomaže da na samom početku pronađemo pravog partnera. Razmotrimo sada šta su zapravo priče i kako one deluju u kontekstu naših svakodnevnih života.

II
LJUBAVNE PRIČE

*L*jubavne priče mogu se grupisati na različite načine. Baš kao što ne postoji konačan spisak priča, tako nema ni konačnog grupisanja. Kako se stvaraju nove priče, grupisanje može da se promeni. Grupisanje kojim se mi ovde koristimo usredsređuje se na unutrašnja svojstva priče. To je pre apriorno grupisanje nego grupisanje otkriveno statističkom analizom. Ono nam može pomoći da bolje razumemo zahteve različitih vrsta priča o odnosima. Postoji pet glavnih vrsta priča.

Asimetrične priče zasnivaju se na ideji da asimetrija (ili komplementarno ponašanje) između partnera treba da bude osnova intimnog odnosa. To je priča o učitelju i đaku, u kojoj jedna jedinka obezbeđuje strukturu i informacije, a druga ih prima. U priči o žrtvovanju, jedna osoba dragovoljno čini ustupke, druga ih sa zahvalnošću prima. U priči o vladanju i upravljanju jedna osoba ima moć nad drugom osobom. (U alternativnom obliku priče o vladanju, to jest priči o koordinaciji, jedinke dele moć). U policijskoj priči, jedan partner vrši nadzor nad drugim i često obezbeđuje strukturu za njega. U pornografskoj priči, jedna osoba ponižava

67

drugu. U priči strave i užasa, jedna jedinka je mučitelj, a druga žrtva ponižavanja. U ovim pričama, tokom vremena pa čak i u različitim situacijama partneri mogu da zamene uloge koje igraju u pričama. Ali odnos je uvek asimetričan, bez obzira na to ko je u kojoj ulozi.

Priče o objektu su priče u kojima partner ili odnos u velikoj meri izgleda da je sredstvo za postizanje nekog cilja izvan samog odnosa. Postoje dve glavne vrste ove priče. U jednoj, osoba je objekt. U svim ovim pričama, partner se ne ceni toliko zbog njega samog već zbog uloge koju igra. U naučno – fantastičnoj priči, ceni se neobičnost ili nastranost partnera. U kolekcionarskoj priči, partner se ceni kao deo veće kolekcije. U umetničkoj priči, ceni se fizički izgled partnera. U ovoj vrsti priče, odnos je sredstvo da se postigne ili nađe nešto što je važno, što je od suštinskog značaja izvan odnosa. U priči o kući i ognjištu, odnos je sredstvo da se stekne stabilna i obično lepa kuća i njeno okruženje. U priči o izlečenju odnos je sredstvo da se pojedinac oporavi od traume. U religijskoj priči, odnos služi jednom ili oba partnera da se približe Bogu, ili sam odnos postaje neka vrsta religije. U priči o igri, partneri uglavnom žele da pobede, a odnos predstavlja igru koja to omogućava.

Priče o koordinaciji počivaju na ideji da se partneri zajednički trude da nešto stvore, urade ili održe. U putopisnoj priči, ljubav je putovanje, a partneri zajedno rade na izboru i dolasku na zajedničko odredište. U priči o šivenju i pletenju, odnos zajedno šiju i pletu oba partnera. U baštenskoj priči, partneri neguju odnos na način kako baštovan neguje vrt. U poslovnoj priči, partneri pokreću posao u kojem je podela posla jasna. U priči o zavisnosti, jedan partner ne može da postoji bez drugog, bar u kontekstu zavisnosti koja je od suštinske važnosti za život partnera.

Narativne priče oslanjaju se na ideju da postoji neka vrsta teksta, koji postoji izvan odnosa, i koji propisuje pravac u kojem odnos treba da ide. U bajkovitoj priči, tekst se usredsređuje na bajku o princu i princezi, ili o vitezu i princezi. U istorijskoj priči, tekst se usredsređuje na prošlost kako se ona primenjuje na sadašnjost i kako njom upravlja. U naučnoj priči, tekst govori o tome kako odnos može da se analizira u skladu sa unapred postojećim naučnim načelima i formulama. U kuvarskoj priči, tekst se sastoji od recepata koji će, ako se slede, dovesti do uspešnog odnosa.

Žanrovske priče naglašavaju oblik ili način življenja u odnosu, pre nego ciljeve odnosa ili principe koji se nalaze u njegovoj osnovi. U ratnoj priči, važnije su bitke i rat koji se vode, nego bilo koji posebni ciljevi bitaka ili rata. U pozorišnoj priči, važno je da jedan partner stalno igra ulogu, ma kakva da je ona (a uloge mogu da se menjaju tokom vremena). U humorističkoj priči, važno je da je odnos bezbrižan i da se nikada ne dozvoli da postane ozbiljan. A u misterioznoj priči važno je da jedan partner stalno otkriva informacije o drugom, bez obzia na to kakve one bile, ili kava je njihova važnost.

U ovom delu knjige razmatram svaku ljubavnu priču pojedinačno, tako što je ukratko opisujem, dajem tvrdnje iz inventara koji smo koristili za procenu ljubavnih priča raznih ljudi, navodim primere svake ljubavne priče, opisujem oblike mišljenja i ponašanja karakteristične za svaku priču, objašnjavam uloge koje ljudi igraju u svakoj priči, i raspravljam o prednostima i nedostacima svake priče.

Stavke inventara, date uz svaku priču, navedene su da bi se stekao utisak o ljubavnim pričama raznih ljudi. U našem proučavanju, ljudi su sebe procenjivali na svakoj stavci, obično na skali od 1 do 9, u kojoj 1 znači da ih stavka uopšte ne opisuje, a 9 da ih opisuje izuzetno dobro. (Ponekad smo upotrebljavali druge skale, sa poenima od 1 do 7). Skorovi su svođeni na prosek za mnogobrojne stavke u vezi sa svakom pričom, dajući profil u kojoj meri svaka priča važi za svaku osobu. Opšte uzev, skorovi od 7 do 9 su visoki, i ukazuju na to da je priča privlačna, skorovi od 1 do 3 su niski, i kazuju da za priču postoji malo interesovanja ili da ono uopšte ne postoji. Umereni skorovi od 4 do 6 govore da izvesno interesovanje postoji, ali po svoj prilici nedovoljno jako da izazove ili zadrži romantično interesovanje.

Budući da opis svake priče uključuje stavke inventara koje smo koristili u našem istraživanju, možda ćete poželeti da i sami odgovorite na njih, ocenjujući od 1 do 9 stepeni u kojem svaka stavka karakteriše vas u vašem bliskom odnosu. Možete da procenite sopstveni profil priča koje vam se najviše dopadaju, ocenjujući na taj način u kojoj meri svaka priča karakteriše vas u vašem odnosu. Primetićete da neke stavke govore skoro iste stvari kao i druge stavke, samo da su iskazane neznatno različitim jezikom. Postoje tri razloga za ovo. Prvo, duži testovi obično daju pouzdanije (ponovljivije) mere. Drugo, čak i neznatne promene u načinu izražavanja stavki u upitniku mogu da utiču na odgovore, ponekad i drastično. Treće, ljudi za koje je određena priča reprezentativnija po svoj prilici će davati iste visoke ocene različito iskazanim stavkama nego ljudi za koje je priča manje reprezentativna.

~ASIMETRIČNE PRIČE

Asimetrične priče, kako je ranije spomenuto, zasnivaju se na ideji da asimetrija među partnerima treba da bude osnova bliskih onosa. Postoji šest vrsta asimetričnih priča: priča učitelj–đak, priča o žrtvovanju, priča o vladanju i upravljanju, policijska priča, pornografska priča i priča strave i užasa.

PRIČA UČITELj–ĐAK

Za priču učitelj-đak svojstven je asimetričan odnos. U ovoj priči, jedan od partnera uživa u ulozi učitelja a drugi partner zadovoljan je ulogom đaka. U nekim slučajevima, partneri mogu da zamene uloge u različitim oblastima – na primer, jedna osoba može da bude učitelj u odnosu, dok druga vodi u spoljašnjem svetu. Međutim, uobičajeno je da je jedna osoba hronološki starija od druge ili da je profesionalno zrelija, i neretko se dešava da su ovi odnosi odista između učitelja i đaka, supervizora i superviziranog. U ovim slučajevima, postoji razlika u moći i iskustvu partnera, i starija ili iskusnija osoba najčešće preuzima ulogu učitelja. U svakom slučaju, u ovoj vrsti priča, kao i u drugim vrstama odnosa, potku priče čini atribucija, to jest kako partneri definišu svoje uloge.[1] Asimetrija je u atribuciji, a ne u aktualnoj činjenici. Ponekad se dešava da osoba koja igra ulogu učitelja može malo čemu ili ničemu da poduči, ili da je ono čemu ona podučava savršena glupost.

Dijagnostikovanje priče učenik–đak

UČITELJ
1. Otkrivam da u svojim bliskim odnosima igram ulogu učitelja.
2. Imam običaj da u bliskim odnosima moje partnere dosta podučavam životu.
3. Ponekad osećam da su ljudi sa kojima sam u odnosu nalik na moje đake.
4. Sviđa mi se činjenica da ljudi sa kojima sam u odnosu mogu dosta da nauče od mene.

ĐAK
1. Otkrivam da su svojim bliskim odnosima igram ulogu đaka.
2. Obično dosta naučim od svojih partnera u bliskom odnosu.
3. Ponekad osećam da su ljudi sa kojima sam u odnosu nešto poput učitelja.
4. Sviđa mi se činjenica da mogu dosta da naučim od ljudi sa kojima sam u odnosu.

Dejvid i Džesika

Skoro je jedan po ponoći a Dejvid i Džesika još razgovaraju telefonom. U stvari, da budemo precizniji, Dejvid priča, a Džesika sluša. To veče su oboje prisustvovali u svojoj kompaniji svečanosti uručivanja nagrade najboljem prodavcu i Dejvid objašnjava svojoj devojci zašto sve to toliko mrzi. Govori joj o elitizmu tih svečanosti – kako kompanija isključuje sve koji ne mogu da zadovolje njene proizvoljne standarde savršenstva.

Kompanija se pravi da zastupa sve ljude – bistre, glupe, lepe, ružne – sve dok su uspešni prodavci. Ali ona u stvari licemerno odbacuje sve koji se ne uklapaju u njen kalup. Pod velom slobode i individualnosti kompanija je u stvari samo običan politički korektan pokret eugenike*. Dejvid nastavlja da kritikuje celu ideju uspešnog prodavca koju je večerašnji festival otelovljavao dokazujući da je ideja da se postignuće u prodaji uzima kao merilo uspešnosti zapravo samo varljiva šargarepa kojom mašu ispred naših očiju, čineći nas slepim za celi svet pored koga prolazimo dok za njom jurimo.

Dejvid i Džesika su zajedno već šest meseci i od tada bilo je mnogo večeri poput ove, kada Dejvid filozofira o životu, a Džesika sve to upija. Iako bi neko mogao da pomisli da će Džesika Dejvidov skoro profesorski stav smatrati pokroviteljskim, ona ga uopšte tako ne vidi; ona uživa u tome da sluša Dejvidov inteligentan i neobičan pogled na svet i veruje da je dosta naučila od početka njihovog odnosa. Šta više, ona ne samo da veruje da je mnogo naučila o životu uopšte, već misli da je takođe mnogo bolje upoznala sebe.

I odista, Dejvidove rasprave nisu samo bezlična predavanja koja bi lako mogao da održi đacima u razredu; najvećim de-

---

* Eugenika – nauka o uslovima koji vode stvaranju telesno i duševno zdravog potomstva (prim. prev.)

lom, one su uglavnom usmerene na Džesiku. Na primer, pre nego što je srela Dejvida Džesika je oduvek želela da bude viši menadžer prodaje. Zamišljala je da joj takav posao ne bi samo obezbedio udobniji život, već bi joj omogućio da pomaže ljudima. Dejvid joj stalno opisuje druge strane života višeg menadžera bilo koje vrste. Govori joj je o licemerju, pohlepi i sebičnosti koji su se uvukli u najviše položaje u kompaniji; spominje kako je teško dospeti na viši položaj u kompaniji a da se pri tom ne manipuliše ljudima. Džesika shvata da je mnogo toga, iako možda ne sve, od onoga što Dejvid govori tačno.

Nepotrebno je reći da Dejvid zastupa ekstremno, sporno stanovište; pa ipak, njegove reči su izuzetno jako uticale na Džesikine planove. Ona sada veruje da bi po svoj prilici radije našla neki drugi posao koji ne bi od nje zahtevao da žrtvuje lični integritet.

I pored svih dobrih strana odnosa, Džesika veruje da postoje i izvesni problemi. Kao prvo, Dejvidovo filozofiranje ponekad ih odvlači od drugih dragocenih stvari koje bi mogli zajedno da rade. Često se dešava da je Dejvid toliko obuzet pričanjem o životu da se čini da nemaju vremena da žive taj život. Ali, ona shvata da je to Dejvid.

Dženi i Džonatan

Dženi sedi na klupi u parku sa svojom najboljom prijateljicom Polom i priča joj o problemima koje ima sa svojim dečkom, Džonatanom. Dženi se viđa sa Džonatanom skoro šest meseci i počeo je da joj smeta način kako on sluša svaku njenu reč kao da propoveda neku vrstu božanske istine. Kao ilustraciju ispričala je Poli slučaj koji se desio prošle noći.

Gledali su film u njenom stanu i Džonatan je počeo da je ispituje šta misli o metaforičnom značenju filma. Isprva mu je dala poštenu ocenu, a on je klimao glavom u znak odobravanja posle svake rečenice koju je izustila. Ovo njegovo neumorno prećutno slaganje sa njenim pogledima počelo je da je nervira i poželela je da joj se bar ponekad usprotivi, da bar ponekad izusti neko sopstveno mišljenje. Da bi ga naterala da to učini, počela je da svoje stvarne procene filma menja i izgovara sijaset potpuno slučajnih nevažnih komentara. Desilo se nešto neverovatno, iako je ponekad ispoljavao izvesnu zbunjenost, nastavio je da se slaže s njenim pogledima.

U početku svog odnosa sa Džonatanom, Dženi je u stvari cenila način kako on pažljivo sluša i odobrava sve što govori. Mislila je da je našla srodnu dušu – nekoga ko se konačno slaže sa njenim nesvakidašnjim pogledom na svet. Provodili su sate i sate pričajući o njenim raznim uverenjima i mišljenjima, i nijednom od njih nikada nije bilo dosadno i nikad se nije umorilo od toga. Kada bi se na nekom okupljanju raspravljali sa prijateljima, Džonatan joj je priskakao u pomoć kada bi neki od njenih pogleda bio osporavan. U mnogim slučajevima oni su igrali uloge učitelja i najboljeg đaka; u stvari, jedna od Dženinih prijateljica rekla je da je podsećaju na odnos između Sokrata i Platona gde Dženi sopštava svoju filozofsku mudrost željnim Džonatanovim ušima. Međutim, kako je vreme prolazilo, Dženi je postajalo sve očiglednije da Džonatan, za razliku od Platona, nikada ne iznosi nijednu sopstvenu teoriju; samo je eho, samo ponavlja njene reči i postupke kad god su zajedno. Ponekad joj se čini da je njegovo prisustvo guši.

Kazala je Poli da se ponekad oseća odgovornom za ono u šta se njen odnos sa Džonatanom pretvorio. Veruje da mu nije tako vatreno iznosila svaki aspekt svog filozofskog pogleda na svet, on po svojoj prilici ne bi prihvatio donekle podređenu ulogu đaka. Šta više, shvatila je da je uzbuđenje koje je ispoljavala kada se on slagao sa njenim mišljenjem verovatno još više pojačavalo njegovo prećutno slaganje. Otuda, iako je Džonatanovo papagajsko ponašanje počelo da je brine, priznaje je da je ono donekle njena greška.

Oblici mišljenja i ponašanja

U odnosu učitelj–đak, asimetrija se stvara tako što jedan partner igra ulogu učitelja a drugi preuzima ulogu đaka. Ljudima u ovakvoj vrsti odnosa teško je da postignu jednakost ili bilo koju vrstu simetrije. Ili će jedna osoba biti učitelj u svim oblastima odnosa, ili će se uloge smenjivati u različitim oblastima. U oba slučaja u interakcijama partnera postoji neizbežna asimetrija.

Ovi odnosi ponekad potiču iz stvarnih uloga u školi ili na poslu i izuzetno ih je teško razviti, ne samo zbog toga što neizbežno postoji razlika u moći između učitelja i đaka i poslodavca i službenika, već i zato što se obično takvi odnosi ne odobravaju ni u školi ni na radnom mestu. Često se smatra da "učitelj" zloupotrebljava svoju moć, a da đak koristi lični odnos da bi profesionalno napredovao.

Ljudi u ovakvim odnosima obično se veoma trude da sakriju odnos, pa ipak začuđuje je kako malo njih u tome uspeva. Parovi šalju toliko mnogo različitih signala koji ukazuju na njihovu povezanost tako da će se obično svi, osim onih najpažljivijih i najbrižljivijih, u jednom trenutku odati. Kada se odnos obelodani saradnici i drugi učenici osećaju se prevarenim, ne samo zbog njihovog odnosa, već pre svega zbog njegovog prikrivanja. U stvari, prikrivanje podržava prirodnu hipotezu ljudi da par stvarno ima nešto da krije.

Situacija se dalje komplikuje ako su jedan ili oba partnera već u odnosu sa nekom drugom osobom. Iako vanbračni odnosi nisu retki, oni predstavljaju poseban teret ako se dese na poslu, zato što tek tu postoji veća verovatnoća da će se govoriti da je reč o moći a ne o ljubavi. Šta više, ljudi sa ovom pričom mogu da osećaju lojalnost prema obe strane i da budu u veoma neugodnoj ulozi pokušavajući da nekako izađu na kraj sa odnosom koji postaje sve neodrživiji. Jasno je da je za parove u takvim odnosima, ako odluče da ih nastave, najbolje da promene radne grupe i tako smanje, ako ne i potpuno odstrane, trvenja koja nastaju kada su dvoje ljudi u radnoj grupi i u bliskom ličnom odnosu.

Komplementarne uloge : učitelj i đak

Komplementarne uloge u ovom odnosu su uloge učitelja i đaka, bilo u svim oblastima ili u samo jednoj. Ako partneri dele uloge učitelja i đaka, oni mogu mnogo da nauče jedan od drugog i potencijalno da održe ravnotežu moći u odnosu. Ako je jedan partner uvek učitelj a drugi uvek đak, u odnosu obavezno mora da postoji neravnoteža moći u korist učitelja.

Prednosti i nedostaci

Najveća potencijalna prednost odnosa učitelj–đak jeste da on ispunjava ciljeve tog para: jedan uživa da bude učitelj a drugi uživa u učenju. Ili oboje uživaju u obe uloge, ali u različitim oblastima.

Ali ovi odnosi nose sa sobom veliki broj neizbežnih nedostataka. Ako je par u istoj radnoj grupi, to obično predstavlja problem za saradnike, i konačno za njih same. Ako nisu u takvoj grupi, obavezna neravnoteža moći može, za neke ljude, da postane neugodna. Šta više, učeniku može na kraju da prestane da se sviđa da bude stalno u ulozi đaka, i u tom trenutku priča učitelj–đak može da bude izanđala, bar za njega, iako možda ne i za njegovog partnera.

PRIČA O ŽRTVOVANJU

Svi bliski odnosi ponekad zahtevaju od partnera da se žrtvuju jedan za drugog. U priči o žrtvovanju, međutim, jedan partner se stalno i dosledno žrtvuje za drugog, ili smatra da se za njega žrtvuje. On ispoljava ono što je Džon Li nazvao agape ljubavlju.[2] Davanje sebe jeste deo onoga što pokreće ljubav, i osoba nije srećna ako nije pre svega u ulozi davaoca a ne primaoca.

Ljubav prema Bogu može da ima ova svojstva, i žrtva može da bude deo odnosa u kojem svog partnera vidi kao Boga ili neko drugo božanstvo. Zauzvrat, ona može osećati da je božanstvo voli, ali da zato mora da podnosi žrtve u ime tog božanstva. Istovremeno, i samo božanstvo se može žrvovati, kao u priči o Isusu. Odnos žrtvovanja može često da uključuje i decu, roditelje i druge odnose.

Dijagnostikovanje priče o žrtvovanju

1. Često uživam da se žrtvujem za partnera.
2. Verujem da je spremnost da se žrtvuješ za partnera znak istinske ljubavi.
3. Ne bih oklevao da se žrtvujem za svog partnera.
4. Često se odričem nečega što bih voleo da radim zarad svog partnera. Pa ipak, saznanje da je moj partner srećan, čini me srećnim.
5. Verujem da u bliskom odnosu nije reč samo o ljubavi, već i o žrtvovanju u ime ljubavi.

6. Verujem da je žrtvovanje ključni deo ljubavi.
7. Često se žrtvujem zarad dobrobiti mog partnera.
8. Često dovodim u pitanje sopstvenu udobnost da bih zadovoljio potrebe svog partnera

---

Vanda i Derek

Vanda je odrasla u porodici sa veoma dominantnim ocem i izuzetno pokornom majkom. Nije bilo ni najmanje sumnje ko je glavni u kući. Sredinom – tih godina, smatralo se da tako i treba da bude, bar su tako mislila oba Vandina roditelja. Gledajući unazad, Vanda je potpuno zgrožena pokornošću koju je njena majka ispoljavala prema ocu u svakom pogledu.

Vanda je odlučila da stvari postavi drugačije – pred njom je stajala uspešna karijera u menadžmentu, i čvrsto je odlučila da zauzme što više mesto u preduzeću. Derek, njen dečko, potpuno je podržava u njenim planovima. Vanda ne može biti srećnija zbog toga. Ima uspešnu karijeru i brižnu voljenu osobu. Šta bi još mogla da poželi?

U stvari, ima nešto što bi mogla da poželi. Derek upravo završava medicinu i prijavio se za stažiranje. Problem je u tome što slobodna mesta za stažiranje u lokalnoj oblasti nisu baš bog zna kakva. I Derek i ljudi oko njega smatraju da on veoma mnogo obećava i da svakako zaslužuje nešto više od stažiranja u lokalnoj bolnici. Ali dobro mesto za stažistu značilo bi da mora da se seli.

Derek govori Vandi da u svim gradovima koje je razmatrao i gde bi mogao da dobije dobro mesto za stažiranje postoje dobre poslovne mogućnosti za nju. On smatra da Vanda može mnogo lakše da nađe dobar posao u raznim mestima i nada se da će ona biti voljna da se zbog njega preseli u drugi grad. Istovremeno kaže da naravno postoji i mogućnost da budu razdvojeni tokom njegovog stažiranja, ali takođe ukazuje na to da oboje znaju kako je teško parovima da ostanu zajedno čak i kada žive u istom gradu. Razdvajanje može da bude poljubac smrti – nešto što on nikako ne bi želeo da doživi, a siguran je da i Vanda ne želi takvo iskustvo.

Vandi se ne seli, ali oseća da nema izbora. Ona iskreno želi da Derek ostvari uspešnu karijeru koja ga čeka i, na kraju krajeva, on je u pravu kada kaže da u svakom gradu u koji bi mogli da se presele postoje dobre poslovne mogućnosti za nju. Ona želi da uspe, a jasno joj je da i Derek želi da ona uspe – što nikako ne liči na priču njene majke i oca gde se od majke uvek očekivalo da se bez razmišljanja žrtvuje za oca. Ne, nikako ta priča. Vanda vidi da će morati da se preseli, ali oseća da tu nešto ne valja. Ali nikako nije sigurna šta je to.

Vins i Eva

Vins ima trideset dve godine i oseća se frustriranim. Želi da se oženi Evom, ali nije siguran da ona želi da se uda za njega. Zabavljaju se već pet godina, i ona mu je postavila nešto kao ultimatum – što je dosta čudno jer je on nju tokom tih pet godina zaprosio bar desetak puta.

Razumljivo, ultimatum se ne tiče venčanja, već Vinsovog plana za budući zajednički život, gde će živeti i kakav će im život izgledati ako se uzmu.

Vins živi sa svojom majkom, koja ima osamdeset osam godina. Zdravlje joj je loše a takvo je poslednjih deset godina. Njeni prijatelji, lekare i da ne spominjemo, zaprepašćeni su što je još živa. Ali ona je izgleda odlučila da zbunjuje prijatelje, lekare, i sve koji misle da neće još dugo.

Vins može da razume što Eva okleva da se useli u kuću i živi sa njim i njegovom majkom. To baš i nije idealno mesto za mladi bračni par. Vins oseća da ne bi mogao da ostavi majku da živi sama niti da je smesti u neki starački dom. Staranje o majci ne zahteva baš neku veliku umešnost – ali oduzima po svoj prilici tri do četiri sata dnevno, što mu, pored posla od koga živi, ne ostavlja baš mnogo vremena za Evu. Rekao joj je da njegova majka neće večno živeti. Ali to je svaki put uvek dovodilo do iste svađe. Odgovorila mu je – sasvim tačno – da peva istu pesmu poslednjih pet godina, a da je njegova majka još sa njima. Srećna je što je njegova majka živa, ali ona jedino ne može da se useli u kuću i da živi sa njom i Vinsom, naročito kada on svakodnevno provodi toliko mnogo vremena negujući je.

Vins shvata da će po svoj prilici izgubiti Evu, ali ne vidi nijednu drugu alternativu. Pomisao da će je izgubiti baca ga u očajanje. Ako se izuzmu njihove prepirke oko mogućnog životnog aranžmana, njihov odnos je divan, i Eva je veoma brižna prema njemu, čak i prema njegovoj majci. Ona jedino ne želi da živi sa njom. On mora da se brine o svojoj majci: i tu nema nijedne alternative. A ako Eva to ne može da shvati onda će morati da pronađe drugu devojku koja će to moći.

Oblici mišljenja i ponašanja

Ljudi sa pričom o žrtvovanju obično daju ne nadajući se čak i ne očekujući da će im biti uzvraćeno istom merom. Ili mogu smatrati da ono što dobijaju zauzvrat dolazi iz onoga što daju. Na primer, oni osećaju veće zadovoljstvo u davanju nego u dobijanju rođendanskog ili nekog drugog poklona. Mogu takođe misliti da dobijaju mnogo zauzvrat, iako ono što dobijaju ne mora u očima drugih da bude mnogo opipljivo ili očigledno.

Ključno svojstvo priče o žrtvovanju jeste da osoba shvata žrtvu pre kao nužnost nego kao izbor. U izvesnom smislu,

Vanda ima mogućnost izbora hoće li se seliti sa Derekom ili ne. Ali ona svoju situaciju ne doživljava kao izbor. Ona stvarno veruje da *treba* da se preseli, a ako to ne učini, da onda nešto sa njom nije u redu. Iako bismo mogli raspravljati za i protiv njenog preseljenja, ključni vid mišljenja ovde jeste odsustvo mogućnosti izbora, uprkos činjenici da on postoji. U ovom smislu ona ponavlja ponašanje svoje majke. Njena majka je, takođe, verovatno mislila da radi ono što treba da radi.

Slično, i Vins je mogao da vidi da ima izbora, ali nije video. On stvarno nije ispitao sve mogućnosti kako može da sredi majčin život, a po svoj prilici i neće ako se uzme u obzir proteklo vreme a da nije ništa preduzeo. Vins se oseća uhvaćenim u zamku – kao da je ono što on radi jedino ispravno, a da je sve drugo što bi mogao da učini pogrešno. On ne bi sebe smatrao pravim čovekom kada bi napravio bilo kakav drugi izbor, isto kao što i Vanda vidi svoju situaciju.

Može izgledati da ljudi sa pričom o žrtvovanju daju isuviše mnogo, što oni u izvesnom smislu i čine; ali treba imati na umu da je priča o davanju njihova priča. Iako mogu da jadikuju zbog toga, pa čak i da prebacuju osobi zbog koje to čine, oni imaju priču o ljubavi u kojoj će uvek igrati ulogu davaoca, u mnogome bez obzira na okolnosti. A ako okolnosti od njih ne zahtevaju žrtvovanje, stvoriće situaciju u kojoj će biti davaoci. U ekstremnim slučajevima, drugi ljudi mogu misliti da imaju "kompleks mučenika", zato što se može činiti da uživaju u ulozi u kojoj daju mnogo više nego što dobijaju.

Komplementarne uloge: osoba koja se žrtvuje i ona koja prihvata žrtvu

Dve komlementarne uloge u priči o žrtvovanju jesu uloga onog ko se žrtvuje i onog ko prima žrtvu. Najčešće se dešava da jedna jedinka stalno igra ulogu osobe koja se žrtvuje, a druga uvek ulogu osobe koja prihvata žrtvu. Ređe se dešava da se oba partnera žrtvuju, a onda je to u različitim oblastima. Na primer, muž može da se za svoju suprugu žrtvuje u profesionalnoj oblasti, a ona može da se zbog njega žrtvuje u finansijskoj oblasti. Ona može da dozvoli suprugu da troši koliko god želi novca koji je zaradila svojim uspešnim poslovanjem.

Prednosti i nedostaci

Priča o žrtvovanju može da dovede do srećnog odnosa kada su oba partnera zadovoljna ulogama koje igraju, posebno kada se oboje žrtvuju (obično u različitim oblastima). Do trvenja obično dolazi kada partneri igraju uloge koje svesno ne žele da igraju, ali se nesvesno osećaju primoranim da ih igraju.

Istraživanja ukazuju na to da su sve vrste odnosa obično najsrećnije kada su odnosi među partnerima približno pravični[3] mada, u uspešnim odnosima, ljudi obično odnos ne vide kao odnos ja tebi ti meni, u kojem se brižljivo vodi računa o tome šta svaka osoba daje a šta dobija.[4] Najveća opasnost u priči o žrtvovanju jeste verovatno u tome što u odnosu može da prestane da postoji ravnoteža između davanja i primanja tako da se jedan ili oba partnera počinju da osećaju neprijatno.

Ovu situaciju još više otežava to što priča jednog ili oba partnera obično održava ovu neravnotežu. Tako se može desiti da jednog partnera ozleđuje to što je uvek davalac, ali nastavlja i dalje da daje, ne nužno zato što partner to zahteva, već zato što je to njegova priča o ljubavi. Slično, primalac može da se oseća neugodno zato što je tako često on taj koji prima, ali nije kadar da izmeni ponašanje svog pratnera, čak i kada je davalac ozlojeđen zbog tako čestih žrtava.

Kada se dostigne određena tačka nezadovoljstva, nužno je uspostaviti ravnotežu, ali prvo, oba partnera mora da prepoznaju priču koja podstiče žrtvovanje.

PRIČA O VLADANJU I UPRAVLJANJU

Priča o vladanju i upravljanju može da se javi u veoma mnogo oblika, ali svima je zajednička jedna tema – zainteresovanost za raspodelu moći. Priče se velikim delom razlikuju po tome kako je moć raspodeljena između dve osobe u odnosu.

U autokratskom odnosu, jedan partner ima skoro svu vlast u svojim rukama. On donosi odluke, odlučuje kako će se one sprovoditi u delo, ko će ih sprovoditi u delo, kada i gde će se sprovesti u delo. U ovim odnosima, jedna osoba u suštini postaje vladar ili autokrata, a druga ona kojom se vlada, ili subjekt.

Odnos može da postane autokratski iz mnogo različitih razloga. Jedan od razloga je religijski: neke religije prenose skoro svu moć u odnosu na muškarca. Na primer, kada su Talibani, muslimanski fundamentalisti, 1996. godine preuzeli najveći deo Avganistana oni su odmah otpustili sve žene sa posla i ispisali devojke iz škola. Nisu dozvolili ni najmanju sumnju u to ko je glavni u tom društvu.

Drugo, odnos može da postane autokratski ako jedan od partnera ima izuzetno jaku potrebu za moći.[5] Neki ljudi imaju jaku potrebu za moći i koriste se odnosom kao sredstvom da je ispolje. Neko ko ima snažnu želju za moći a koja je na poslu potisnuta, može da se izuzetno tiranski ponaša u odnosu sa drugim partnerom, jer koristi kuću kao način da kompenzuje sva osujećenja koja doživljava na poslu.

Treći način koji vodi do autokratije jeste uzajamni pristanak. Par se oseća mnogo bolje kada jedna osoba donosi odluke i preuzima odgovornost za njihovo ostvarivanje. Obično je jedna osoba u takvom odnosu veoma submisivna, i više voli da je što je mogućno manje odgovorna za donošenje odluka.

Odnos može takođe da bude demokratski i ravnopravan, kada je moć manje ili više jednako raspodeljena na partnere. U demokratskom odnosu, neke odluke prvenstveno ili skoro isključivo donosi samo jedan odnosno drugi partner. Princip je da je moć u proseku jednako raspodeljena, što nužno ne znači da prilikom donošenja određene odluke glas oba partnera važi jednako. Kada se priča o vladanju i upravljanju odvija na ovaj način, ona funkcioniše više kao priča o koordinaciji.

Četvrti oblik raspodele moći jeste anarhični, i on je po svoj prilici manje čest nego autokratski ili demokratski. U ovom odnosu niko ne preuzima odgovornost za rešavanje problema ili donošenje odluka; svaki od partnera se nada da će onaj drugi preuzeti odgovornost. Takvi odnosi su obično dezorganizovani što ima za posledicu dezorganizovan način života. Ovi se parovi izlažu opasnosti da se spuštaju niz socioekonomsku skalu zato što niko ne vodi računa da ono što treba da se uradi bude stvarno i urađeno.

Dijagnostikovanje priče o vladanju i upravljanju

AUTOKRATSKA (VLADAR)

1. Veoma mi je važno da jedino ja kontrolišem važne odluke u odnosu.
2. Verujem da se u suštini sve u odnosima svodi na to ko kontroliše koga, i ja zasigurno ne želim da budem onaj koji će biti kontrolisan.

3. Mislim da je važno da od samog početka stavim do znanja mom partneru ko će biti glavni.

4. Volim da jedino ja donosim važne odluke, zato što će inače doći do anarhije.

AUTOKRATSKA (PODANIK)

1. Verujem da odnosi liče na vladu; jedna osoba je odgovorna za sve odluke i ja radije prepuštam partneru da to bude on.

2. Ne smeta mi da moj partner donosi većinu odluka zato što mislim da je bolje da je jedna osoba glavna.

3. Mislim da jedna osoba treba da bude odgovorna za donošenje odluka u jednom odnosu i radije bih da moj partner bude odgovoran za njih.

4. Mislim da je stvarno mnogo delotvornije ako samo jedna osoba ima kontrolu nad donošenjem važnih odluka u jednom odnosu, i ne marim ako to nisam ja.

DEMOKRATSKA

1. Verujem da se u jednom odnosu sve okreće oko raspodele moći, baš kao što je to slučaj i u vladama.

2. Verujem, suprotno onome u šta mnogi drugi veruju, da problem ljubavi i moći može da se razreši, pod uslovom da su partneri spremni da dele i ljubav i moć

3. Verujem da je važno da partneri u jednom bliskom odnosu od samog početka nauče da važne odluke donose zajedno.

4. Važno je da moj partner i ja zajedno učestvujemo u donošenju odluka.

5. Verujem da partneri mogu da ostvare skladan odnos jedino ako dele moć.

6. Verujem da jedini način da partneri budu ravnopravni jeste da dele moć.

7. Verujem da je u jednom odnosu najvažnije da partneri nauče da dele sve, uključujući i moć.
8. Važno je da moj partner i ja zajedno učestvujemo u donošenju odluka.

Džeri i Kristin

Džeri i Kristin su zajedno već skoro dve godine, i uglavnom se čini da je sve u redu. I odista, svi koji ih znaju ubeđeni su da će se jednog dana venčati. Međutim, nekoliko Džerijevih prijatelja počinje da se brine zato što im se čini da Kristin kontroliše Džerija. On više ne gluvari tako često sa njima kao nekada a kada se to i desi, nekako se uvek dogodi da je i Kristin sa njima, spremna da ga za tili čas odvede sa sobom.

Pre neko veče, Džeri i prijatelji su bili usred gledanja prvenstvene košarkaške utakmice – utakmice o kojoj su pričali cele nedelje – kada se Kristin iznenada pojavila na vratima. Ostalo je samo još šest minuta do kraja igre i rezultat je bio tesan, tako da bi poslednja stvar koju bi neko mogao poželeti jeste da ga prekinu da gleda utakmicu u najuzbudljivijem trenutku. Kristin pravo prilazi Džeriju i kaže mu da mora sa njim da razgovara. On je učtivo pita da li bi mogla da sačeka kraj utakmice, ali ona odgvora da joj je izuzetno važno da odmah razgovaraju. Džerijevi prijatelji nastavljaju da zure u televizor, iako su odveć zainteresovani za ono što se događa u pozadini da bi mogli da prate igru. Kada je Džeri ustao i izašao sa Kristin, okrenuli su se jedan drugome i počeli u neverici da odmahuju glavom. Džeri se vraća tek kada je utakmica završena i ponaša se kao da se ništa neobično nije desilo.

Sve do ovog događaja Džerijevi prijatelji nisu bili sigurni da li treba da mu skrenu pažnju na njegov odnos sa Kristin.

Na kraju krajeva, iako po njihovom mišljenju situacija nije bila baš sjajna, Džeri nikada nije nijednim znakom pokazao da oseća da postoji problem. Pa ipak, činilo im se da je epizoda sa košarkom dosta čudna i da je potrebno o njoj razgovarati. Stoga odlučuju da je najbolje da mu iznesnu svoju zabrinutost. Možda Džeriju stvarno smeta njegov odnos sa Kristin, ali mu je isuviše neprijatno da o tome sa bilo kim razgovara.

Odgovarajući na zabrinutost svojih prijatelja Džeri kaže, na zaprepašćenje svih njih, da je sasvim svestan kontrole koju Kristin vrši nad njim, ali insistira da mu to ne smeta. On ceni njihovu prijateljsku brigu, ali ih uvereva da mu uopšte ne smeta činjenica da Kristin donosi većinu odluka u njihovom odnosu. Veli im da ne želi da se gnjavi sa tom vrstom ovozemaljskih trivijalnih odluka: ima on važnija posla da radi. Svestan je da mnogi ljudi njegovu situaciju smatraju žalosnom, ali njemu ona sasvim odgovara. Njegovi prijatelji su zbunjeni, ali vide da je Džeri srećan u svojoj vezi, i shvataju da je to zapravo i najvažnije.

Nensi i Ted

Nensi i njen suprug Ted, smatraju da je moć integralni deo njihovog odnosa. Međutim, shvataju da će se, ako je ne budu delili, izložiti opasnosti od tiranskog odnosa. Stoga misle da bi Ted trebalo da bude glavni u nekim stvarima, a Nensi u drugim. U oblastima o kojima Ted vodi računa, Nensi može da daje sugestije, ali konačne odluke donosi Ted. Slično, u oblastima o kojima se Nensi stara, Tedu je dozvoljeno da daje sugestije, ali ona donosi konačne odluke. Sasvim razumljivo da se prilikom donošenja nekih odluka ponekad javljaju problemi. U stvari, Ted i Nensi su se nedavno sporečkali zbog svoje petnaestogodišnje ćerke, Džulije.

Pre neko veče šesnaestogodišnji Ken je došao po Džuliju da idu u bioskop. Ted je rekao da mu se čini da je Ken lakomislen a da je njegovo odevanje – iscepane pantalone i umašćena, dronjava majica – potpuno neprihvatljivo. Kada se Džulija vratila iz bioskopa, Ted je rekao da joj više ne dozvoljava da izlazi sa Kenom. Džulija je smatrala da je to potpuno besmisleno: otišla je kod majke i zatražila od nje da ga urazumi. Nensi se složila sa Džulijinom procenom situacije i pokušala je da ubedi Teda da je njegova odluka isuviše prenagljena. Rekla je da je Kenova odeća, iako možda neprikladna za neku zvaničnu večeru, zapravo prihvatljiva za bioskop. Što se tiče Kenove lakomislenosti, kazala je da Ted ne bi trebalo da sudi o njemu samo na osnovu jednog susreta. Ted je saslušao svoju suprugu ali nije bio uzdrman njenim argumentima, i ostao je pri tom da je njegova odluka konačna. Nensi je mogla samo da odmahne glavom. Na kraju krajeva, Tedova je dužnost da nadzire Džulijin socijalni život. Ona može da kaže svoje mišljenje, ali Ted ima konačnu reč.

Nekoliko dana kasnije Džulija se usprotivila očevoj odluci rekavši da je nepravično od njega da tako proizvoljno odlučuje i zabrani joj da izlazi sa Kenom. Mirnim, a ipak odlučnim glasom Ted joj je rekao da je za njega nepodnošljivo da ona izlazi sa nekim tako aljkavim i lakomislenim kao što je Ken. Džulija je pozvala majku u pomoć, ali Nensi je samo rekla da je Tedova odluka konačna. Džulija je besno odletela u svoju sobu, ljutito vičući na majku zbog njenog pokornog ponašanja. Džulijine reči su skoro trenutno delovale na Nensi. Okrenula se ka Tedu i ozbiljnim glasom mu rekla da se seća da je razlog zašto su isticali da je važno da u svom odnosu dele moć upravo taj da odnos ne bi postao tiranski. Ted se isprva osećao ugroženim činjenicom da Nensi dovodi u pitanje njegovu odluku. Međutim, shvata da će biti situacija kada će on ozbiljno dovesti u pitanje neke njene odluke, i zna da bi voleo da se u takvim situacijama čuje i njegov glas. Zato odlučuje da popusti svojoj ženi, i kaže Džuliji da može da izlazi sa Kenom.

Oblici mišljenja i ponašanja

Odnosi osoba koje imaju priču o vladanju i upravljanju obično se usredsređuju na moć. Prema tome, iako se u svakom odnosu postavlja pitanje raspodele moći, ono je od mnogo većeg značaja u priči o vladanju i upravljanju.

Budući da se moć može raspodeljivati na mnogo različitih načina, postoji mnogo mogućnih tipova ove priče. Na primer, kada je reč o Tedu i Nensi, dogovor o raspodeli moći koji se obično sproovdi glatko prestao je da važi kada je jedan od partnera počeo da misli da drugi partner odluke donosi proizvoljno. U neposredno opisanoj sitauciji, drugi partper se prilagođava. Naravno, svi partneri se tako ne ponašaju, što može da dovede do sukoba.

Džeri i Kristin nemaju dogovor o raspodeli zajedničke moći kakav imaju Ted i Nensi. Umesto toga, Kristin je prisvojila skoro svu moć u odnosu. Džeri kaže prijateljima da je odveć zauzet da bi se gnjavio sa donošenjem odluka u njihovom odnosu. On možda tako i oseća, ili je možda ubeđen da tako oseća ili možda govori svojim prijateljima nešto u šta i sam ne veruje. U tom slučaju, Džeri možda ima potrebu za potčinjavanjem, što je manje-više upravo ono što je potrebno da bi se odnos održao duži period vremena.[6]

Ponekad, u ranim fazama odnosa, ljudi su u stanju da podnose nešto što će kasnije smatrati nepodnošljivim. U slučaju Džerija i Kristin neravnoteža je toliko velika da se čovek može zapitati koliko će taj odnos trajati. Da li će on trajati ili ne zavisi od toga da li Džeri odista želi da njime dominiraju, ili podnosi dominaciju zato što dovoljno voli Kristin pa je izabrao da se ne spori sa njom po tom pitanju.

Problem sa nesporenjem oko raspodele moći, ako ona odista predstavlja problem, jeste da je učinjen presedan. Jednom prepuštenu moć veoma je teško povratiti, kao što to dobro znaju mnoge vođe u vladi. Stoga je verovatno veoma loša ideja prepustiti drugome moć u odnosu u nadi da će se ona kasnije povratiti. Moć je veoma teško povratiti i šta više, drugi partner može da smatra da ako dogovor nije zadovoljavao, nezadovoljna osoba je trebalo odmah to da kaže.

Komplementarne uloge: vladar i podanik, deljenje moći, izbegavanje moći

Tri glavna para zajedničkih uloga potpuno su različita u raznim verzijama priče o vladanju i upravljanju. U odnosu vladar – podanik (autokratskom), jedan partner preuzima najveći deo vlasti u odnosu, sa pristankom ili bez pristanka drugog partnera. U aranžmanu u kojem se moć deli (demokratskom), moć je manje ili više jednako podeljena, iako može biti različito podeljena u različitim oblastima (na primer, finansijska kontrola nasuprot kontroli nad decom). U odnosu izbegavanja moći, postoji donekle anarhična situacija u kojoj nijedna osoba ne želi da prezume moć ili odgovornost. U ranije navedenom primeru, Kristin je vladar a Džeri je podanik; Nensi i Ted dele moć, ali Tedova odluka koja je izgledala proizvoljnom naterala ih je da redifinišu svoj aranžman deljenja moći.

Prednosti i nedostaci

Najveća prednost priče o vladanju i upravljanju jeste u tome što je u njoj sasvim eksplicitan problem koji je u drugim odnosima implicitan: svi odnosi zahtevaju raspodelu moći.[7] Ove raspodele su jasnije u odnosu vladanja i upravljanja nego u bilo kojoj drugoj vrsti odnosa. Time što se o problemu moći otvoreno raspravlja, ovi odnosi mogu da izbegnu probleme sa kojima se drugi odnosi suočavaju kada partneri shvate da distribucija moći predstavlja problem, mada skriven.

Najveća potencijalna mana ovih odnosa jeste da pitanje moći može da počne da preovladava celim odnosom. Partneri mogu postati toliko opsednuti pitanjem ko ima moć tako da prestanu da se suočavaju sa drugim problemima i da uživaju u drugim stranama odnosa.

Autokratski odnos može da otvori vrata zloupotrebi, posebno onda kada autokrata počne da vidi sebe kao bukvalno svemoćnu osobu. Ako moć kvari čoveka, a apsolutna moć apsolutno kvari, onda su parovi u autokratskom odnosu izloženi velikoj opasnosti. U mnogim slučajevima zloupotrebe, onaj ko zloupotrebljava moć veruje da ima puno pravo da radi sve što poželi. Zakoni u nekim zemljama u stvari podržavaju ovako gledište.

U anarhičnom odnosu stvari takođe mogu da se izmaknu kontroli, ali u ovom slučaju zato što niko ne preuzima adekvatnu odgovornost za bilo šta. Posledica toga mogu da budu uništene finansije, deca o kojima niko ne vodi računa i povrh svega poremećeni odnosi. Anarhični odnosi pokazuju da neka vrsta vladajućeg načela mora da postoji u svakom odnosu. Ignorisanje problema kakvi će odnosi biti, nema za posledicu njegovo nestajanje.

POLICIJSKA PRIČA

Čovek ne mora da bude policajac da bi mislio kao policajac – ljudi sa policijskom pričom misle kao policajci, ali ne kao

bilo koji policajac. Oni, zapravo, razmišljaju kao policajac Ža-
ver, opisan u *Jadnicima*. Žaver vidi stvari samo kao crno-be-
le. Na kraju, kada više ne bude u stanju da uklapa stvari u svoj
pogled na svet, on se radije ubija nego što pristaje da prome-
ni svoje poglede.

Policajci u jednom odnosu smatraju svojom dužnošću da
sprovode u delo zakone odnosa, koje često vide kao neku vrstu
prirodnih ili društvenih zakona, ali koji su, češće, ustvari nji-
hova sopstvena tvorevina. Ti zakoni mogu u većoj ili manjoj
meri da korespondiraju sa društvenim zakonima (kao na pri-
mer, zabranjivanje bigamije, incesta, preljube ili čega već) ali
mogu biti i bizarne tvorevine policajca (na primer, "stavljanje
van zakona" bilo kakvog socijalizovanja žena zajedno sa mu-
škarcima, zabranjivanje da muškarci rade sa ženama, čak i to-
kom svojih profesionalnih obaveza).

Osoba koja je u takvom odnosu ponekad ne shvata u šta se
uvalila sve dok stvari ne odu predaleko. Ono što na početku
može da liči na male neobičnosti kod partnera vremenom se
uvećavaju, i kada partner shvati šta se događa, može da otkrije
da mu je teško da se otarasi policajca kao što Žan Valžan nije
mogao da se oslobodi Žavera. Policajac može da izmišlja ka-
zne za kršenje zakona, i u slučajevima kada smatra da su ti
prekršaji veoma ozbiljni, bezbednost policajčevog partnera
može biti ozbiljno ugrožena. U odnosu, kao i u stvarnom ži-
votu, linija između onoga ko sprovodi zakon i onoga ko ga
krši može da bude tanka i policajac kome je dato isuviše mnogo
moći može da postane kršilac zakona.

Za osobu koja je primalac onoga što može da postane ne-
željena pažnja policijska priča može da ima neka zajednička
svojstva sa pričom strave i užasa o kojoj ćemo raspravljati u
idućem poglavlju. Najveća razlika je u tome što policajac ima
osećanje apsolutne moralne opravdanosti. Izvršilac u priči strave

i užasa može da misli za sebe da ima "neobičan ukus". Policajac smatra sebe sličnim osobi koja sprovodi zakon – podržava ono što je ispravno – čak i kada u to ime čini ozbiljna nedela.

Dijagnostijovanje policijske priče

POLICAJAC

1. Verujem da je nužno da motrim na svaki korak svog partnera kako bi u našem odnosu postojao izvestan red.
2. Verujem da u jednom odnosu treba stalno da budno motrite na svog partnera.
3. Verujem da je glupo da se u odnosu opustite i imate potpuno poverenja u svog partnera.
4. Nikada ne bih imao poverenja u svog partnera u situaciji u kojoj bi on morao da blisko sarađuje sa osobom suprotnog pola.

OSUMNjIČENI

1. Moj partner me zove nekoliko puta dnevno da me pita šta tačno radim.
2. Maj partner vodi strogo računa o meni.
3. Moj partner mora da zna sve šta radim.
4. Moj partner se veoma uznemiri ako mu ne kažem tačno gde sam bio.

Valter i Trejsi

Valter ne može da uradi bilo šta a da njegova supruga Trejsi ne zna za to i to ne odobri. Za večerom, ona vodi računa da se ispravno hrani; pre nego što ode na posao, proverava da li je propisno obučen; pre nego što izađe sa prijateljima, ona želi da zna tačno kuda ide i kada će se vratiti.

Valterovi prijatelji misle da je lud što podnosi takvo ponašanje, ali jedan deo njega želi da bude pod tako strogom prismotrom. Možda zato što je njegova majka bila veoma stroga dok je bio mali; ili možda zato što se uvek osećao malo nesigurnim, i što se oseća bolje ako ima nekoga ko se tako mnogo interesuje za njega. Bilo kako bilo, Valter ne shvata Trejsinu neprestanu budnost negativnom stranom njihovog odnosa, mada se ponekad oseća sputanijim nego što bi voleo.

Povremeno se kod njega javlja veća želja za slobodom, i tada traži od Trejsi da malo manje motri na njega. Trejsi obično udovoljava tim retkim zahtevima za slobodom, ali ponekad postaje veoma sumnjičava. Ili ako popusti, onda je to obično za veoma kratak period; ili što je još gore, ponekad se pretvara da je popustila, ali samo da bi stvorila priliku da vidi šta će Valter uraditi kada misli da nije pod prismotrom.

Posle jednog takvog zahteva, Trejsi je počela da misli da Valterova želja za slobodom znači da on ima vezu sa nekim sa posla. Njenu sumnju je potpirivao televizijski program u kojem je muž varao ženu. Posle gledanja TV programa, kako je vreme odmicalo Trejsi je postajala sve sigurnija u opravdanost svojih sumnji; i do Valterovog povratka sa posla bila je potpuno ubeđena da je spavao sa nekom ženom tako da je bila spremna da ga nečim gađa onog trenutka kada prekorači kućni prag.

Kada bi Valter video svoju ženu u takvom stanju, nije znao šta da radi. Trejsi ga je optuživala da ima ljubavnu vezu sa drugom ženom, a on je sve ogorčeno poricao; na kraju krajeva on čak ni izdaleka nije učinio ništa ni nalik na ono za šta ga Trejsi optužuje. Pa ipak, Trejsi nastavlja da viče na njega, opisujući ponekad skoro jezivim detaljima svoje tumačenje situacije. Valter stalno ponavlja da može da zove bilo kog hoće sa njegovog posla da potvrdi njegovu nevinost, ali konačno shvata da je Trejsina sumnjičavost nedostupna razumnim razlozima. Sumnjala je ona u njega i ranije, ali nikada tako intenzivno.

U ovakvim situacijama, Valterovo strpljenje sa Trejsinim motrenjem potpuno se iscrpelo. Međutim, njegovi zahtevi za slobodom su tako retki, tako da događaji kao ovaj nisu česti. Šta više, Trejsino motrenje pričinjava mu neko čudno zadovoljstvo zbog činjenice da neko toliko mari za njega i za ono šta on radi. Tako, uprokos neverovanju svojih prijatelja, Valter se kune da ne vidi ništa loše u tome što neko brine o tome da li se ispravno hrani, prikladno oblači i vraća kući u razumno vreme.

Beki i Dan

Kada je Beki počela pre tri godine da izlazi sa Danom mislila je da je srela savršenog čoveka. Bio je zgodan i inteligentan; i što je još važnije, izgledalo je da mu je stalo do nje. Od samog početka, stalno je komentarisao njen izgled i raspitivao se za njena intersovanja i hobije. U početku je Beki laskala Danova velika zainteresovanost za njen život. Iako bi on povremeno pravio šale na račun njenog odevanja i zadirkivao je zbog njenih hobija obično je bio pun komplimentata za nju i njene postupke. Ali stvari su kasnije počele da se menjaju.

Posle izvesnog vremena, Danove povremene šale postale su sve češće a ponekad su se pretvarale u uvredljivu kritiku. Beki je, skoro odmah, postala preterano svesna svega što bi rekla i učinila u Danovoj blizini. Nije želela učini neku omašku, makar i najmanju.

Kako je vreme prolazilo, Dan je počeo da je kritikuje sve više i više, ukazujući na nedostatke u skoro svemu u njenom životu. Šta više, činilo se da želi da ima uvida u sve što ona radi čak i do najmanjih detalja. U to vreme, Beki i Dan su počeli da žive zajedno, i njoj se činilo kao da je u zatvoru, a da je Dan čuvar. Kadgod bi ispoljila svoju zabrinutost, Dan bi odgovorio da misli da je veoma važno da on – zarad njenog dobra – u svakom trenutku zna šta ona radi. Šta više, ističe da ako je ponekad isuviše kritikuje, to je samo zato što je voli i što želi da ona uvek bude u svom najboljem izdanju.

Iako Beki zna da je Dan iskren, teško joj je da razume da je njegova zajedljiva kritika izraz njegove ljubavi. Njegova postojana baražna kritika kretala se od sugestija da malo oslabi do zahteva da se oblači prikladnije pa čak do upozorenja da će preterano gledanje televizije razmekšati njen mozak, i učititi da kasnije ne bude dobra majka. Pa ipak, Beki je nastavila da toleriše njegovo ponašanje, zato što ga uprkos svemu voli. Još uvek je želela da se drži svoje pokolebane vere u njegova ubeđivanja da je njegova kritika jednostavno deo ljubavi koju prema njoj oseća. Međutim odnedavno Danovo pažljivo nadgledanje Bekinog izgleda i ponašanje potpuno se istraglo kontroli. Počeo je preterano da se zanima za njen život, i da tvrdi da ona u javnosti: "flertuje" pa čak i da se "promiskuitetno" ponaša. Svaki put kada bi pokazala interesovanje za nešto što bi neka muška osoba rekla, izgledalo je da Den misli da ona namerava da ga napusti zbog tog čoveka. Beki mora uvek da bude veoma oprezna i da vodi računa da ne učini nešto što bi moglo da ga navede da njeno ponašanje protumači kao flertovanje. A Denu nije potrebno mnogo pa da neki njen postupak tako protumači.

Dok su se Den i Beki spremali da to veče izađu na večeru sa Džonsonom, Beki je obukla svoju najzatvoreniju hanjinu i stalno je podsećala sebe da ne bude isuviše lična u razgovoru sa Dag Džonsonom. Ali ona sada zna da nikada ne može da predvidi šta će Dana izbaciti iz koloseka.

Uprkos Bekinim pripremama i odlučnim naporima da se tokom večere ponaša na najbolji mogući način, Dan joj ipak prebacuje zbog "flertovanja". Ona insistira da se dolično ponašala, ali Dan ne želi da je sluša, držeći se svog uverenja da ona namerava da ga ostavi. Crven u licu od besa upozorava je da će, ako i dalje bude flertovala, morati da snosi posledice takvog ponašanja.

Oblici mišljenja i ponašanja

Osnovno svojstvo policijske priče jeste neprestana prismotra koju jedan partner vrši nad drugim. Ovo nadgledanje prevazilazi kako obično zanimanje za ono što partner radi, tako i bilo kakvo razumno interesovanje za partnerovu dobrobit. Zanimanje pokreće naizgled neutoljiva potreba za kontrolom koja svodi partnera na ponižavajuću ulogu, skoro bez obzira na to šta on radi.

Istraživanja izvršena na Stanford univerzitetu pokazuju da ako su ljudima proizvoljno dodeljene uloge zatvorskog čuvara i zatvorenika i ako su potom stavljeni u situaciju da odigraju te uloge, osobe kojima je dodeljena uloga zatvorskog čuvara postajale su sve autoritarnije i autoritarnije prema svojim "zatvorenicima" i sve su manje i manje humano postupale prema njima. Zatvorenici su, zauzvrat, počeli da ispunjavaju uloge zatvorenika i počeli su da osećanju poniženje i degradaciju koji idu s utamničenjem.[8]

Policijska priča može da počne kao priča jedne osobe a da se završi kao priča obe osobe, a da pri tom druga osoba skoro i ne shvata šta joj se dešava. Kako drugi partner sve više i više igra ulogu osumnjičenog, ili čak i zatvorenika, uloga počinje da potkrepljuje samu sebe i postaje neka vrsta bizarne stvarnosti – kao da osoba zaslužuje da bude osumnjičena za razne vrste zločina. Kako se priča razvija, ona može sve više da se odvaja od stvarnosti u kojoj niko sem para ne može da učestvuje. I kao što su mnogi partneri policajaca otkrili na teži način, izuzetno je teško pobeći od stvarnosti. Neki ljudi, poput Valtera, mogu u stvari da uživaju u ulozi osumnjičenog a možda i da nalaze zadovoljstvo u pažnji koju ne dobijaju ni u jednoj drugoj oblasti života. Drugima, poput Beki, može biti neprijatno u toj ulozi, ali nisu sigurni šta treba da urade da iz nje pobegnu.

Komplementarne uloge: policajac i osumnjičeni

Komplementarne uloge u policijskoj priči su uloge policajca i osumnjičenog (koji ponekad postaje zatvorenik). Iako uloge mogu da se menjaju, obično jedna osoba igra ulogu policajca a druga osumnjičenog. Uloge mogu da se vremenom proširuju i produbljuju, tako što sve veći broj oblika ponašanja postaje sumnjiv ili potpuno "nezakonit". Pokušaji osumnjičenog da pobegne iz uloge često se shvataju kao još jedan zločin – da zatvorenik pokušava da izbegne svoju kaznu. Za policajca, najveći zločin jeste pokušaj partnera da se oslobodi odnosa.

Ponašanje samozvanog policajca može u stvari podstaći kod partnera upravo ono ponašanje koje policajac pokušava da suzbije. Osumnjičeni, osumnjičen ili čak osuđen zbog zločina koji nije počinio, može da počne da misli kako je zločin za koji je optužen i vredno počiniti. Na kraju krajeva, s njim će postupati kao s krivcem bez obzira na to je li ili nije izvršio zločin, pa onda zašto baš i da ga ne izvrši? A može se desiti i da internalizuje sliku o sebi koju projektuje policajac, i počne da se ponaša na način kako se to od njega očekuje.

Policajci u odnosu, kao i u svakodnevnom životu, mogu da počnu da misle da su iznad svojih zakona. Oni mogu da počnu da vide zlostavljanje kao legitimni oblik kažnjavanja, pa čak i ubisto kao legitimni oblik pogubljenja. Na neki uvrnut način, oni mogu da počnu da misle da ih zločini žrtve proganjaju.

Neki slučajevi koji su završili na sudovima imaju elemente policijske priče. Na primer, veza između O. Dž. Simpsona i njegove supruge, Nikol Braun Simpson, izgleda da je imala elemente policijske priče – kao što su stalan nadzor i kažnjavanje iako se, razumljivo, siguran sud ne može doneti na osnovu izveštaja u medijima.

Prednosti i nedostaci

Policijske priče nemaju povoljnu prognozu zato što su podložne stalnoj eskalaciji i udaljavanju od stvarnosti. Policijska priča može, za neke ljude poput Valtera, da ima pozitivne strane – osećanje da je nekome stalo do njega. Veoma nesigurni ljudi mogu nalaziti zadovoljstvo u pažnji koju ne mogu da dobiju na drugi način. Ali na kraju cena može da bude previsoka. Priča je zanosna, ali može da postane opasna.

Najveći nadostatak jeste taj da kako se priča zapetljava, osumnjičeni prvo počinje da gubi slobodu, potom dostojanstvo, i na kraju samopštovanje. Konačno, mentalna pa čak i fizička dobrobit osobe mogu da budu ugroženi. U međuvremenu, policajac može sve više i više da se udaljava od logične stvarnosti ne shvatajući šta se dešava. Ono što je počeleo kao prilično rutinska ili bezazlena policijska priča može da se tokom vremena izrodi u paranoidnu fantaziju, oštećujući oba učesnika u priči.

PORNOGRAFSKA PRIČA

Pornografska priča je priča o degradaciji i ponižavanju. Pojedinac sa pornografskom pričom vidi ljubav kao poniženje i teško mu je, ako ne i nemoguće, da voli nekoga a da ga ne ponižava ili, pak, voli da bude ponižavan. U ovom odnosu, poniženje rađa strast, a može se raspravljati o tome da li je ono što jedinka oseća ljubav u bilo kom uobičajenom značenju te reči. Ali osoba sa ovom pričom, obično zna jedino za ovu vrstu ljubavi.

Ponižavanje može da se dešava u kontekstu primarnog odnosa, ili u kontekstu jednog ili više sekundarnih odnosa. Ako iz bilo kog razloga osoba ne želi ili nije u stanju da ponižava primarnog partnera, ili ako je, kao kod komplementarnih uloga, partner ne ponižava, ona će poniženje tražiti na drugoj strani, a pri tom će, po svoj prilici, nastojati da očuva primarni odnos.

Iako naše istraživanje pokazuje da veoma mali broj ljudi oba pola priznaje da ima ovu priču, skoro je sigurno da je ona mnogo češća nego što to ljudi priznaju.[9] Cvetanje prostitucije, broj knjiga i filmova inspirisanih ovom pričom i tržište za svakojake oblike seksualnog ponižavanja partnera (kao što su razni lanci za mučenje, bičevanje, vezivanje u lance ili unakaživanje) ukazuju na to da je ova priča mnogo raširenija nego što se misli, kao i da ne postoje bilo kakvi znaci da se njen broj smanjuje.

Dijagostikovanje pornografske priče

OBJEKAT

1. Istina je da nemam ništa protiv toga da partner postupa

sa mnom kao se seksualnim objektom.

2. Priznajem da mi je veoma važno da zadovoljim svaku seksualnu želju ili hir mog seksualnog partnera, čak iako bi drugi ljudi mogli da pomisle da me on tako ponižava.

3. Dosadno mi je ako sam sa partnerom koji ne želi da bude radoznao na pornografski način u našim odnosima.

4. Volim kada moj partner želi da isproba nove i neuobičajene, pa čak i bolne, seksualne tehnike.

SUBJEKT

1. Volim da koristim raznovrsne seksualne tehnike, naročito one koje bi većina ljudi smatrala bizarnim pa čak i ponižavajućim za mog partnera.

2. U mom odnosu za mene je najvažnije da moj seksualni partner bude izvanredna seksualna igračka, i da radi sve ono što poželim.

3. Nikada ne bih mogao da budem srećan sa partnerom koji nije veoma radoznao na porniografski način, u svom seksualnom životu.

4. Istina je da volim partnera koji se oseća kao seksualni objekt.

Rej i Tifani

Rej netremice preko šanka posmatra Tifani, i zavodljivo pilji u nju sve dok im se pogledi ne susretnu. Njoj je neprijatno zbog njegovog pogleda i stoga okreće pogled u stranu. Iako je uznemirena, on je privlači i uskoro se oseća primoranom da ponovo pogleda u njegovom pravcu. Rej je i dalje netremice posmatra, dok slamkom meša svoje piće. Pod njegovim pogledom Tifani se oseća jeftinom; oseća da je njegova zainteresovanost čisto seksualne prirode. Oseća da je on lovac a ona plen koji želi da bude uhvaćen. Iako ovo osećanje kod nje izaziva gađenje ne može da porekne da jedan deo nje želi da je on uhvati i da ona zadovolji svaki njegov hir.

Rej primećuje Tifaninu nelagodnost kao i njenu pokornost i fiksirajući je pogledom polako joj se približava. Kada Tifani opazi da joj se približava, okreće mu leđa i zuri u zid, ali se ne pomera. Počinje da diše sve teže i ubrzanije kako joj se on približava. Ubrzo on se nalazi pored nje, i ne prozborivši nijednu jedinu reč provlači svoje prste kroz njenu kosu i gladi je po obrazima. Ona nervozno guta pljuvačku, ali ne izgovara nijednu reč; što je bezličnije to bolje. Osećajući podrhtavanje njenog tela, Reja obuzima jako uzbuđenje. Počinju da se ljube ubrzano dišući. Rej je zadirkuje i zavaljujući se često unazad, pilji u nju cereći se podrugljivo. Konačno se okreće i počinje da ide ka vratima.

Posle nekoliko koraka, okreće se da pogleda Tifani i lakim trzajem glave daje joj znak da ga sledi. Tifani nervozno gleda oko sebe pitajući se da li ih neko posmatra – jednim svojim delom nadajući se da je to tako, a drugim stideći se zbog toga. Ona izlazi za Rejom i ulazi u njegova kola. Još uvek ne progovorivši nijednu reč, odvoze se do njegovog stana. Kada stižu, odlaze pravo u spavaću sobu. Rej počinje da je svlači i stavlja je na krevet ali joj se ne pridružuje. Umesto toga, posmatra je kako podrhtava očekujući njegov sledeći potez. Njeno srce počinje još brže da kuca, kako on odlazi do fioke i iz nje vadi par lisica.

Sledećeg jutra Tifani se budi sama u Rejovom krevetu. Stidi se sebe ali shvata da skoro uopšte ne može da kontroliše želju da prema njoj postupaju na ovakav način. Privlače je ljudi poput Reja, ljudi kojima nije stalo do nje kao do osobe i koji o njoj razmišljaju jedino kao o seksualnom objektu koji treba da bude ulovljen i ponižavan. Primećuje parče papira na noćnom stočiću pored kreveta na kojem nema ni imena ni broja, samo adresa i vreme. Po svoj prilici to je mesto gde Rej želi da se ponovo sretnu. Tifani ustaje, tušira se, oblači i odlazi. Čak i posle tuširanja oseća se prljavom.

Znajući sebe, ona shvata da će po svoj prilici otići na mesto koje je Rej zapisao i u zahtevano vreme; ali takođe shvata da bi bilo bolje da ne ode. Ona je i ranije bivala u sličnim situacijama i zna kako će se stvari odvijati. Odnos skoro nikada nije bio nešto više od bezličnog, čisto fizičkog odnosa. Šta više, uzbuđenje koje joj je pričinjavalo prvo seksualno iskustvo brzo bi izbledelo, i da bi održala isti nivo uzbuđenosti, seks je morao da bude sve grublji i grublji; potreba da ponižava, s jedne strane, i da bude ponižena, s druge strane stalno rastu dok konačno ne moraju da počnu da se upotrebljavaju potencijalno opasna sredstva izazivanja uzbuđenja. Tifani shvata, sasvim pošteno, da ona u stvari i čine celokupan odnos.

Tifani nikada nije želela da se odnosi na ovaj način istrgnu iz ruku, ali zna da ako se jednom u njih upusti, njen razum i osećanje za ono što je razumno počinju da slabe. Postaje potpuno zaslepljena i obuzeta onim što su izgleda njene primarne potrebe. Dok zuri u parče papira u svojoj ruci ona očajnički želi da ga pocepa, ali oseća da je nešto prisiljava da ga zadrži i da se sretne sa Rejom gde i kada on to poželi.

Kerol i Tim

Kerol je umorna od igranja uloge trofeja – lepe žene koja uvek po gradu prati nekog bogatog muškarca dok on sa njom postupa kao sa objektom. Odlučila je da obrne situaciju, samo da bi videla kako izgleda druga strana. Zato će večeras otići u grad i izabraće najprivlačnijeg, pa ipak najnevinijeg i najranjivijeg mladog muškarca koga može da nađe.

Posle rasprave sa samom sobom, odlučuje se da ode u Dinov plesni klub nadaleko poznat po svojoj raskalašnoj atmosferi. Odmah po dolasku smešta se u jedan ugao odakle ima dobar pregled celog mesta. Otresla se svih muškaraca koji su joj prilazili; na kraju krajeva ona želi da započne celu stvar. Konačno primećuje nekog pored bara; on je mlad i lep, i, što je najvažnije, izgleda ranjivo, a to je upravo ono šta ona želi više od svega. Prilazi mu i nudi da mu kupi piće.

Mladi čovek je pomalo zbunjen njenim otvorenim pristupom, ali prihvata ponudu i predstavlja se kao Tim. Po njegovom odelu i stilu Kerol može da zaključi da nije mnogo bogat, što joj se veoma dopada zato što misli da će njegov niži ekonomski status pojačati njegovu ulogu objekta. Poziva ga na večeru i Tim, mada još zbunjen celom situacijom, rado prihvata njen poziv.

Prošla su dva dana i Kerol i Tim treba da se sastanu za koji minut. Kerol dolazi po Tima u njegovu kuću i zadovoljna je kada vidi da je obučen u farmerke i flanelsku košulju. Ona nosi veoma svečanu haljinu i veruje da će kontrast učiniti Tima još ranjivijim. Odlaze u restoran po njenom izboru – otmeni italijanski restoran čijeg vlasnika ona poznaje. Kako se približavaju ulazu, Kerol vidi vlasnika kako stoji na vratima, prilazi mu, grli ga i ljubi, pomno motreći Timovu zbunjenu priliku pored sebe. Ona nesumnjivo uživa u celoj situaciji.

Pošto su seli, Kerol kaže Timu da će poručiti za oboje. Ne želi da on učestvuje ili bilo šta kaže. Želi samo da sedi pored nje – lepo bespomoćno lice koje treba svi da vide.

Kako noć prolazi Kerol shvata da su njena nastojanja da Tima učini nesigurnim urodila plodom. Veoma je uzbuđuje pomisao na to kako ga je lako ponizila i na sve ono što mu sprema za kasnije. Na kraju večere Kerol nudi da plati račun a potom pita Tima da li bi došao kod nje u stan; Tim potvrđuje klimanjem glavom. Napuštaju restoran i odvoze se u njen stan.

U kolima na putu do kuće, Kerol gladi Tima po butinama; on jedva uspeva da se usiljeno nasmeši. Na kraju krajeva, teško mu je da se odluči da li mu se to ostvaruju njegovi snovi i maštanja ili se upušta u prerušenu noćnu moru. Kada stižu u njen stan, odmah odlaze u spavaću sobu gde ga Kerol zavodnički polaže na krevet. Grabi maramicu iz fioke i traži – tačnije zapoveda – da njom veže oči.

Kerol i Tim se viđaju već tri nedelje i u Timu već počinje da se rađa sumnja. Sve vreme je svestan svoje uloge u njihovom odnosu i mada se baš njom posebno ne diči jedan deo njega uživa u tome što ga ona na taj način omalovažava. Čak iako se Kerol interesuje za njega, on zna da nju ustvari jedino uzbuđuje to što ga ponižava. Šta više, zna da će njoj, da bi odnos potrajao, biti potrebno da ga sve više ponižava. I posle izvesnog vremena, ova njena nastojanja neće apsolutno nikuda odvesti njihov odnos. Tim zna da iz svega toga treba da se izvuče; ali još nije sasvim spreman da napusti odnos a nije siguran ni kada će biti.

Oblici mišljenja i ponašanja

U ovoj priči, voleti znači ponižavati ili biti ponižen. Ljubav je prljava i bez prljavštine nije privlačna. Društvo ovo viđenje ljubavi istovremeno i podržava i odbacuje. Ljudi sa pornografskom pričom tako otkrivaju da su u čudnoj situaciji da njihovu priču u raznim medijima neprestano prikazuju kao neprihvatljivu a ipak prijatno uzbubljivu a možda čak i zabavnu. To je priča koju imate ako želite da imate priču koju ne treba da imate. Činjenica da ova priča istovremeno i privlači i odbija ljude čini je tako uzbudljivom, a ipak tako ambivalentnom.

Ljudi sa pronografskom pričom mogu da stupe u brak sa nekim ko se uklapa u njihovu priču, ali češće se dešava da to uopšte nije tako – što im donosi društveno uvažavanje – i mogućnost da svoju ulogu odigraju negde drugde. Ovo društveno uvažavanje nije nužno prevara i ne služi samo zato da se drugima zamažu oči. Oni mogu da budu u dilemi – brak im donosi uvažavanje za kojim žude – a drugi odnos je ono što je prljavo, za čim još više žude. U drugim slučajevima, oni mogu da nađu u istom odnosu i druš veno uvažavanje i u privatnosti spavaće sobe, poniženje.

Ova priča, poput policijske priče i priče strave i užasa, hrani samu sebe. Ono što je jednog dana potrebno da bi se postiglo uzbuđenje, sledećeg dana možda već neće biti dovoljno, i ljudi poput Tima, koji se brinu kuda će ih to sve odvesti, po svoj prilici i treba da budu zabrinuti. Jednom kada se navika i dosada usele, jedine mogućnosti su da se napusti odnos – za koji je interesovanje već počelo da slabi – ili da se pojača njegov pornografski sadržaj. Na kraju pornografski sadržaj može da izmakne kontroli, na šta nas povremeno podsećaju novinske priče u kojima jedan od učesnika biva ubijen kada stvari pođu naopako. Tifani priznaje da njen odnos sa Rejom može jedino da ide nizbrdo, ali kao što to obično biva u takvim odnosima, jedno je znati nešto, a sasvim drugo delati u skladu sa tim.

Komplementarne uloge: subjekt i objekt

U pornografskoj priči postoje dve uloge – subjekt i objekt – ali ljudi mogu da obrnu uloge, kao u priči o Kerol i Timu. Kerol, kojoj je dosadilo da bude objekt, postaje subjekt. Čudno je kako su uloge u ovim odnosima dvosmislene. Kada jedna osoba ponižava neku drugu osobu ona ponižava i sebe.

A kada osoba dozvoli drugoj osobi da je ponižava, ona takođe ponižava tu drugu osobu. Prema tome, na nekom nivou, postoji izvesna dvojnost uloga koje se igraju u ovoj priči.

Ljudi koji učestvuju u pornografskoj priči žele da se druga osoba oseća bezvredno, pokušavajući uzaludno da na taj način postignu da se osećaju vrednim. Ali to nikada nije dovoljno, upravo zato što ponižavanje nikada neće dovesti do toga da se neko oseća vrednim. Umesto da potraže druge načine kako da steknu osećanje lične vrednosti, osobe koje vole da ponižavaju druge po svoj prilici će pojačati svoje pokušaje da ponižavaju drugu osobu, uvek sa istim rezultatom i uvek sa istim nezadovoljstvom, da nisu u potpunosti postigle ono čemu su se nadale.

Prednosti i nedostaci

Ako postoje bilo kakve prednosti pornografske priče, one nisu očigledne. Nedostaci su, međutim, sasvi jasni. Prvo, ljudi doživljavaju uzbuđenje degradirajući sebe i druge. Drugo, potreba da se drugi ponižavaju i da se bude ponižen po svoj prilici nastaviće da se pojačava. Treće, ako se jednom usvoji ova priča, verovatno će biti teško da se prihvati neka druga. Četvrto, priča može da postane kako fizički tako i psihički opasna. I na kraju, bez obzira na to koliko osoba pokušavala, teško da može da ovu priču pretvori u adaptivnu priču ako se ima u vidu psihološka i fizička dobrobit. Ali priče su priče i ne podležu bilo kakvoj racionalnoj logici, i mnogi ljudi koji se upuštaju u pornografsku priču i dalje istrajavaju u njoj iako znaju sve nedostatke koje ona ima po njih same i po druge.

PRIČA STRAVE I UŽASA

U priči strave i užasa odnos je privlačan za osobu bilo zato što ona teroriše svog partnera bilo zato što partner nju teroriše. Pojedinci vole da plaše svog partnera, ili da partner njih plaši. Roman *U traganju za gospodinom Gudbarom* (kasnije i film) govori o ženi koju priča strave i užasa konačno odvodi u smrt. Naravno, dešava se da ljudi ponekad slučajno završe u priči strave i užasa, kao u filmu *Fatalna privlačnost*.

Ljudi sa pričom strave i užasa obično nikada ne misle da imaju priču strave i užasa. Oni koji više vole ulogu mučitelja skloni su da vide sebe kao osobe koje vole malo da se zabavljaju ili koje vole da sebi i partneru učine život zanimljivijim ili koje naleću na ljude koji su "sami to tražili". Oni koji više vole ulogu žrtve misle da nemaju sreće – nekako uvek nailaze na pogrešnu osobu, ili vide sebe kao dobroćudne ljude koji su stoga lak plen za eksploatatore, ili smatraju da su odveć fini i dobri. Ni mučiteljeva ni žrtvina slika o sebi nemaju mnogo sličnosti sa njihovim stvarnim ponašanjem. Činjenica da ljudi stalno upadaju u takve odnose govori da ne deluju samo faktori slučajnosti.

Koji to faktori iz prošlosti navode ljude da stupaju u odnose strave i užasa? Jedan zajednički faktor izgleda da su modeli agresije i zlostavljanja koji često postoje u roditeljskim domovima. Takođe se dešava da u ulogama osoba koje služe kao model postoji veliki stepen nesputane agresivnosti ili ponizne submisivnosti. Filmski i televizijski scenariji mogu da potkrepljuju ove modele dovodeći tako do oblika socijalnog učenja kada jedinka počinje da imitira ili želi da imitira ponašanje koje posmatra.[10] Drugi zajednički faktor jeste mučiteljeva potreba za moći, ili žrtvina potreba za potčinjavanjem ili ponižavanjem[11]. Faktori sredine su u interakciji sa faktorima ličnosti baš kao što je to slučaj i u drugim pričama. Da li će priča strave i užasa postojati u odnosu ne zavisi samo od interakcije rane sredine i ličnosti; takođe je važno u kakvoj je interakciji poseban odnos s tim faktorima. Neko kome je priča strave i užasa strana može da se nađe u njoj ako se spari sa osobom kod koje takva priča preovlađuje. Istraživanja Stenli Milgrama pokazala su da može da se postigne da se obični ljudi počnu da ponašaju na načine zapanjujuće slične ponašanju nacista tokom Drugog svetskog rata. Različiti ljudi su bili dovedeni u laboratoriju gde su bili podstaknuti da ispolje slepu poslušnost prema eksperimentatorovim zapovestima što je imalo za posledicu da su davali drugoj osobi (koja je, a da oni to nisu znali, bila eksperimentatorov saučesnik) šokove za koje su verovali da su bolni, pa čak i smrtonosni[12]. Za nas je Milgramov rad značajan zato što pokazuje da čak i ljudi koji su mislili da nikada ne mogu stupiti u užasan, zlostavljajući odnos, mogu protiv svoje volje da budu uvučeni u njega i da on kasnije postane njihov životni šablon.

Dijagnostikovanje priče strave i užasa

MUČITELJ

1. Često nastojim da dam mom partneru do znanja da sam ja glavni, čak i po cenu da me se on plaši.
2. Mene u stvari uzbuđuje kada otkrijem da me se partner malo plaši.
3. Ne mislim da ima bilo čega lošeg u tome što me se partner pomalo plaši.
4. Ponekad radim stvari koje plaše mog partnera zato što mislim da je za odnos dobro kada se jedan partner pomalo plaši drugog.

ŽRTVA

1. Verujem da je na neki način uzbudljivo plašiti se svog partnera.
2. Nalazim da me uzbuđuje to što moj partner kod mene izaziva osećanje straha.
3. Stalno upadam u odnose sa ljudima koji kao da su izašli iz priče strave i užasa.
4. Nekako obično završim u vezi sa ljudima kojih se na izvestan način plašim.

Seli i Mark

Seli je konobarica u lokalnoj krčmi. Kasno jedne noći primetila je da neko pilji u nju preko bara. Od prvog trena kada je ugledala tog čoveka znala je da se on razlikuje od drugih, iako nije mogla tačno da kaže po čemu. Malo joj je neprijatno što on tako zuri u nju, ali čovek je izgledao bezopasno, a povrh svega smatrala ga je privlačnim. Kada je otišla da uzme svoju napojnicu, videla je da je na računu napisao svoje ime i broj telefona. Zvao se Mark i kada je završila posao, Seli mu se javila.

Mark ju je zapitao da li bi otišla sa njim da gledaju *Teksaški masakr motornom testerom*. Ona bi radije gledala neku drugu vrstu filma, ali on joj je rekao da mnogo želi da vidi taj film, i ona je pristala. Tokom filma primetila je da joj se Mark osmehuje kad kod bi skrenula pogled sa neke scene nasilja. Imala je utisak da je on već video taj film, a možda i više puta. Takođe je verovala da on zbija šalu sa njom zbog njenog straha; nije imala pojma da se on osmehuje zbog uzbuđenja.

Pre nego što je to otkrila Seli je izlazila sa Markom tri nedelje. Jedne noći, kada su se njih dvoje posle večeri provedene u gradu vratili u Markov stan, Seli mu je rekla da bi želela da sa prijateljima provede vikend na plaži. Kada je to čuo, Mark je zaćutao a ruke su počele da mu se tresu. To njegovo ponašanje ju je veoma uplašilo. Nije znala šta da radi. Mark je konačno prekinuo tišinu i zapitao je zašto želi da ga napusti. Odgovorila je da će biti odsutna samo za vikend i da mogu da budu zajedno istog časa kada se vrati. Izgledalo je da je Marka taj odgovor još više razgnevio tako da joj je rekao da joj zabranjuje da ide. Seli je počela da odgovara, ali pre nego što je mogla da izusti ijednu reč, Mark ju je zgrabio za ramena i počeo da je steže uprkos njenim molbama da je pusti. Širom otvorenih, užagrenih očiju rekao joj je da vodi računa i da ne kaže bilo šta što bi ga razljutio. Drhteći nekontrolisano pod pritiskom njegovih ruku, Seli je promrmljala, skoro za sebe da se to nikada više neće ponoviti. Njen strah je uzbudio Marka i on je počeo da je ljubi u vrat, dahćući pri tom.

Uprkos ovom nemilom događaju, Seli nije raskinula sa Markom. Možda zato što se plašila onoga što bi on mogao učiniti ako ga ostavi, ili možda zato što je Mark – čovek za koga je odnos zanimljiv jedino ako ga se partner istinski plaši – na neki čudan način privlači. Bilo kako bilo Selin odnos sa Markom se nastavlja.

Kit i Elsi

Kit i Elsi su se sreli u baru. Sedeo je sam za barom kada mu je ona prišla i zapitala ga da li bi hteo da joj bude partner u sledećoj partiji bilijara. Kit je odgovorio da je vrlo loš igrač, ali ona je uzvratila da to nije važno. Kita je privukao hladan, ravnodušan način kako je sa njim razgovarala i odlučio je da prihvati njenu ponudu. Uprkos Kitovoj lošoj igri, njih dvoje su, zahvaljujući Elsinom ogromnom talentu, pobeđivali par za parom. Kit je bio pod jakim utiskom i shvatio je da Elsi počinje da mu se dopada. Dogovorili su se da se vide sledeće veče, i ne zadugo posle toga počeli su da se redovno viđaju.

Kit je uživao u vremenu provedenom sa Elsi, ali ubrzo je počeo da se oseća nelagodno u njenom prisustvu. Hladno, ravnodušno držanje koje ga je toliko privuklo ono prvo veče nije bilo samo fasada; izgledalo je kao da nju uopšte ništa ne može uzdrmati. Zapravo, činilo se kao da ona nikada nije ljuta, nikada tužna, ali nikada ni srećna. Pre nekoliko večeri, dok su se ljubili na Elsinom krevetu, ona se iznenada odvojila od Kita i iz toaletnog stočića izvukla sveću. Svojim ravnodušnim, mirnim glasom zatražila je od Kita da stavi svoj dlan na plamen sveće. Kit nije mogao da veruje da ona to misli ozbiljno i samo se zbunjeno nasmejao. Bez ikakvog znaka ljutnje, Elsi ga je zgrabila za ruku i prinela dlan plamenu. Kit nije nešto posebno snažan čovek i nije bio u stanju da izvuče svoju ruku iz njenog snažnog stiska. Počeo je da viče na nju, ali se ona nije obazirala na njegove krike. I sve je više i više približavala plamenu njegov dlan. Najužasnije od svega bila je mirnoća kojom je sve to radila; u stvari, činilo se da je njegov strah uzbuđuje. Kit je napokon zamahnuo svojom slobodnom rukom i uspeo da izbaci sveću iz njene šake. Pomerio se u ugao sobe i Elsi je počela polako da mu se približava. Užasnut njenim približavanjem, Kit je brzo strugnuo pored nje, otrčao u dnevnu sobu i pobegao iz kuće. Uleteo je u svoja kola i odvezao se domu svome. Kada je stigao u svoj stan, otišao je pravo u krevet i umotao se u čaršave.

Sledećeg jutra Kita je probudilo zvonjenje telefona. Podigao je slušalicu i začuo Elsin glas. Izvinjavala se zbog svog sinoćnjeg postupka i zamolila ga da večeraju zajedno. Kit je bio prilično siguran da Elsino izvinjenje nije bilo baš sasvim iskreno, i da će se ponašanje iz prethodne noći skoro sigurno u budućnosti kad tad ponoviti. Na kraju krajeva, ovo nije bilo prvi put da je uvezi sa partnerkom koja uživa u tome da ga plaši i znao je šta može da očekuje. Pa ipak, složio se da večera sa Elsi, zato što ga izgleda, iz bog zna kog razloga, takav tip odnosa uvek privlači. Kit je otkrio da se raduje što će videti Elsi i da se pita šta će mu sledeći put uraditi.

Oblici mišljenja i ponašanja

Ljudi koje privlači priča strave i užasa na veoma različite načine vide priču koja predstavlja njihov odnos. Zlostavljani pojedinci, često su to, ali ne i uvek, žene, mogu da doživljavaju priču strave i užasa onakvom kakva ona odista i jeste, kao u Selinom slučaju, i da se boje da je napuste zato što im se čini da će posledice napuštanja možda biti opasnije od posledica ostajanja. Ako se uzme u obzir da su postojeći zakoni protiv zlostavljanja veoma neodređeni i blagi i da se dosta nedosledno primenjuju, čini se da su žrtve, nažalost, u pravu.

Opšte uzev, različite ljubavne priče su upravo to – različite: ona nisu ni "dobre" ni "rđave". Ali priče strave i užasa se, iz više razloga, veoma približavaju lošim ili bar veoma loše prilagođenim pričama.

Kao prvo, kada priča nije obostrana, onaj koji je ne deli veoma je često upleten u nju, kao što je to po svoj prilici slučaj sa Seli. Zamka može da bude strah od fizičkog ozleđivanja, ili možda to što društveni običaji dozvoljavaju da se strava i užas dešavaju, ili to što partner ne može sam finansijski da preživi, ili to što porodični pritisci primoravaju osobu da ostane u zlostavljajućem odnosu. Seli, na primer, oseća da je uhvaćena u zamku i da ne može da napusti odnos koji je za nju postao užasan zato što se plaši onoga što bi Mark mogao da uradi.

Drugo, postoji tendencija da se priče strave i užasa pojača-vaju što može da ima za posledicu fizičko ozleđivanje jednog ili oba partnera. Kit, na primer, sam traži nevolju, i po svoj prilici će je i naći. Ali, ne dešava se uvek da žrtva bude ta koja je ozleđena. Ponekad se dešava da se prvobitno pasivna žrtva pretvori u mučitelja i fizički ozledi partnera. Pada mi na pamet slučaj Džona i Lorens Bobit kao ekstremni slučaj. Lorens Bo-bit, posle višegodišnjeg teškog zlostavljanja, odsekla je svome mužu penis.

Treće, odnosi mogu da počnu kao sasvim druga priča, i da se tokom vremena pretvore u priču strave i užasa. Kada se to desi onda je to skoro uvek posledica degenerativnog procesa u odnosu. Partneri mogu da postanu sve više neprijateljski raspoloženi jedan prema drugome, ili, kako se to često dešava, jedan partner ne može da prihvati želju onog drugog da pre-kine odnos (kao u *Fatalnoj privlačnosti*). Onda ovaj partner započinje priču strave i užasa u kojoj drugi partner više ne želi da učestvuje. U stvari, u takvim slučajevima, može se de-siti da partner ne želi da bude deo bilo koje priče u kojoj učestvuje bivši ljubavnik.

Četvrto, priče strave i užasa mogu da povlače za sobom sve veću degeneraciju. Mučitelj može posle izvesnog vremena da počne da oseća da ga mučenja koja su ga nekad ushićavala, sada ne uzbuđuju. On može da otkrije da se navikao na nivo užasa koji izaziva kod svog partnera i da stoga ima potrebu da kod žrtve izaziva sve veći i veći strah kako bi sebe zadovo-ljio.

Komplementarne uloge: mučitelj i žrtva

Komplementarne uloge u priči strave i užasa jesu uloge mučitelja i žrtve. Kada traži partnera, mučitelj traga za osobom koja će ga se plašiti i koja će se prepustiti njegovom teroru. Obično se ove uloge uzajamno ne menjaju. Mučitelj ne želi da bude žrtva, a žrtva ne želi da bude mučitelj. Ljudi koji se upuštaju u priču strave i užasa obično imaju prigodnu priču koja služi kao paravan zašto su skloni da stupaju u takve odnose. Mučitelj će po svoj prilici reći da je žrtva (češće je to ženska osoba) dobila ono što je "tražila", ili što je "zaslužila", dok će žrtva videti sebe kao osobu koja nema sreće ili će, pak, sve pripadnike suprotnog pola smatrati običnom kopiladi ili kučkama koji će, ako im se ukaže prilika, mučiti sve.

Priča strave i užasa može da bude pre situaciona nego dispoziciona, što mogu da posvedoče mnogi ljudi čiji se odnosi raspadaju. Psiholozi su otkrili da izvesne situacije mogu veoma snažno da utiču na ponašanje i da za posledicu imaju da se mnogi ljudi koji sebe smatraju običnim pa čak i staloženijim od mnogih drugih ljudi, nađu i degenerišućoj spirali[13]. U takvoj spirali postupak jednog partnera navodi drugog na osvetu, koju, kada je izvršena, sledi dalja osveta i tako dalje sve dok situacija sasvim ne izmakne kontroli.

I pošto, kao što je rečeno, priče imaju snažan uticaj, ljudi koje priča stvare i užasa posebno ne privlači, mogu da otkriju da ova priča postaje sve značajnija, pošto se partner sve više ponaša na način koji izaziva drugog partnera da igra ulogu mučitelja ili žrtve. Da bi zaustavio dalje napredovanje, partner prvo treba da shvati šta se dešava; drugo, da hoće da učini nešto u vezi sa tim; treće da zna šta treba da uradi; četvrto, da odista to i uradi izlažući se opasnosti od nepredvidljivih posledica. Na primer, neko za koga je priča strave i užasa stvarno zastrašujuća može nesmotrenošću da završi u odnosu sa mučiteljem i onda da otkrije da sve više i više razmišlja kao žrtva. Malo-pomalo, uloga može da zavlada, ostavljajući osobu u stanju užasa iz kojeg joj se čini da ne može pobeći. A ponekad i ne može.

Prednosti i nedostaci

Priča strave i užasa je, po svoj prilici, najmanje adaptivna i ima najmanje dobrih strana od svih priča razmatranih u ovoj knjizi. Za neke ona može biti uzbudljiva. Ali oblici mučenja potrebni da se održi uzbuđenje mogu da se sve više povećavaju i da konačno dostignu opasne nivoe. Priče strave i užasa obično izmiču kontroli i njihove učesnike, a ponekad čak i ljude oko njih, izlažu velikoj psihičkoj i fizičkoj opasnosti. Onima koji otkriju da imaju ovu priču ili da su u odnosu u kojem se ona odigrava, savetujemo da traže pomoć stručnog savetnika ili možda čak i zaštitu policije.

PRIČE O OBJEKTIMA

U pričama o objektima, osobe ili odnosi se ne cene zbog njih samih, već zbog toga što imaju funkciju objekta. Često se čini kao da određena osoba ili odnos malo znači, sve dok obavlja izvesne funkcije.

OSOBA KAO OBJEKT

U pričama o osobama kao objektima, osoba igra ulogu objekta. U naučno-fantastičnoj priči, kod osobe se ceni njen bizaran karakter i ponašanje. U kolekcionarskoj priči, osoba se ceni zato što ispunjava prazno mesto u većoj kolekciji. U umetničkoj priči, ona se ceni zbog svog fizičkog izgleda.

NAUČNO-FANTASTIČNA PRIČA

Ljudi sa naučno-fantastičnom pričom imaju utisak da stalno naleću na najveće moguće čudake, ili, pak, smatraju sebe izuzetno neobičnim osobama različitim od drugih i žele da budu sa nekim ko će ceniti tu njihovu neobičnost.

U prvom slučaju, moguća su dva scenarija. Iako su oba scenarija, scenariji naučno-fantastične priče, različito se odigravaju. U jednom, osoba svesno i namerno bira neobične ljude. Deo uzbuđenja u odnosu leži upravo u biranju najčudnije osobe koja postoji. Osoba koja se ovako ponaša može ali i ne mora da prihvata da ta sklonost kod nje postoji; ali u svakom slučaju svesna je njenog postojanja.

U drugom scenariju, osoba je zbunjena zato što se uvek spetljava sa čudacima. Ona može da misli da pravi razumne izbore, a da se na kraju ipak ispostavi da su oni sve samo ne razumni. Osoba koja spada u ovu kategoriju može isprva da bude zbunjena, potom da postane uznemirena, besna pa čak i ogorčena. Može da misli da je partner namerno obmanjuje, ili bar prikriva svoju pravu prirodu. U jednom odnosu komunikacija je izuzetno važna, a sa nekim ko je tako čudan teško je komunicirati[1]. Ona može da misli da je zle sreće, i da na kraju uvek završi sa najčudnijom osobom.

U drugom scenariju, kao i u svim scenarijima za sve priče, ljudi ne samo da biraju osobe koje se uklapaju u njihovu omiljenu priču, već i aktivno oblikuju ponašanje svojih partnera. Tako, ljudi sa naučno-fantastičnom pričom, ali koji je nisu svesni, mogu zapravo da oblikuju ponašanje svojih partnera tako da ono postane čudno, a onda da jadikuju što se njihov partner čudno ponaša.

U ovom drugom slučaju, osoba se oseća kao da je na pogrešnoj planeti. Ona doživljava intenzivno osećanje otuđenosti od društva i ljudi koji ga čine. Stoga traži nekoga koga će privlačiti tako neobična osećanja.

Dijagnostikovanje naučno-fantastične priče

1. Često otkrivam da me privlače osobe neobičnih i čudnih svojstava, skoro onakvih kakve biste očekivali kod ljudi sa druge planete.
2. Ponekad je ponašanje mog partnera tako bizarno i nepredvidljivo tako da se katkad zapitam da li je on sa ove planete.
3. Zapanjuju me ljudi koji kažu da poznaju svoga partnera kao otvorenu knjigu, zato što ja ponekad mislim da je moj partner vanzemaljac.
4. Moj partner je toliko nepredvidljiv i čudan, tako da nemam pojma šta bi on mogao sledeće da učini pa čak ni da li je ljudsko biće u uobičajenom smislu te reči.
5. Ponekad mi je potpuno neshvatljivo zašto se moj partner ponaša onako kako se ponaša; on kao da je izašao iz neke naučno-fantastične knjige.
6. Moj me partner toliko zbunjuje da ponekad pomislim da je možda sa neke druge planete.
7. Ponekad nalazim da je mog partnera nemogućno shvatiti; on kao da nije iz ovog sveta.
8. Moj partner je za mene vanzemaljac – neshvatljiv i veoma čudan.

Aleksis i Ned

Aleksis zbunjeno bulji u Neda pokušavajući da shvati šta on to zapravo blebeće dok je vozi kući Bulevarom sumraka. Pre petnaestak minuta zapitala ga je šta misli kako će se njihov odnos razvijati, i on još nije završio svoj odgovor. To samo po sebi i nije nekakav naročiti problem; ali činjenica da njegov odgovor ima veoma malo veze sa njenim pitanjem (bar sa njene tačke gledišta) još je jedan znak njegovog osobenjaštva.

Kada mu je postavila pitanje očekivala je da će bar nešto reći o svojim osećanjima prema njoj ili da će dati neku vrstu predviđanja u kom pravcu će njihov odnos ići; umesto toga on joj priča o složenosti ljudske duše i njenih emocija i o svojoj nesposobnosti da odgonetne šta u stvari želi na ovom svetu. Navodi odlomke iz nekoliko svojih omiljenih knjiga ne bi li pomogao Aleksis da ga bolje razume; ali od toga nikakve koristi; odlomci je samo još više zbunjuju.

Jedno bi bilo kada bi Ned jednostavno izbegavao da odgovori na njeno pitanje, ali Aleksis zna da je to odista ono šta on oseća. Ned daje ono za šta iskreno veruje da je valjan odgovor na njeno pitanje.Često izgleda kao da govori u zagonetkama za koje ne postoji ključ.

Aleksis i Ned se viđaju skoro tri meseca a njoj nije ništa lakše nego na početku da ga razume. Neko vreme Aleksis je mislila da nije dovoljno visprena da razume njegove složene misaone procese. Međutim, posle bezbrojnih razgovora sa njim kada je bezuspešno pokušavala da odgonetne šta on to priča, postala je ubeđena da su njih dvoje na potpuno različitim talasnim dužinama. Sada je uverena da joj nikakvo povećanje inteligencije ne bi pomoglo da ga razume. Ali joj zbog toga nije ništa lakše da komunicira sa njim, i stoga se ponekad pita kako on vidi da se ona uklapa u njegov život. Činjenica da se oseća otuđenom od njega sprečava je da postane intimnija s njim.

Aleksis bi želela da bolje razume Neda jer, uprkos njegovoj nerazumljivosti, postoji nekoliko stvari koje joj se odista sviđaju kod njega. Kao jedno, ima trenutaka kada je izuzetno romantičan. Jedne noći je vozio 200 milja da bi je sasvim neočekivano pokupio sa neke konferencije i odveo na večeru pod

svećama na obali okeana. Pored toga, često je iznenadi cve-
ćem ili malim poklonima, i na veoma tajanstven način zna
kada je potrebno da je takvim iznenađenjima obodri. Aleksis
jedino želi da je on iznenadi tako što će za promenu reći nešto
što ima smisla.

Albert i Frida

Okruženi hiljadama obožavalaca Nila Janga, Albert i Frida
probijaju se do parkirališta. Koncert se upravo završio i Frida
pokušava da objasni Albertu značenje muzike Nila Janga.
Opisuje je kao "muziku koja nadilazi dušu, koja prevazilazi
normalne sfere ljudskosti i uzdiže se do veličanstvenosti koja
može da se dosegne jedino kroz žrtvenu imploziju duše". Al-
bert, očigledno zbunjen, potvrdno klima glavom; ali kao i
obično on uopšte nema pojma o čemu to Frida govori.

Uopšte ne obraćajući pažnju na to šta Albert odgovara, ili
na bilo šta drugo, Frida nastavlja da opisuje Jangovu klasičnu
pesmu "Srce od zlata" kao "umetnikovu težnju da se odrekne
ovozemaljskih zadovoljstava i da radije izabere život patnje
kako bi postigao natprirodnu jednost sa smrću". Pomalo raz-
veseljen ovim nedokučivim tumačenjem Albert šaljivo prime-
ćuje da on "nastoji da odloži susret sa smrću koliko god je to
mogućno". Frida se istog trena obrušava na njega, insistirajući
da nikada sa njim više neće progovoriti, ako nastavio da pravi
tako tupave komentare.

Albert izlazi sa Fridom dva i po meseca i ne oseća da je
bolje razume danas nego prvog dana kada je sreo. Naprotiv,
on je po svoj prilici još u većem čudu zato što je više puta bio
svedok takvog njenog ponašanja. Sadašnja epizoda sa Nil Jan-
gom samo je jedna od takvih epizoda kada se on oseća kao
da razgovara sa nekim sa druge planete.

Na samom početku, Albert je uživao u Fridinom društvu; njena neobičnost ga je kopkala i zabavljala i mislio je da je ona zanimljiva žena koju bi voleo bolje da upozna. Na kraju kraje-va, ne sreće se često osoba tako različita od svih ostalih. Šta više, nikada nije znao šta može da očekuje od Fride i izvesno vreme bilo je mnogo prijatnih iznenađenja. Jednog dana vo-zili su se u grad da vide neki film kada su shvatili da film poči-nje pola sata kasnije nego što su mislili. Ne progovorivši ni-jednu reč, Frida je okrenula kola i odvezla ih do Brik Roka, uzvišenja odakle je mogao da se vidi celi grad. Kada su stigli, Frida se nagnula nad Albretom, spustila njegovo sedište i po-čela da ga ljubi. U početku mu je bilo malo neugodno zbog cele situacije, ali kada je video da nema nikoga u blizini, opu-stio se i divno proveo.

Ali, međutim, odnedavno počeo je da se oseća frustriranim zbog svoje nesposobnosti da razume Fridu, zbog čega skoro uopšte nije mogao da komunicira s njom. Činilo se kao da govore različitim jezicima – ili još gore od toga – jer bi u ta-kvoj situaciji mogao bar da uzme frazeološki rečnik i prevede ono šta ona govori. Dok je prvobitno bio zaintrigiran Fridi-nom neobičnošću, sada je bio zbunjen; nikada nije mogao da predvidi šta će ona reći ili učiniti i nikada nije znao kako će reagovati na njega. Na primer, prošlo je pola sata od kako su napustili koncert Nila Janga, a Frida je još besnela zbog nje-gove šale na račun njene analize "Srca od zlata". Nije bio sigu-ran da li da se izvini, započne razgovor o novoj temi ili da ćuti; jedino je znao da naizgled bezazlena promena u razgovoru može da dovede do toga da ona eksplodira. Sada shvata da nikada neće moći da je razume. Istovremeno, iako se oseća potpuno frustriranim, ona ga još uvek izuzetno kopka i on u stvari ne želi da je napusti.

Oblici mišljenja i ponašanja

Ljudi sa naučno-fantastičnom pričom obično biraju part-nere koji su im čudni i nerazumljivi – što više, to bolje. "Biti čudan i neshvatljiv" je, naravno, subjektivan sud. Drugim lju-dima oni se mogu činiti prilično normalanim, a ako ne baš normalni, onda lako razumljivi.

Ljudi s ovom pričom mogu da vide svoje partnere kao što bi videli posetioce sa druge planete. Oni mogu istovremeno da osećaju privlačnost i odbojnost, ili da se pitaju zašto ih pri-vlači neko ko je toliko čudan. Ili mogu da izaberu takvu osobu i da budu zadovoljni svojim izborom, uživajući u njenoj ne-običnosti, priznajući da je to uprvo ono što traže u svom part-neru.

Ljudi sa naučno-fantastičnom pričom mogu da razviju takvu priču kao pobunu protiv društva. Često su partneri koje biraju poslednje osobe koje bi njihovi roditelji ili drugi njiho-vi bližnji voleli da vide sa njima. Osobe koje oni biraju često su protiv svih normi u društvu i mogu da se ponašaju onako kako bi osoba sa naučno-fantastičnom pričom želela da se ponaša, ali ne može da prisili sebe na to.

Osoba koju drugi vide kao vanzemaljca, ne vidi sebe kao vanzemaljca i zato obično nije svesna naučno-fantastične pri-če. U stvari, partner može da misli da drugi, pa čak i društvo u celini, nema nikakvog smisla, i da su jedino oni normalni.

Komplementarne uloge: vanzemaljac i ljudsko biće

Dve komplementarne uloge u naučno-fantastičkoj priči su "vanzemaljac" i "ljudsko biće". Ljudsko biće opaža partnera kao vanzemaljca, ali vanzemaljac tako sebe ne vidi.

Prednosti i nedostaci

Naučno-fantastične priče imaju, kao svoje pozitivne osobine, iznenađenje i stalno istraživanje. Osoba u ulozi ljudskog bića nikada potpuno ne razume vanzemaljca, a vanzemaljac može da uživa u tome što ga ne razumeju. Nedostatak je što priča može da postane zamorna. "Ljudsko biće" može konačno da zaključi da se vanzemaljac opire da bude shvaćen, odnosno da zapravo nema nikakvog smisla, ili da uopšte nije zavredeo da bude shvaćen. "Vanzemaljac" koji može da se oseća izdvojenim od društva, može i ne znajući to da uživa u tome što ga drugi ne razumeju, i može konačno da zaključi da ga partner baš kao i svi drugi, uopšte ne razume. Prema tome, postoji velika mogućnost da se oba partnera osećaju frustriranim.

Dalji nedostatak jeste da osoba može da bira nekoga samo zbog njegovog osobenjaštva, a ne zbog kompatibilnih vrednosti ili drugih svojstava. Stoga može da se nađe u odnosu s partnerom s kojim odista nema ničeg zajedničkog.

KOLEKCIONARSKA PRIČA

U kolekcionarskoj priči, partner se bira zbog toga što se uklapa u neku opštu kolekciju, baš kao što se novčić, poštanska marka ili karta za bezbol utakmicu mogu da uklapaju u kolekciju osobe koja skuplja te stvari. Postoji izvesna ravnodušnost u načinu kako se partner opaža, baš kao što se nepristrasno posmatra predmet u kolekciji. Pojedinac može da misli da se partner savršeno uklapa u njegov život, ali često, on je ipak samo jedan element u kolekciji. On može, ali i ne mora, da sa partnerom postupa na isti način kao i sa drugim elementima u kolekciji. Šta više, partner može, ali i ne mora da bude svestan, da ti drugi elementi postoje.

Dijagnostikovanje kolekcionarske priče

1. Volim da se istovremeno viđam se različitim partnerima; svaki od partnera bi trebalo da odgovara određenoj potrebi.
2. Mislim da je sasvim u redu da imam više partnera koji zadovoljavaju moje različite potrebe.
3. Ponekad volim da razmišljam o tome sa koliko mnogo ljudi bih mogao da izlazim istovremeno.
4. Mislim da ljubav liči na kolekciju novčića: što je veća raznovrsnost, to je kolekcija uzbudljivija.
5. Ne verujem da bilo koji partner može da ispuni sve što mi je potrebno. Stoga više volim da imam više partnera, od kojih svaki ispunjava različitu potrebu.
6. Uživam u tome da imam istovremeno više partnera od kojih svaki zauzima posebno mesto u mom životu.
7. Ne mogu da budem srećan ako imam samo jednog intimnog partnera.
8. Sklon sam da imam a i sviđa mi se da imam odjednom više intimnih partnera od kojih svaki ispunjava donekle različite uloge.

Jan i Dženifer

U Janovom životu sve se odvija prilično dobro. Već treći semestar zaredom dobija najviše ocene, kapiten je košarkaškog tima, i njegov društveni život više je nego prijatan. Pa ipak, kao da nešto nedostaje. Na drugoj je godini studija, a još nema stalnu devojku. Većina njegovih prijatelja ima stalnu vezu, i mada je nekada u prošlosti pitao te svoje prijatelje kako im polazi za rukom da budu vezani samo za jednu osobu, sada oseća da je došlo vreme da i on to uradi. I odista, stalna devojka bi savršeno upotpunila njegov život.

Ali postoji jedan problem: Jan ne zna koga da izabere za svoju partnerku. Sviđa se mnogim ženama i nekoliko njih je već pokušalo da ga privoli na ozbiljnu vezu, ali mu se nijedna od njih ne sviđa više od ostalih. Pa ipak, oseća da bi neke od njih bile gore partnerke od drugih. Keti bi, na primer, mogla da postane isuviše posesivna, a Dženi izgleda kao zavisna osoba; obe bi mu oduzimale isuviše vremena. Sara je, s druge strane, obično zauzeta svojom muzikom i stoga ne bi bila uvek pored njega kada mu je potrebna. Pam ima divnu ličnost, ali nije zgodna onoliko koliko bi on to želeo. Izgleda da su Emi i Dženifer nezavisne i nijedna od njih nije toliko zauzeta kao Sara. Pored toge, obe su privlačne i otvorene, tako da bi mu bilo prijatno da bude viđen sa njima u javnosti. Posle kraćeg razmišljanja, Jan zaključuje da bi od njih dve Dženifer bila bolja partnerka, jer je i ona student druge godine i mogla bi tokom cele godine da ide sa njim na sva studentska dešavanja. Šta više, Dženifer je jedna od onih koje su u prošlosti pokušavale da ga privole na ozbiljniju vezu. Dženifer je malo zatečena njegovim predlogom. Na kraju krajeva, Jan nikada nije pokazivao da je istinski zainteresovan za nju. Izgledalo je čudno da želi odmah da uskoči u vezu. Pa ipak, polaskana je njegovim predlogom i pristaje da se redovno sa njim viđa. Posle završetka razgovora, Jan je zadovoljan, iako ne i preterano ustreptao. Dženifer je samo deo koji nedostaje u njegovom inače savršenom životu.

Prvih nekoliko nedelja njihov odnos i nije bio baš sjajan. Nije bilo prave bliskosti među njima i teško su pronalazili temu za razgovor. Pa ipak, Janu se dopada ideja da mu Dženifer bude devojka. Ne samo da je privlačna i uvek pri ruci kada mu je potrebna, nego su mu i njegovi prijatelji neprekidno čestitali i govorili da je srećan što je s njom. Tako kad god bi Dženifer spomenula nedostatak bliskosti, Jan je nastojao da je ubedi da će se stvari promeniti i da su takvi problemi sasvim uobičajeni na početku veze.

Međutim, kako je vreme prolazilo, Jan je počeo da se pita da li je njegov život odista potpun: možda mu još nešto nedostaje. Nije da on više ne želi da Dženifer bude njegova devojka; njemu u stvari nedostaju izvesne strane momačkog života kada nije bio ni sa kim u vezi. Nedavno je na jednoj zabavi flertovao sa devojkom sa kojom pohađa časove biologije i s teškom mukom je odbio njen poziv da je otprati do kuće. Znao je šta takav poziv povlači za sobom i da Dženifer nije bila sa njim na zabavi, on bi najverovatnije tu devojku otpratio do kuće.

Martina i Čed

Vrativši se kući sa posla Martina odmah odlazi u dnevnu sobu. S velikim iščekivanjem pita svoju sobnu drugaricu da li ju je neko zvao. Čuvši ovo pitanje, Šeron u neverici odmahuje glavom. Na kraju krajeva, Martina prima prosečno oko petnaestak poziva, a današnji dan nije bio izuzetak. Najčešće, a ponekad isključivo, zvali su muškarci koji su želeli da se sastanu sa njom. To i nije ništa čudno, pogotovo kada se uzme u obzir da je Martina lepa, vedra devojka. Međutim, ona ima dečka. Ono što situaciju čini još neobičnijom jeste činjenica da Martina daje svoj broj telefona skoro svakom privlačnom muškarcu koji ga zatraži, iako retko kad odista namerava da izađe sa nekim od njih. Ona jednostavno želi da se veliki broj muškaraca interesuje za nju. Konačno, ona već ima nekoga sa kojim može stalno da izlazi. I odista, njen dečko Čed se svojim dobrim izgledom i dinamičnom ličnošću savršeno uklapa u tu ulogu.

Šeron je izuzetno zbunjena načinom na koji Martina postupa sa muškarcima u svom životu – posebno sa Čedom. Očigledno je da Martina nije emocionalno privržena Čedu, i da ga vidi pre kao neživi predmet koji može da okolo pokazuje svojim prijateljima, nego kao stvarnu osobu. Zbog toga, ona često pita svoju sobnu drugaricu zašto se viđa samo sa Čedom kada ima sve te druge muškarce koji žele da izađu sa njom. Martina odgovara da je lepo imati partnera na koga se uvek može računati; šta više ona smatra da bi joj viđanje sa više njih oduzimalo isuviše vremena. Šeron je zatim pita zašto svim tim drugim muškarcima daje svoj broj telefona; na kraju krajeva, ako je njen jedini cilj da privuče pažnju velikog broja privlačnih momaka, nije li joj dovoljno to što oni tako željno traže njen broj? Martina shvata poentu svoje drugarice, ali se brani da voli kada je oni zovu; na taj način, ako nešto u njenom odnosu sa Čedom ne bude kako treba, moći će da između njih izabere onoga ko se uklapa u ulogu njenog dečka onako dobro kao Čed. Ali Šeron je i dalje zbunjena načinom kako Martina postupa sa Čedom i njihovim odnosom. Pošto odgovori na sve telefonske pozive, Martina se presvlači i sprema se za svoj večernji izlazak sa Čedom. Čed je već čeka u restoranu kada ona stiže sa zakašnjenjem. Ona uvek tako planira svoj dolazak, jer joj se čini da je bolje da on čeka nju, nego ona njega. Umilno, mada dosta formalno, ljubi Čeda u obraz. Kada ga je malo pažljivije pogledala, primetila je da mu je usna malo natečena. Kada je to spomenula, odgovorio je da se nekako inficirao i da je bilo potrebno da se izvrši manja hirurška intervencija. Martina ga čak i ne pita da li je dobro ili da li je operacija bila bolna; ona samo želi da zna koliko će dugo njegova usna izgledati tako grozno. Laknulo joj je kada je čula da će sve biti u redu za nekoliko dana. Na kraju krajeva, ona želi da Čed uvek bude u najboljoj formi.

Oblici mišljenja i ponašanja

U kolekcionarskoj priči, partneri (obično ih ima više od jednog) se uklapaju u neku opštu shemu, nešto poput toga kako se umetničko delo, novčići, poštanske marke ili karte za bezbol utakmice uklapaju u kolekciju. O partneru ili partnerima obično se ravnodušno razmišlja upravo zato što imaju mnogo svojstava predmeta u kolekciji.

Od svih raznovrsnih priča koje smo razmatrali u ovoj knjizi, kolekcionarska priča je najeksplicitnije poligamna. Osoba sa ovom pričom retko kad se zadovoljava samo jednim odnosom, baš kao što se retko koji kolekcionar zadovoljava da u svojoj kolekciji ima samo jedno umetničko delo, ili jedan novčić. Odnosi se mogu potpuno razlikovati jedan od drugog, a po svoj prilici će se i razlikovati, baš kao što su i elementi kolekcije zanimljiviji ukoliko se na izvestan način međusobno razlikuju. Tako, jedna osoba može prvenstveno da zadovoljava potrebu za intimnošću, druga za strašću i tako dalje. Kolekcionari mogu da otkriju da njihov ljubavni partner nije istovremeno i njihov najbolji prijatelj, nije osoba kojoj se najviše dive, nije njihova omiljena osoba sa kojom žele da provode slobodno vreme.

Kolekcionari, poput Jana i Martine po svoj prilici će otkriti da onog trenutka, kada se odluče da se obavežu na jedan odnos, počinju da osećaju otpor; to jest da osećaju kao da im je sloboda ugrožena[2]. Čak se mogu osećati uhvaćenim u zamku. Stoga mogu da odluče da prekinu odnos, ili da razviju strategije, na primer da se viđaju sa drugim ljudima, što im dozvoljava da i dalje nastave sa svojim kolekcionarskim mentalitetom.

Komplementarne uloge: kolekcionar i predmet u kolekciji

Dve komplementarne uloge u kolekcionarskoj priči su kolekcionar i predmet u kolekciji, da se tako izrazimo. Jedna osoba skuplja drugu mada se obično dešava da u jednoj kolekciji ima više osoba, te otuda i više predmeta u kolekciji. Moguće je i da obe osobe budu kolekcionari i u tom slučaju svaka od njih istovremeno funkcioniše u obe uloge, često potpuno nesvesna ove činjenice. Na primer, kada bi Jan i Martina izlazili zajedno oni bi možda bili preokupirani uklapanjem partnera u ograničenu ulogu, zaboravljajući da dobijaju otprilike isto ono što i daju.

Kolekcionar je obično donekle otuđen od svog partnera, koji je, ipak, samo predmet u kolekciji. Stoga će takav pojedinac po svoj prilici ispoljavati ono što se ponekad naziva *stilom izbegavanja privrženosti*. Osoba više voli da bude na emocionalnoj distanci sa partnerom.[3]

Prednosti i nedostaci

U kolekcionarskoj priči postoji mali broj mogućnih prednosti. Jedna je ta što kolekcionar vodi račua o fizičkoj dobrobiti predmeta u kolekciji, jer izgled je ono što čini da kolekciju blistavom. Kolekcionar takođe nalazi načina da zadovolji više svojih potreba. Obično će te potrebe biti zadovoljene paralelno – istovremenim imanjem većeg broja partnera – ali kolekcionar može takođe da stupi u niz monogamnih odnosa, gde svaki sledeći odnos zadovoljava potrebu ili niz potreba koje prethodni nije zadovoljavao.

U društvu u kojem se ceni monogamija kolekcionarske priče su najuspešnije ako nisu isuviše ozbiljne, ili ako se shvati da pojedinci u kolekciji, osim glavnog partnera, zadovoljavaju

kvalitativno različite potrebe, kao što su prijateljstvo ili inte-
lektualni podsticaj.

Nedostaci kolekcionarske priče postaju najočigledniji onda
kada ljudi pokušaju da izgrade ozbiljne odnose i prevaziđu
obično zabavljanje sa više partnera. Kolekcionar može da
otkrije da mu je teško da uspostavi intimnost ili bilo šta nalik
na kompletan odnos koji podrazumeva intimnost, strast i pri-
vrženost prema jednoj osobi. Predmet u kolekciji ne dobija
celog kolekcionara i kada to otkrije osećaće se prilično uzne-
mirenim, izuzev ako i sam nije kolekcionar ili ako voli odnose
u kojima ne postoji velika bliskost. Kolekcije takođe mogu da
postanu odveć skupe, da oduzimaju mnogo vremena i u izve-
snim slučajevima da budu nezakonite (na primer, ako poje-
dinac istovremeno stupa u više brakova).

UMETNIČKA PRIČA

U umetničkoj priči, pojedinac vidi partnera kao umetni-
čko delo, zadržavajući se na njegovom celokupnom fizičkom
izgledu ili na nekom delu (kao što su oči, poprsje, telo itd.).
Divljenje koje pojedinac oseća prema svom partneru na izve-
stan način podseća na divljenje prema umetničkom delu koje
on smatra praktično od neprocenjive vrednosti.

Dijagnostikovanje umetničke priče

1. Jedna od mojih najvećih životnih prijatnosti jeste što mo-
gu da uživam u fizičkoj lepoti mog partnera.
2. Fizička privlačnost je, pošteno rečeno, najvažnija osobina
koju tražim kod svog partnera.
3. Obično čak i ne razmatram mogućnost da mi partner bude
osoba koja nije dovoljno privlačna.

4. Uživam da sam okružen lepim stvarima, posebno zgodnim partnerom.
5. Voleo bih da mogu da posmatram svog partnera i da mu se divim, poput umetničkog dela.
6. Ne mogu da zamislim da se vežem za nekoga ko nije fizički privlačan.
7. Veoma mi je važno da moj partner uvek lepo izgleda.

Sten i Elen

Sten se nalazi u Bilovom sportskom emporijumu skoro tri minuta i Elen još ne može da odvoji oči od njega. On liči na statuu koja je iznenada oživela posle hiljadu godina koje je nepomično provela u muzeju. Oštro isklesanih vilica, tirkizno plavih očiju, širokih ramena, visok, snažno građen – potpuno logično da se nađe na odeljenju sportske opreme. Elen, koja radi u prodavnici, prilazi mu i dvosmisleno osmehujući se pita ga da li može da učini nešto za njega. Kada joj je odgovorio da traži košarkašku loptu, odvodi ga u traženo odeljenje, spominjući usput da je vatreni obožavalac košarke (iako nikada u svom životu nije uzela loptu u ruke). Pošto je izabrao loptu Sten joj kaže da svake subote igra košarku u sportskom centru i da bi trebalo da dođe zato što uvek ima dobrih utakmica. Odgovorila je da će doći i uz još jedan dvosmislen osmeh dodala da će mu dati 20% popusta koji daje svojim prijateljima.

Kada je Sten izašao iz prodavnice, Elen se okreće svojoj saradnici Bet koja je načula celi njen razgovor sa Stenom. Elen jedva uzdržava uzbuđenje, dok Bet samo odmahuje glavom. Elen je šokirana njenom reakcijom i pita je da li je skoro proveravala svoj vid. Bet priznaje da je Sten lepuškast, ali se čudi kako je mogla a da ne primeti koliko je glup; po njenom mišljenju nema šansi da je završio šesti razred. Elen priznaje da inteligencija nije Stenova jaka strana, ali joj je mnogo važnija njegova fizička privlačnost i kaže da je Sten najlepši čovek koga je ikada videla.

Subota je i Elen pomno posmatra kako Sten igra košarku. Voli da posmatra kako on vodi loptu po terenu ali ne voli da gleda kako juriša za izgubljenom loptom ili skače da je uhvati; na kraju krajeva ona ne želi da se njen najlepši primerak ošteti na neki način. Na svu sreću Sten neozleđen završava igru i pošto se istuširao odlaze zajedno na ručak.

Bet je bila u pravu što se tiče Stenove inteligencije; izgleda da je na muci kada treba da sastavi malo složeniju rečenicu i da mu je teško da razume bilo koji razgovor koji nema veze sa košarkom. Pa ipak, sve dok može da posmatra Stenovo savršeno izvajano lice Elen je u stanju da zanemari sve njegove intelektualne nedostatke.

Sten i Elen se viđaju već četiri nedelje i Bet je još u neverici. Dok ona i Elen spremaju inventar u prodavnici, Bet nastavlja da ukazuje na očiglednu činjenicu da Elen nikada neće moći da vodi bilo kakav ozbiljan razgovor sa Stenom i, šta više, da će ga uvek voleti samo zbog izgleda i ni zbog čega drugog. Elen to ne poriče, ali kaže da u ovom trenutku u svom životu jedino želi prekrasnog dečka.

Stiv i Alana

Stiv ne može da veruje da se već ponovo vratio u koledž. On zna da je prošlo leto bilo duže od onih koje je imao dok je išao u gimnazuiju, ali mu se tako ne čini. Sada dok sedi u prvom razredu svoje prve godine na koledžu, jedino može da misli na plaže oko njegove kuće na moru krcate prelepim devojkama. Njegovo sanjarenje, međutim, ubrzo prekida ulazak prekrasne mlade plavuše, svetloplavih očiju i savršenog tela. Za trenutak Sten misli da je još uvek u svojim maštanjima. Sa svojim neverovatnim izgledom i preplanulim tenom ona bi mogla da bude jedna od devojaka sa kojima se zabavljao tokom leta. Srećom, uspeo je da se pribere kada je sela pored njega i da, nastojeći da iskoristi ukazanu mu priliku, nehajno zapodene razgovor sa njom.

Zvala se Alana i student je prve godine u njegovom koledžu. Ne bi se moglo reći da je razgovor tokom sledećih nekoliko minuta bio baš inspirativan, i Stiv misli da je Alana pomalo arogantna. Pa ipak, i dalje je očaran njenim izgledom; u stvari, ubeđen je da je ona najprivlačnija ženska osoba u celoj školi. I tako, posle časa, pita je da li bi išla sa njim u bioskop. Ona pristaje i oni prave planove za kraj nedelje.

Dva meseca kasnije, Stivov najbolji prijatelj Tim ne može da veruje da se on još viđa sa Alanom. Smatra da je ona prosta, sebična i odvratna. Stiv se ne slaže sa svojim prijateljem, iako može da razume zašto Tim oseća to prema njoj; tvrdi, međutim, da prvi utisak o Alani vara i da se, kada se jednom bolje upozna, ispostavi da je ona odista divna osoba. Tim ne veruje da Stiv zaista misli ono što govori; on pre misli da Alana toliko privlači Stiva da je potpuno zaslepljen i da ne vidi njenu užasnu ličnost. Stiv priznaje da je Alanin izgled glavni razlog zašto izlazi sa njom. Međutim, poriče da njen fizički izgled utiče na njegovo mišljenje o njoj. Tim samo odmahuje glavom i upozorava Stiva da će Alana kada dođe zima izgubiti svoj preplanuli ten i da će zbog toga što će morati da provodi više vremena u biblioteci nego u gimanstičkoj sali takođe nabaciti i nekoliko kilograma. Dodaje da će Stiv, kada se dogodi ova transformacija, videti ko je bio u pravu. Iako se još uvek čvrsto drži svog uverenja Stiv otkriva da ga skoro boli pomisao na Alanu bez preplanulog tena i prekrasne figure.

Oblici mišljenja i ponašanja

U umetničkoj priči, pojedinci obično vole svoje partnere zbog njihove fizičke privlačnosti. Oni mogu da ne prepoznaju, a često i ne prepoznaju, ovu sklonost kod sebe. Ili kao u slučaju Elene i Stena, oni mogu biti svesni činjenice da su skloni da se zaljubljuju u ljude zbog njihovog izgleda, ali objašnjavaju da im to pričinjava zadovoljstvo. Ako se nešto dogodi što naruši fizičku privlačnost njihovog partnera, njihova osećanja prema partneru brzo blede, ponekad istog trena. Na primer, ako bi Sten doživeo neku nezgodu igrajući košarku, postoje dobri izgledi da bi ga Elen prilično brzo napustila.

Pošto nas uče da je lepota prolazna, ljudi veoma nerado priznaju da su njihova osećanja oslabila zato što se fizički izgled promenio, već to pripisuju promenama u nečem drugom, na primer, da su shvatili da ličnost partnera nije onakva kakva im se činila.

Komplementarne uloge: obožavalac i umetničko delo

Dve komplementarne uloge u umetničkoj priči su obožavalac umetničkog dela i umetničko delo, da se tako izrazimo. U navedenim pričama, obožavaoci su, naravno, Elena i Sten. Obožavalac traga za najlepšim umetničkim delom koje može da nađe. Načela evolucione psihologije ukazuju na to da muškarci i žene ne moraju da iste stvari smatraju privlačnim. Iako se ljudi razlikuju po tome šta smatraju privlačnim, muškarce će, verovatno, privlačiti žene koje su mlađe od njih i kod kojih je lepota izraz mladosti i sposobnosti da rađaju vitalne potomke. Žene će, s druge strane, po svoj prilici, privlačiti muškarci koji su stariji od njih i koji su materijalno obezbeđeni i koji prema tome mogu bolje da se staraju ne samo o njima već i o njihovim potomcima.[4]

Ali istraživanje Džudit Langloa i njenih saradnika ukazuje na to da postoji konstanta u onome što ljudi smatraju fizički privlačnim. Ova konstanta nije baš onakva kakvu bismo očekivali. Često očekujemo da će među mnogim osobama najprivlačnija biti ona koja je prilično neobičnog a možda čak i egzotičnog lika. Istraživanja Dž. Langloa, naprotiv, ukazuju na to da se upravo prosečnost – doslovno – smatra prototipom fizičkih svojstava[5]. Langloa i njeni saradnici su koristili kompjutersku analizu i učesnicima ispitivanja su pokazivali razna kompjuterski stvorena lica koja su se razlikovala po broju "uprosečenih" originalnih lica kako bi se stvorili kompjuterski proizvedene skice. Langloa je otkrila da što je slika predstavlja veći broj uprosečenih lica, to ju je veći broj ljudi smatrao privlačnom. Drugim rečima, privlačnost je zlatna sredina viđenih lica. Poklonik umetnosti će tragati za nekim ko liči na sve druge – ali je više od njih.

Umetničko delo može ali i ne mora da shvata da za poznavaoca umetnosti predstavlja takvo delo. Nekim ljudima može da laska što ih drugi cene zbog njihovog fizičkog izgleda; za druge, pak, pomisao da ih neko ceni zbog njihovog izgleda može biti uvredljiva. Neko poput Stena može da veruje da ga cene zato što je dobar košarkaš, a ne zato što je lep. Činjenica je, ipak, da društvo daje prednost onima koji izgledaju dobro po standardima tog društva, te su stoga privlačni ljudi uspešniji praktično u svemu čega se late.[6] Sviđalo nam se to ili ne, fizička privlačnost je veoma značajan faktor uspeha u životu.

Oni koji shvataju da su umetnički predmet i to prihvataju verovatno će uraditi sve što je u njihovoj moći da sačuvaju svoju privlačnu fizičku pojavu. Iako će, verovatno, mali broj ljudi priznati da visoko ceni fizički izgled, finansijska moć kozmetičke industrije – da ne spomnjemo posao plastične hirurgije – ukazuje na to da ljudi cene fizički izgled mnogo više nego što su spremni da to priznaju.

Isto važi i za prve susrete. Studija Marka Šnajdera i njegovih kolega otkrila je da kada su ljudi verovali da su sparivani sa partnerom pomoću kompjuterskog programa (a zapravo su sparivani nasumično) fizička privlačnost je bila jedini faktor koji je pouzdano predviđao da li će par uživati u svom prvom sastanku i da li će želeti da se ponovo vidi[7].

Prednosti i nedostaci

Pozitivno svojstvo umetničke priče jeste da ljudi koji su u njoj – bar obožavalac – obično osećaju veliku privlačnost prema partneru sa kojim stupaju u odnos. Ovo osećanje nimalo ne iznenađuje, zato što za ove pojedince jaka fizička privlačnost jeste upravo ono što prvenstveno i motiviše taj odnos.

Naravno, sa ovom privlačnošću ide i velika briga da partner zadrži taj visoki stepen fizičke privlačnosti. Ovo je mač sa dve oštrice. S jedne strane, osoba će po svoj prilici podržavati partnerovu potrebu da sačuva svoju privlačnost – često po svaku cenu. S druge strane, interesovanje za fizičku privlačnost može da ide na račun drugih interesovanja i da sa godinama postane isključiva preokupacija.

Očigledna opasnost ove vrste odnosa jeste da će jedan ili drugi partner izgubiti interesovanje kako proces starenja lišava "umetničko delo" njegove fizičke lepote. Naročito su muškarci skloni da svoje umetničko delo trampe za novije. Ove trampe mogu da budu motivisane različitim razlozima, kao što je želja da se osnaži samopoštovanje dokazujući sebi (a možda i drugima) sopstvenu sposobnost da se privuče mlađa partnerka. Istovremeno, proces može da se nastavi u nedogled.

Uzmimo, na primer, slučaj izuzetno uspešnog poslovnog čoveka koji ulazi u godine. On može da otkrije da je poslednja u nizu njegovih supruga mlađa od njegovih prethodnih supruga i verovatno više od njih motivisana njegovim prihodima – on je, na kraju krajeva, truli bogataš – nego željom da bude sa starijim muškarcem.

ODNOS KAO OBJEKT

U pričama u kojima je odnos objekt, odnos služi kao sredstvo da se postigne cilj koji ima malo, ili češće, nimalo direktne veze sa samim odnosom. U priči o kući i ognjištu, odnos služi kao sredstvo da se stekne prijatno i udobno životno okruženje. U priči o izlečenju, odnos se koristi da bi si nekome pomoglo da se oporavi od neke traume ili nekog drugog teškog iskustva. U religijskoj priči, odnos može da se koristi da bi se približilo Bogu, ili sam odnos može da postane ovaploćenje pojedinčevih religijskih osećanja. U priči o igri, odnos služi kao podsticaj za igranje često složene igre sa nizom pravila i što je tipično, pobednikom i gubitnikom, iako ko pobeđuje a ko gubi može da se menja od runde do runde.

PRIČA O KUĆI I OGNJIŠTU

U priči o kući i ognjištu, kuća je centar odnosa. Ljudi obraćaju veliku pažnju na to da ona bude u što boljem stanju. Obično su veoma ponosni na svoju kuću i vide je kao centar svojih života. Ponekad kuća, koja ispočetka simbolizuje odnos, izgleda da postaje važnija od samog odnos

Dijagnostikovanje priče o kući i ognjištu

1. Odealan odnos je kao dobro održavana kuća – lepa, besprekorna, nešto čime čovek može da se ponosi.
2. Naša kuća je "ognjište" našeg odnosa. Ovde sve počinje i završava se.
3. Kuća u kojoj par živi jeste produžetak njih samih i njihovog odnosa.
4. Kada nešto radim za našu kuću, osećam kao da radim nešto za naš odnos.
5. Istina je da ljudi koji zapuste svoje kuće, često otkrivaju da su zapustili i svoj odnos.
6. Možete mnogo da kažete o kvalitetu odnosa jednog para gledajući kuću u kojoj žive.
7. Ponekad mi je teško da zamislim naš odnos, bez našeg doma kao utočišta.

Arnold i Betsi

Ako se vozite Atmač avenijom, rezidencija Arnolda i Betsi pašće vam u oči. Trava u prednjem dvorištu tako je divno zelena, i savršeno pokošena. Predivna leja cveća okružuje travu sa svih strana, bez ijednog korova koji se slučajno uvukao u ovu čarobnu izložbu boja. Šljunkovita staza za automobile ide duž dvorišta i završava se tik ispred savršeno ofarbane garaže sa nedavno opranim prozorima i uredno sređenim alatom. S leve strane nalazi se sama kuća sa krovom od autentičnog španskog crepa, belim gipsanim zidovima, starinskim vratima, tako da uopšte nije čudno što su ljudi iz časopisa za uređivanje stanova jednom zapitali da li mogu da dođu i vide je li i unutrašnjost kuće isto tako divno sređena. Dok su se šetali kućom, njihove su oči uživale u besprekorno čistoj kući prepunoj ručno izrađenog nameštaja, divnim slikama i božanstvenim malim kaminom. Odmah su zapitali da li mogu da fotografišu celu rezidenciju i slike objave u svom časopisu.

Arnold i Betsi su u braku trideset šest godina. Arnold je odgovoran za održavanje rezidencije, posebno bašte i garaže. Betsi se stara da je unutrašnjost kuće čista i uredna, ali Arnold obično odlučuje šta će se kupiti, gde će se kupiti i koliko često sve treba da bude očišćeno. Trenutno, Arnold radi u prednjem dvorištu, kosi travu, zaliva cveće, posebno vodeći računa da ne bude korova. Sam Arnold kaže da je prednje dvorište njihov ponos i dika. Tu on svakodveno provodi po dva sata, a vikendom i više, kako bi bio siguran da je sve u najboljem redu. On zna da jedan propušten dan može da dovede do propasti, a to je nešto što on po svaku cenu želi da izbegne.

Arnoldov i Betsin život oduvek je bio usredsređen na njihov dom. Oni veruju da zdrav i produktivan život počinje udobnim životnim okruženjem. Izvrsni fizički uslovi i opšti uspeh cele porodice svedoče o ispravnosti njihovog verovanja. U izvesnoj meri trud uložen u održavanje kuće i bašte u savršenom stanju oduzeo je nešto od odnosa između Arnolda i Betsi. Ponekad se čini da svaki slobodan trenutak provode u doterivanju kuće, tako da im ostaje malo vremena da provedu zajedno. Betsi je uvek zamišljala da će stvari biti drugačije kada deca odu. Dok su njihove dve ćerke bile tu, Betsi i Arnold su najveći deo vremena provodili starajući se o njima; obezbeđivanje čistog i sigurnog doma bilo je deo te brige. Kada devojčice odrastu, mislila je Betsi, neće biti više potrebno da se održava tako visok standard savršenstva – a da ne spominjemo da je bez dečije pomoći, bilo skoro nemoguće održati isti nivo. Činilo se sasvim normalnim da se manje trude oko kuće; ili u najboljem slučaju da ga svedu na najnužnije, dekoratvine strane svog rada. Međutim, Arnodl je odlučan da nastavi sa istim nivoom savršenstva. Betsi mu stalno govori da ne treba toliko da se time iscrpljuje, ali on odbija da sluša. Ona mu ne zamera; zna da je teško prestati sa tridesetogodišnjom navikom. Šta više, ne radi njen suprug na nečijoj tuđoj kući – to je njihov dom – dom koji oni dele više od polovine svoga života.

Sendi i Džek

Prvi put u svom životu deca igraju košarku u svom sopstvenom dvorištu. Njihov otac Džek nedavno je instalirao koš za košarku iznad garaže. Za to mu je bilo potrebno dosta vremena zato što je želeo da bude siguran da okvir ne stoji nakrivo, i da je koš postavljen na propisanoj visini. Na kraju krajeva, i on i njegova supruga Sendi, smatraju da oprema za košarku mora da bude savršena kao i sve ostalo u njihovoj kući. Kada je reč o ostalom delu njihove kuće, Sendi i Džek se trude da sve istinski zadovoljava njihove visoke standarde. Sendi je u zadnjem dvorištu gde brižljivo neguje baštu sa cvećem i voćkama; dok Džek u kući pravi policu za knjige koju će svi članovi porodice moći da koriste. Oboje rade već nekoliko sati, ali nijedno od njih ne pokazuje znake umora ili nezadovoljstva. Zapravo, čini se da oboje uživaju u onome što rade.

Njihova deca igraju košarku već čitav sat i njihova majka je upravo došla iz zadnjeg dvorišta da im kaže da treba da se late svojih kućnih obaveza pre nego što postane isuviše kasno. Oni prvo treba da pokupe lišće iz oba dvorišta, a potom da pokose ceo travnjak. Deca se ispočetka malo bune, ali znaju koliko njihovoj majci znači da travnjak bude dobro održavan i zato ostavljaju košarku i prihvataju se svojih kućnih obaveza. Ona takođe znaju da ne mogu da rade s pola snage i da im to neće proći kod majke; stoga će, kao i uvek, veoma paziti da ne ostave za sobom nijedan listak i potrudiće se da trava bude jednako pokošena.

Pošto je završila posao u dvorištu, Sendi ulazi u kuću i počinje da glanca drveni nameštaj. Džek je upravo završio svoj posao sa policom za knjige, i posle Sendine pohvale seda na sofu da se za trenutak opusti. On zapanjeno odmahuje glavom posmatrajući svoju suprugu kako neumorno obavlja svoje kućne dužnosti. Ima dana kada misli da Sendi svakodnevno provodi isuviše vremena radeći u kući, i da trud uložen u taj posao oduzima nešto od njihovog odnosa. I odista, kada sve posvršavaju po kući ostaje im malo dragocenog vremena za nešto drugo. U stvari, Džek ponekad misli da je održavanje njihove lepe kuće postalo važnije od njihovog odnosa. Mnogo puta je pokušavao da ubedi svoju ženu da treba da provode manje vremena trudeći se da svoju kuću učine savršenom i da više nastoje da svoj odnos učine savršenim.

Džek je počeo da na drugi način gleda na Sendinu posvećenost njihovoj kući. Preokret se dogodio posle jednog odgovora njegove supruge na njegovu zabrinutost da posvećuje isuviše pažnje njihovoj kući na račun vremena koje bi proveli zajedno. Prvo ga je zapitala da li ima nečeg što ne valja u njihovom odnosu; iako se trudio da se seti nečega, ništa značajno mu nije palo na um. Zatim ga je upitala ima li nečeg lošeg u tome što želi da živi u prijatnom i udobnom okruženju; Džek je odgovorio da nema i shvatio je da njegove zamerke gube na snazi. Sendi je zaključila primećujući da oni više od drugih provode vreme u kući i da stoga kuću treba posmatrati kao centar kako njihovog života tako i njihovog odnosa. I zato treba da daju sve od sebe da ona bude što savršenija. Džek

144

je bio manje-više ubeđen razlozima svoje supruge i od tada je provodio isto toliko vremena koliko i ona vodeći računa o kući. Istovremeno je zabrinut da, ako ne budu dovoljno obazrivi, briga o kući ne postane zamena za brigu jednog o drugome.

Oblici mišljenja i ponašanja

Ljudi sa pričom o kući i ognjištu vide kuću kao fizički a ponekad i emocionalni centar svog odnosa. Oni, po svojoj prilici, u svoj dom ulažu značajna finansijska sredstva, kao i vreme i emocionalnu privrženost. Ponekad stalno prepravljaju svoju kuću, tako što je dograđuju ili je trampe za novu kuću, ili se čak takmiče sa svojim poznanicima ko će imati bolju kuću.

U priči o kući i ognjištu, kuća postaje nešto više od mesta u kojem se živi. Ona je centar pažnje i naklonosti koji su pomereni sa odnosa na nju. Par koji iz raznih razloga ne može da pokloni pažnju jedan drugome, pomera je na kuću, koja je deo njih.

Ova vrsta pomeranja ne mora da se ograniči samo na kuću. To mogu da budu i kućni ljubimci, deca, čamac, automobil ili bilo koja materijalna stvar u njihovom životu. Očigledno je da postoji tanana linija između ljubavi prema kući i pomeranja ljubavi sa partnera na kuću. Pitanje je kome se poklanja više pažnje – kući (čamcu, automobilu ili bilo čemu drugom) ili partneru.

Naravno, ljudi sa pričom o kući i ognjištu mogu da budu sasvim srećni sa ovom pričom. Možda odnos i nije baš ono čemu su se nadali; ako je tako, dom može da postane centar i da pruži zadovoljstvo koje odnos sam bez doma ne može da pruži. Odnosno, možda je ljudima sa ovom pričom teško da ispolje naklonost prema drugim ljudima. I što će reći, možda su istinski zainteresovani za udobno životno okruženje i stoga mu poklanjaju pažnju, pažnju koju bi drugi ljudi poklanjali drugim stvarima.

Komplementarne ulaoge: domar i primalac pažnje

Komplemenratne uloge u ovoj priči su ili dva domara ili domar i osoba koja živi sa domarom ali nije primarni primalac njegove pažnje i brige. U ovom drugom slučaju, od osobe koja živi sa domarom obično se ne traži da ulaže mnogo vremena u održavanje kuće; ponekad domar čak i ne želi da mu se neko drugi "petlja u posao".

Priča o kući i ognjištu obično se najuspešnije odvija kada oba partnera igraju ulogu domara, tako da imaju isti centar pažnje. Kada je to samo jedan od njih, postoji opasnost da se onaj drugi oseća zapostavljenim. Da ponovimo, poseban objekat na koji je pažnja usredsređena ne mora nužno da bude kuća – to može biti kućni ljubimac, starinski automobil ili kolekcija novčića. Pa ipak, to je uvek nešto materijalno i uvek izgleda da mu se poklanja više pažnje nego partneru.

Prednosti i nedostaci

Prednost priče o kući i ognjištu jeste eksplicitan stav da je u jednom odnosu udobno životno okruženje izuzetno važno. Istraživanja su pokazala da su ljudi skloni da gaje pozitivna osećanja prema osobama u čijem se prisustvu prijatno osećaju[8]. Stoga, ako se pojedinac prijatno oseća u kući, on ta pozitivna osećanja može da proširi i na svoj odnos sa partnerom.

Sem toga, udobno životno okruženje izaziva manje stresa nego neudobno. Ljudi koji doživljavaju stres u svom životu mogu nenamerno da prenesu taj stres u svoj odnos. Za ljude sa pričom o kući i ognjištu, kuća je obično izvor utehe a ne stresa, izuzev ako ne postanu toliko njom opsednuti da nikada ne mogu da se pomire sa tim kako ona izgleda i počnu da doživljavaju stres zato što ona nikada ne može da bude savršena.

Potencijalni nedostaci ove priče mora da su sada već očigledni. Pažnja može da bude pomerena sa partnera i odnosa na kuću ili na neki drugi predmet. Arnold je, na primer, sasvim blizu da postane potpuno opsednut kućom, što zabrinjava njegovu ženu Betsi. Iako je prihvatio Selinu zaokupljenost kućom, Džek se boji kuda ih ona može odvesti. Odnos može da trpi što se kuća sve više poboljšava. Konačno, kuća u stvari može da postane važnija od odnosa. U društvu u kojem s toliko ističe važnost materijalnih stvari, ljudi treba da budu veoma oprezni i ne izgube svoj odnos kako se centar njihove pažnje i brige sve više i više pomera na sticanje materijalnih stvari.

PRIČA O IZLEČENJU

Priča o izlečenju je priča o opstanku. Osoba je preživela neku tragediju – zloubotrebu narkotika, mučenje, zatvor, rat ili neki drugi oblik nasilja – i nastoji da kroz odnos ozdravi. Abraham Maslov govori o ljubavi usled nedostatka. Cilj ljubavi usled nedostatka jeste da se u drugoj osobi nađe ono što se u sebi nikada ne može naći. Metafora nedostatka ovde veoma odgovara, zato što se osoba koja nastoji da se oporavi nada da će joj druga osoba nekako doneti oporavak koji nije uspela sama sebi da donese. Naravno, veoma je teško a često i nemogućno, da vam neko drugi pruži ono što u sebi ne možete naći.

U ovoj priči da bi odnos opstao, i osoba koja nastoji da se oporavi i ko-zavisnik, kako se drugi partner ponekad naziva, postaju zavisni od prošlosti. Njihov odnos se sastoji u pokušajima da ostave prošlost za sobom, a ta prošlost je istovremeno vitalan deo njihovog odnosa. Da ironija bude veća, odnos u stvari može da se prekine, ako se osoba koja se leči odista i izleči. Posle izlečenja, razlog zašto je odnos uspostavljen može da nestane a sa njim i motivacija da se on nastavi.

Dijagnostikovanje priče o izlečenju

KO-ZAVISNIK

1. Obično naletim na ljude koji su u prošlosti imali ili sada imaju neki specifičan problem i obično im pomažem da srede svoj život.
2. Uživam da budem u odnosu u kome je mom partneru potrebna pomoć da savlada neki problem.
3. Mislim da istinski dobar odnos može da znači početak novog života za one osobe koje su morale u svojim životima da se suočavaju sa nesrećnim okolnostima.
4. Otkrivam da sam često sa partnerom kome je potrebna pomoć da zaleči rane iz prošlosti.

OSOBA KOJA SE OPORAVLjA

1. Potreban mi je neko ko će mi pomoći da prebolim svoju mučnu prošlost.
2. Verujem da u odnosu mogu da nađem spas od života koji mi se raspada.
3. Potrebna mi je pomoć da bih preboleo prošlost.
4. Najbolji odnos bio bi onaj u kojem bi se ja i moj partner zajednički trudili da prebolim svoju prošlost.

Džekob i Alisa

Džekob je srećan što je živ. Pre šest nedelja pošto je u lokalnom baru popio 12 piva, udario je kolima pravo u drvo. Bio je u komi 36 sati i doktori su isprva mislili da nikada neće iz nje izaći. Kada je konačno izašao iz kome, shvatio je da mora nešto da učini sa svojim životom.

Mada su ga prijatelji ohrabrivali, Džekob nikada nije tražio pomoć za svoj problem sa alkoholom iako ga je on koštao i posla i devojke; mislio je da može da ga kontroliše. Međutim, posle ovog saobraćajnog udesa, znao je da lečenje više ne može da odlaže. Čim je bio otpušten iz bolniice, otišao je na svoj prvi sastanak udruženja Anonimnih alkoholičara.

Džekob nije pio od saobraćajne nesreće i večeras ide na prvi sastanak od kada ga je devojka ostavila. Nije mu bilo lako da pozove Alisu da izađe s njim; dobro se sećao da je u alkoholu tražio izlaz kad god bi mu se u prošlim odnosima pojavio neki problem. Naravno, to je tek prvi sastanak s Alisom, ali on oseća da među njima postoji jaka veza i veruje da će ovaj sastanak prerasti u nešto mnogo ozbiljnije i značajnije.

Međutim, takođe dobro zna da će morati, bez obzira na to koliko se stvari dobro razvijale s Alisom, da se suoči s mnogim istim problemima koji su ga u prošlosti odveli u alkohol. Pa ipak, ubeđen je da će ovog puta stvari biti drugačije. Veruje da su mu njegov propali odnos i skoro fatalan sudar omogućili da alkohol vidi u drugom svetlu i da će ga to sprečiti da mu pribegava kao sredstvu za rešavanje problema. Takođe misli da će mu saveti sa sastanaka Anonimnih alkoholičara pomoći da ne zloupotrebljava alkohol kada mu se javi želja da to uradi. Na kraju, veruje da će mu i Alisa pomoći da prebrodi svoje prošle probleme. Ona izgleda tako puna saosećanja i brižnosti – tip osobe koja neće samo razumeti njegovo stanje, već će mu i pomoći da prebrodi teške periode koji su pred njim.

Džekob odvodi Alisu u italijanski restoran koji mu je prijatelj toplo preporučio. Ali i Džekob i njegov prijatelj prevideli su da mnogi ljudi imaju običaj da u italijanskom restoranu uz večeru piju vino. I tako, kada ga je Alisa zapitala koje vino želi, nije znao šta da odgovori. Nameravao je da sačeka izvesno vreme pre nego što joj ispriča za svoje probleme sa alkoholom ali je shvatio da mora odmah da joj sve kaže.

Pošto je saslušala njegovu priču, Alisa mu kaže da ceni njegovu čestitost, i da je uprkos njegovoj prošlosti, voljna da se i dalje viđa sa njim. Džekob oseća veliko olakšanje i ubeđuje je da će, iako zna da će mu biti veoma teško da započne novi odnos, dati sve od sebe da se suoči sa svim izazovima koje on donosi i ne pribegavajući alkoholu. Džekob govori sa ubeđenošću za koju nije baš siguran da je iskrena. Ironično, napetost izazvana pričanjem o njegovom užasnom iskustvu sa alkoholom, rađa u njemu želju za alkoholom. Za Džekoba, svaki dan bez alkohola je pobeda.

Lesli i Beri

Lesli veruje da je spremna da za sobom ostavi svoju mučnu prošlost. Ima samo dvadeset jednu godinu pa ipak se napatila za celi život. Kao dete, otac ju je zlostavljao, fizički i seksualno, zbog čega je pobegla od kuće kada je imala samo petnaest godina. Stopirala je širom cele zemlje, sve dok nije potrošila novac koji je imala za hranu.

Tražila je posao, ali nije baš bilo potrebe za nestručnom, nezavršenom gimnazijalkom. Kao što to često biva u ovakvim situacijama, povezala se s pogrešnim ljudima, u liku slatkorečivog Bila. Posle nekoliko primamljivih ponuda i obmanjujućih informacija, našla se u jednoj bednoj striptiz rupi. Stidela se i gadila onoga što radi, ali je shvatila da mora nešto da radi da bi zaradila novac za hranu i krov nad glavom. Da bi stvari bile još gore, njena očigledna strepnja i nesigurnost otežavale su joj da nastupa u klubu. Da bi joj olakšao i smanjio stidljivost i oslabio kočnice, Bil joj je davao amfetamine. Posle nekoliko meseci počela je da zavisi od njih, čak iako joj više nisu bili potrebni za nastup. Ova zavisnost od droge, kao i odnos sa Bilom u koji je morala da stupi protiv svoje volje i u kojem ju je on zlostavljao, učinili su joj život nepodnošljivim.

Skoro neverovatno, ali Lesli je preživela šest godina ovakvog života i pošto je, krišom od Bila, uštedela nešto novaca, uspela je da pobegne iz grada u kojem joj je život bio prava mora. Sela je u autobus i u jednom mestu daleko od njega skoro odmah počela da radi kao konobarica. En, saradnica sa posla, rekla joj je da može da stanuje sa njom dok ne nađe krov nad glavom.

Dok je živela kod En upoznala je njenog brata Berija i oni su se odmah zaljubili jedno u drugo. Lesli je znala da mora da kaže Beriju za svoju prošlost i učinila je to čim joj se ukazala prva prilika. Čudno, ali on je sve to primio dobro i rekao da želi i dalje da bude sa njom. U stvari, bio je pod jakim utiskom njene istrajnosti i spremnosti da započne odnos posle svega što je preživela. Razumeo je, takođe, da će joj tegobna prošlost otežavati da bude bliska s bilo kim. Šta više, znao je da bi se ona zbog svoje ranije zavisnosti, ako dođu teški dani lako mogla opet vratiti drogi. Takođe je shvatio da bi on za Lesli mogao da bude prolazna figura. Prvi put u životu ona je živela mirno i bilo je sasvim moguće da joj je on potreban da bi se sabrala pre nego što krene dalje. Međutim, uprkos svim mogućnim problemima, Beri je bio pun optimizma da će sve biti dobro.

Lesli i Beri se sada viđaju već nekoliko meseci i čini se da je Beri bio u pravu sa svojim optimističkim predviđanjima. En često zadirkuje Lesli zbog Berijevih osobenosti, kao što je čudan položaj prilikom spavanja, dostojan jednog akrobate. Lesli samo odmahuje glavom objašnjavajući da je, posle svega kroz šta je prošla u životu, skoro sve podnošljivo, posebno takva bezopasna navika. Takođe dodaje da joj Beri mnogo pomaže da se vrati u normalan život.

Poslednjih meseci Lesli ima užasne noćne more i iznenadna sećanja na prošlost ali u takvim slučajevima Beri je uvek pored nje i uspeva da je uteši. Lesli veruje da bi se, da on nije pored nje u tim mučnim periodima, verovatno vratila drogi. Osim toga što joj pruža podršku, Beri je pun razumevanja za činjenicu da je to njen prvi istinski prisan odnos, i slaže se da sve ide veoma lagano.

Lesli nije sigurna hoće li njen odnos sa Berijem trajati. Cela stvar se činila odveć dobrom da bi bila istinita. Ali trenutno, Beri joj je potreban više od ičega na svetu i srećna je što ga ima pored sebe.

Oblici mišljenja i ponašanja

Priča o izlečenju puna je rizika za oba partnera. Za osobu sa ovom pričom svojstveno je da je preživela nešto – drogu, alkohol, nesrećan odnos, neku traumu – i da je spremna da ide dalje. Ali ovu želju za izlečenjem mogu da prate izvesne teškoće.

Jedan od mogućih problema jeste da ponekad osoba želi da se izleči ali u tome ne uspeva. Ona želi da prestane da pije, ali nema hrabrosti za to; želi da prestane da uzima drogu, ali nije stvarno spremna da podnese sav bol i muku koji prate odvikavanje. Osoba koja bira ulogu ko-zavisnika često je neko ko veruje da može da izvuče drugu osobu iz ponora. Ali kod svih vrsti zavisnosti, jedino zavisnik može da odluči da prekine tu zavisnost. Ko-zavisnik tako može da bude upleten u beskonačnu priču koja stvarno nikada ne dovodi do istinskog izlečenja, već samo do imaginarnog procesa lečenja.

Druga opasnost u takvim odnosima jeste da je oporavak izuzetno bolan za oba partnera i da može da rasturi odnos. Ljudi koji su tek napustili jedan užasan odnos, ili koji su se oslobodili zavisnosti od droge ili alkohola nisu baš u najboljoj formi. U neko drugo vreme odnos sa određenom osobom mogao bi da uspe, ali ne mora i onda kada ona prolazi kroz proces lečenja.

Treća opasnost, spomenuta ranije, jeste da uloga ko-zavisnika prestaje da ima smisla ako partner uspe da se zaista izleči. U tom slučaju, on možda neće biti kadar da promeni ulogu ili možda uživa jedino u ulozi ko-zavisnika. Odnosno, osoba koja je uspela da se izleči možda više ne želi da bude sa ko-zavisnikom, smatrajući da je on nebitan ili da je podseća na bolnu prošlost.

Četvrta, a možda i najveća opasnost jeste ta što se ovaj odnos temelji na bolesti a ne na zdravlju. Ako izlečenje postane žiža odnosa, prethodna zavisnost može da bude temelj odnosa, a ne neprijatan stadijum u životu koji osoba treba da ostavi za sobom.

Komplementarne uloge : osoba koja se oporavlja i ko-zavisnik

Najtipičnije uloge u priči o oporavku su uloga osobe koja se oporavlja i uloga ko-zavisnika koji joj u tome pomaže. Važno je shvatiti da oba partnera mogu da zavise jedan od drugoga, a ne samo osoba koja se oporavlja od ko-zavisnika. Ko-zavisniku je možda podjednako potrebno da oseća da pomaže osobi koja se oporavlja, baš kao što je ovoj drugoj potrebno da joj neko pomaže.

Ova priča može da bude priča o dve osobe koje se zajedno opravljaju i od kojih svaka istovremeno služi onoj drugoj kao osoba koja se oporavlja i koja je ko-zavisnik. Obe mogu da se oporavljaju od lošeg odnosa, droge ili bilo čega drugog. Takvi odnosi su posebno puni rizika zato što se obe osobe nalaze u veoma ranjivoj fazi svog života i obično su u tako jadnom stanju da ne mogu u potpunosti jedna drugoj da služe kao ko--zavisnik. Ovi odnosi će po svoj prilici biti izloženi velikim rizicima, izuzev ako partneri nisu u doba kada su se sreli, već daleko odmakli u procesu izlečenja. U tom slučaju, oni mogu da osećaju da imaju nešto zajedničko što mali broj ljudi ima, i ovo osećanje zajedništva može među njima da uspostavi posebnu vezu kakvu mnogi drugi ne mogu da imaju.

Prednosti i nedostaci

Glavna prednost ove priče jeste ta da ko-zavisnik odista može da pomogne partneru da se izleči ukoliko je ovaj istinski odlučio da se izleči. Mnogi od nas znaju za ljude koji su nastojali da promene svoje partnere i koji su doživeli jedino razočaranje jer je njihov partner ulagao malo truda ili se uopšte nije trudio da se promeni. Istovremeno, ko-zavisnik je neko kome je potrebno da oseća da pomaže nekome i da je nekome važan.

Glavni nedostaci u ovom odnosu su već opisani faktori rizika. Konačno, drugi mogu da pomažu u izlečenju, ali odluku o izlečenju i bol koji izlečenje povlači za sobom mora da podnese osoba koja treba da se izleči. Stoga, priča o oporavku može da potpomogne izlečenje jedne osobe ili ne i da dovede do njega.

RELIGIJSKA PRIČA

Ovde ću govoriti o dve vrste priča. Međutim, ove dve vrste mogu se posmatrati i kao dve različite priče.

U jednoj vrsti religijske priče, religija je integralni deo priče o ljubavnom odnosu. Partneri obično ne smatraju da odnos čine samo njih dvoje već da su u partnerstvu sa Bogom, zahvaljujući čijoj milosti je odnos i započeo i traje. U teoriji, a ponekad i u praksi, odnos ne mora da uključuje bilo koju vrstu božanstva, iako ćemo za naše potrebe ovde govoriti o pričama u kojima je Bog uključen.

Uloga koju Bog ili neko drugo božanstvo igra može da varira kao funkcija religije. Najčešće se dešava da Bog nadahnjuje celokupan odnos. Stoga Bog nije samo treći partner već je pre integralni deo odnosa. Bez Boga odnos ne bi postojao. Bog može da se shvati kao treći partner (po svoj prilici višeg reda). Odnosno, Bog se može shvatiti apstraktnije, kao neko ko određuje pravac u kojem odnos i njegove veze sa spoljašnjim svetom treba da idu.

U drugoj vrsti religijske priče, religija zapravo predstavlja odnos. Jedinka u odnosu traži spas i nada se da će joj on pružiti ono što religija obično ne daje. Ona može da vidi voljenu osobu na sličan način kako neko drugi vidi religijsku figuru – kao izvor spasenja.

Dijagnostikovanje religijske priče

RELIGIJA U ODNOSU
1. Ne mogu da se zamislim u odnosu u kojem moj partner ne bi delio moja duhovna uverenja.
2. Verujem da bliskost i jedinstvo u prisnom odnosu zahte-

vaju da partneri imaju slična religijska uverenja.

3. Moja odanost prema partneru može se posmatrati jedino u širem kontekstu moje odanosti prema Bogu.
4. Ljubav koju osećam prema mom partneru ima sveto mesto u mom srcu, baš kao i moja duhovna uverenja.
5. Verujem da prava ljubav treba da bude deo religioznog života jedinke, a ne izdvojena od njega.
6. Veoma mi je važno da moj partner deli moja religijska uverenja.

ODNOS KAO RELIGIJA

1. Čini mi se da u odnosu tražim spasenje kao što ga drugi ljudi traže u religiji.
2. Osećam kao da me je moj odnos izbavio od očajanja.
3. Za mene odnos može da ima u mnogome istu funkciju kao religija za druge osobe.
4. Ne znam šta bih radio bez svog partnera.
5. Moj odnos me je spasao od mene samog.
6. Otkrio sam da mi je religija manje potrebna od kada sam u odnosu u kome sam sada.
7. Kada ne osećam da sam istinski angažovan u odnosu, osećam se kao da sam izgubljen na moru.
8. Za mene, imati odnos jeste kao imati religiju.

Džeri i Rubi

Sedeći mirno u svojoj sobi Džeri s tugom sluša svoje roditelje kako se glasno prepiru u holu. Ne može da čuje šta govore, ali to i nije važno, jedino je važno da je tokom godina ljubav koju su osećali jedno prema drugome iščezla i svela se na ostatke koji su nekada bili ljubav. Džeri se nada da ljubav koju oseća prema svojoj devojci Rubi neće nikada nestati poput ljubavi njegovih roditelja i da će oni uvek biti bliski kao što su to sada.

Džeri i Rubi su zajedno poslednjih šest meseci i tokom tog vremena praktično su nerazdvojni. Za njih je ljubav najmoćnija stvar na svetu.

Kad god ima neki problem Džeri u Rubi traži pomoć da ga preporodi. On veruje da će mu njeno saosećanje i mudrost, kao i velika ljubav prema njemu, pomoći da savlada sve prepreke koje život pred njega postavlja. U skladu s ovim svojim uverenjem Džeri briše suze i sprema se da ode kod Rubi; siguran je da će mu njeno društvo pomoći da se izobri sa teškoćama koje ima kod svoje kuće. Džeri se iskrada iz kuće, lako izbegavši roditelje koji su bili odveć zauzeti svojom svađom da bi primetili njegov odlazak. Odvozi se do Rubine kuće i ulazi na zadnji ulaz koji je uvek bio otključan u slučaju kasnih noćnih poseta poput ove. Penje se u njenu sobu pazeći da ne probudi njene roditelje. Na vrhovima prstiju dolazi do njene sobe i nežno je hvata za ramena. Kada je ustala primetila je suze u njegovim očima i toplo ga zagrlila. Legli su u krevet i sve vreme čvrsto priljubljeni raspravljali su o situaciji. Džeri je naterao Rubi da mu obeća da oni nikada neće prolaziti kroz pometnju tipičnu za odnos njegovih roditelja. Rubi ga uvereva u to, i ublažuje mu bol rečima da ga mnogo voli. Dodaje da nikada ništa neće stati na put njihovoj zajedničkoj ljubavi. Objašnjava da je ljubav koju osećaju jedno prema drugome jača od bilo čega na svetu – kao da je isklesana od kamena.

Dok sluša njene reči, Džeri klima glavom u znak odobravanja smešeći se smireno. Na njegovom licu nema više suza. Još jednom mu je Rubi pomogla da prebrodi težak trenutak u životu, uveravajući ga u večnu snagu i nepokolebljivost njihove ljubavi. S tim mislima, Džeri zatvara oči i tone u san u Rubinom zagrljaju.

Brenda i Timoti

Zajedno sa tristotinak drugih ljudi, Brenda odlazi na glavni proplanak u Mejberi koledžu da čuje govor svog kolege studenta Timotija o važnosti Boga. Brenda pažljivo sluša Timotijevo izlaganje o tome da svi treba da se borimo protiv užasa u ovom svetu kao i protiv zlih nagona koji postoje u nama, i da se okrenemo Bogu i njegovoj bezuslovnoj ljubavi prema čovečanstvu. Timoti propoveda da svi treba da sledimo Božji primer i volimo druge kao što on voli nas.

Na Brendu, kao i na mnoge oko nje, Timotijeve reču su snažno uticale. Ali njena emocionalna potresenost bila je možda jača nego kod drugih, zbog nedavnog događaja kada je skoro izgubila život. Kasno jedne noći vozila je bicikl po kampusu kada se približila raskrsnici. Obično na ovoj raskrsnici kasno uveče nikada nema automobila, i Brenda je imala običaj da kroz nju prođe bez zastajanja. Međutim, te noći jedna kola su prilično velikom brzinom prošla kroz tu raskrsnicu. Nekim čudom Brenda je uspela da zakoči na vreme i da za dlaku izbegne sudar. Iako nije bila povređena, događaj je bio za nju veoma traumatičan. I naveo ju je da dublje i ozbiljnije nego do tada razmišlja o svom mestu u svetu; počelo je da joj se čini da je sve što je do tada uradila pogrešno, i šta više, da joj nešto nedostaje u životu. Slušajući Timotijeve reči o Bogu i ljubavi, osećala je kao da se on direktno njoj obraća.

Posle završene besede Brenda je želela da razgovara sa Timotijem o onome što je govorio. Otišla je do mesta na kojem je stajao i rekla mu koliko su joj značile njegove reči. Zapitala ga je da li bi ikako mogli jednom da se sastanu i podrobnije porazgovaraju o njegovim idejama. Timoti je bio polaskan Brendinom pohvalom i pozvao je da dođe kod njega kući.

Te noći Brenda i Timoti su proveli nekoliko sati razgovarajući o njegovom viđenju Boga i ljubavi. Raspravljali su i o Brendinoj skoro fatalnoj nesreći i o njenom preispitivanju duše do kojeg je on doveo. Timoti je napregnuto slušao Brendina razmišljanja o životu i pokušao je da joj pomogne da odgovori najbolje što je mogao. Ispričao joj je da je imao sličnu situaciju u svom životu i da je uspeo da se suoči sa njom tako što se okrenuo Bogu. Razgovarali su do duboko u noć i još bi razgovarali da Brenda konačno sa žaljenjem nije rekla da mora da ide. Pre nego što je otišla, dogovorili su se da se ponovo vide.

Prošlo je šest meseci od Brendinog i Timotijevog prvog razgovora i od tada su oni praktično nerazdvojni. Brenda smatra da je njen odnos sa Timotijem nešto najvažnije na svetu. Ona mu pripisuje zaslugu da je potpuno promenio njen život i da se nada da će njihova obostrana ljubav, zahvaljujući Božjoj milosti, večno trajati.

Oblici mišljenja i ponašanja

U religijskim pričama, ljubav može imati funkciju religije (kao u priči o Džeriju i Rubi), odnosno religija može biti integralni deo ljubavi (kao u slučaju Brende i Timotija). U oba slučaja, religija je kritičan deo odnosa. Međutim, njena uloga u ove dve religijske priče savim je različita.

U jednom slučaju, ljubav je spasenje, o čemu govori Teodor Rajk[10]. Spasenje, koje ne možemo naći na drugi način, tražimo u drugoj osobi. U drugom slučaju, samo religija može da donese spas, ali ljubav druge osobe može da pomogne da nečiji život postane mnogo bogatiji, a može i da pomogne osobi da ispuni svoje odgovornosti prema Bogu.

Komplementarne uloge : ko-vernici, spasilac i tražitelj spasenja

U religijskoj priči postoji više mogućnih komplementarnih uloga. Jedan niz takvih uloga uključuje dva pojedinca koji su odani jedan drugome i svojoj religiji. To su ko-vernici koji učestvuju u svojoj religiji pojedinačno i kolektivno. Timoti i Brenda se uklapaju u ove uloge. Drugi mogućni niz uloga jesu uloge spasitelja i osobe koja traži spasenje. U ovom drugom slučaju, takođe je moguće da svaki član para traži spasenje u onom drugom, tako da je svaki od njih istovremeno i spasitelj i onaj ko traži spasenje.

Prednosti i nedostaci

Većina religija podstiče stupanje u brak koji je izvor stabilnosti, i uzgred, budućih članova religije. Religijska priča u kojoj dve osobe smatraju da njihov odnos prožima prisustvo Boga, obično je adaptivna i crkve koje ohrabruju ovakvo stanovište izgleda da imaju relativno nisku stopu razvoda svojih članova. Naravno, niže stope razvoda ne odražavaju samo sreću odnosa već takođe i tendenciju tih religija, bar onako kako se one praktikuju, da obeshrabruju razvod.

Viđenje ljubavi kao spasenja – druga vrsta religijske priče, jeste rizično, iz istog onog razloga iz kojeg je rizična ljubav kao izvor izlečenja. Kao prvo, druga osoba, po svoj prilici, ne može da donese uspešno spasenje. I stoga će oni koji u odnosu vide spasenje verovatno biti razočarani. Šta više, oni koji traže spasenje u odnosu obično su i sami u dosta očajnom stanju, tako da, iako su možda sasvim spremni da prime ljubav, nisu spremni i da je pruže.

ODNOS KAO IGRA

Priča o odnosu kao igri vodi unazad do Ovidija koji je opisao ljubav kao ludičku ili nalik na igru[11]. Ovakvo gledanje na ljubav sreće se i u shvatanju Džona Lija o ludičkom ljubavniku, odnosno ljubavniku koju ljubav shvata kao igru[12].

Ono što razlikuje priču o igri od drugih priča koje liče na igre ili priče o ljubavi kao o zabavi jeste to što je u ovoj priči igra tipa "zbir-nula". Postoje dobitnik i gubitnik, gde se jedna osoba više približava dobijanju a druga gubljenju.[13] Prema tome, priča o igri uvek uključuje neku vrstu takmičenja, iako jedan od partnera ne mora da bude svestan da takmičenje postoji. Često se dešava da u takmičenju postoji veći broj osoba, ali da te činjenice bude svestan samo jedan pratner; odnosno, oba partnera mogu toga da budu svesna samo da misle na različite igrače. Oni mogu da igraju istu igru, a da nijedan od njih to ne shvata.

Jedan od najboljih prikaza priče o igri jeste film *Ko se boji Virdžinije Vulf* u kome su Ridžard Barton i Elizabet Tejlor smislili složenu igru u kojoj svako neprestano pokušava da potkopa onog drugog. Ali svako od njih takođe zavisi od toga da druga osoba igra igru i da se drži pravila. Promena pravila dovodi do raspada odnosa. Barton i Tejlorova uvlače u svoju igru jedan drugi mladi bračni par, i uništavaju ga zajedno sa sobom.

Ali igre ne moraju da budu tako destruktivne kao igra Bartona i Tejlorove, ali njihova takmičarska priroda nije u skladu sa uobičajenom definicijom bliskog odnosa. Džadson Mils i Margareta Klark razlikuju odnose zajednice u kojima postoji davanje i primanje i u kojima se ne vodi "zapisnik" o tome koliko je ko dao ili dobio i odnos razmene, u kojem se veoma vodi računa o "ja tebi, ti meni" i u kojem oba partnera u odnosu vode računa o tome ko je šta dao a šta dobio[14]. Priče o igri su priče o odnosima razmene a ne o odnosima zajednice.

Dijagnostikovanje priče o igri

1. Verujem da je ljubav igra; ponekad dobijete, a ponekad izgubite.
2. Verujem da udvaranje veoma liči na igru; igrate svoju igru i nadate se da ćete pobediti.
3. Volim da gledam na odnos kao na igru, moj gubitak može da bude nečiji dobitak i obratno.
4. Gledam na svoje odnose kao na igru. Neizvesnost dobitka ili gubitka jeste deo uzbudljivosti igre.
5. Verujem da partneri u odnosu liče na protivnike u igri; svaka strana nastoji da maksimalno poveća dobitak a gubitak svede na najmanju moguću meru.
6. Kada romantični partner prekine sa mnom, osećam se kao da sam izgubio u igri.
7. Kada sam u odnosu sa jednim partnerom, otkrivam da razmišljam o tome ko pobeđuje a ko gubi.
8. Verujem da je odnos igra poput bilo koje druge igre.

Džil i Stefan

Džil i Stefan pripadaju istom centru za rekreaciju. Povremeno upućuju jedan drugom zavodničke poglede, ali još nisu razmenili nijednu reč. Međutim, Stefan je danas primetio da je Džil ostavila svoju gimnastičku torbu u sobi za merenje i ne želeći da propusti ukazanu priliku uzima je i trči za njom.

Džil deluje iznenađeno i zahvaljuje mu na pruženoj torbi, iako ju je u stvari namerno ostavila pošto je znala da je Stefan krišom posmatra i da će skoro sigurno videti da ju je ostavila.

Vode beznačajan razgovor i od samog početka je očigledno da nijedno od njih ne želi da izgleda odveć zainteresovano za onog drugog. Kao uzgred, Džil spominje da se lepo zabavlja na časovima joge koji se održavaju u centru; Stefan joj odgovara da i on stalno razmišlja o tome da pohađa časove joge (što, naravno, nije tačno), ali nikako da ostvari svoj naum. Džil mu kaže da čas počinje za pet minuta i da može da joj se pridruži. On rado prihvata, iako veoma vodi računa da ne izgleda isuviše uzbuđeno.

Posle časa, Stefan nehajno traži od Džil broj telefona. Ona mu ga, naravno, daje i svako odlazi svojim putem. Tu noć Stefan provodi pored telefona pitajući se da li da pozove Džil. Zaključuje je da je najbolje da sačeka koji dan, kako bi je držao u neizvesnosti. Kada ju je konačno pozvao, rekla mu je da je zauzeta i da će ga pozvati kada joj se ukaže prilika. U stvari, ona uopšte nije zauzeta, ali ne želi da Stefan pomisli da sedi pored telefona i jedva čeka da je on pozove.

Konačno, Stefan i Džil počinju da provode vreme zajedno; međutim, baš kao i u centru za rekreaciju i telefonskom razgovoru, svako od njih postupa sa onim drugim pre kao sa prijateljem protivnikom u igri nego kao sa patnerom u ortačkom odnosu. Izgleda kao da oboje žele da na neki način pobede u igri na račun onog drugog. Na primer, Džil uvek pokušava da napravi situaciju u kojoj Stefan više želi nju nego ona njega. Ona čeka da on počne da joj se seksualno nabacuje i onda se, čak i kada želi da mu uzvrati, povlači, izazivajući ga lukavim smeškom.

Stefan, koji više od nje voli takmičenje, bukvalno sve pretvara u nadmetanje. Tako je jedne večeri dok su sedeli u baru

smislio igru u kojoj je pobednik onaj kome priđe veći broj lju-
di. On i Džil se razdvajaju i sedaju zasebno na dovoljnoj uda-
ljenosti jedan od drugoga tako da niko ne može da pomisli
da su zajedno pa ipak dovoljno blizu da mogu da motre jedno
na drugo. Isprva je ovo malo takmičenje bilo prilično uzbud-
ljivo; ako ništa drugo a ono bar je unelo promenu u standardne
izlaske u bar. Međutim, kada su odlučili da udaraju recke i
izračunavaju skor, došlo je do malog neslaganja u broju osoba
koje su po Stefanovom uverenju prišle njemu i broja osoba
koje je Džil navela da su mu prišli. Džil je na kraju želela da
prekine raspravu, ali je Stefan nastavio da insistira da je on u
pravu.

U najvećem broju slučajeva Stefan i Džil uživaju u malim
igrama u svom odnosu. Bez tih igara oni ne bi toliko uživali u
zajedno provedenom vremenu. Oboje smatraju te igre zabav-
nim i uzbudljivim. Stefanu se sviđa kada ga Džil zadirkuje. On
čak nalazi da ga ona tako još više privlači. I Džil se dopadaju
mala takmičenja koja Stefan smišlja. Ona ne samo da uživa
kada je on pobedi, već joj takođe pričinjava veliku prijatnost
da ga posmatra kako likuje i blista od sreće posle pobede.

Povremeno, međutim, njihovo takmičarstvo smeta da po-
stanu bliskiji. Stefan ne želi da bude potpuno iskren i razgovara
sa Džil o svojim najdubljim osećanjima, zato što se boji da bi
ona to protumačila kao znak da je on želi više nego što ona
želi njega i da će stoga potražiti nekog drugog koga je po nje-
nom mišljenju teže osvojiti. Džil, takođe, ne želi da bude pot-
puno otvorena sa Stefanom, zato što oseća tu njegovu dilemu
i ne želi da se odrekne onoga što smatra stranom odnosa u
kojoj oseća da pobeđuje.

Ves i Đina

Ves je mislio da će mu Đina dozvoliti da osvoji bar jedan poen. Oni igraju tenis već 55 minuta, i Vesu se već muti u glavi od bezuspešnih nastojanja da zada pravi udarac i osvoji poen. Ali Đina je nepopustljiva u svojoj odluci da mu ne dozvoli da osvoji ijedan poen. Konačno mu je uspelo da zada dobar udarac, ali umesto da mu čestita, Đina tvrdi da je udario lopticu pošto je ona već dva puta odskočila, i da stoga treba da izgubi poen. Ves je ubeđen da je zadao udarac prilikom prvog odskoka, ali sada misli da je potpuno nevažno je li to uradio ili ne. Na kraju krajeva, upravo je prvi put zadao dobar udarac toga dana i ona bi trebalo da bude srećna zbog njega. Ves je zbog toga potišten i napušta teren. Skuplja svoje stvari i odlazi do Đininih kola gde seda na haubu i čeka da ona izađe i da mu se izvini.

Ves i Đina izlaze zajedno već šest meseci i ima dana kada Ves misli da ih ona vidi pre kao učesnike u nekom nadmetanju nego kao partnere u odnosu. Odlučila je da bude bolja u svemu. Ne samo u tenisu i drugim takmičarskim igrama, već i u naizgled netakmičarskim stvarima kao što su zapisivanje telefonskih poruka. Ves vidi Đinu kao osobu koja bi i ovaj naizgled besmisleni zadatak pretvorila u izazov ko može da zapiše bolje, razumljivije poruke.

Đina, takođe, preokreće romantične strane njihovog odnosa u takmičenje. Jedna od njenih najomiljenijih igara jeste igra ljubljenja sa Vesom; njih dvoje sede tako da su im usne udaljene jedna od druge samo nekoliko santimetara a pobednik je onaj ko duže odoli iskušenju da poljubi onog drugog. Đina nikada nije izgubila ovu igru, jer Ves uvek prvi podlegne svojoj želji da je poljubi; na kraju krajeva on zna da će, ako je on ne poljubi, sedeti tako celi dan, zato što Đina nikada ne bi dozvolila Vesu slast pobede.

Vesu uglavnom ne smeta Đinino takmičarstvo. Ono doprinosi da mnogi, naizgled neuzbudljivi poslovi – zapisivanje telefonskih poruka da nastavimo sa našim primerom – postaju zabavne aktivnosti. Pored toga, Ves nalazi da je ovakav njen pristup odnosu osvežavajuća promena u poređenju sa izuzetno ozbiljnim odnosima u kojima je do tada bio. Ponekad mu se, međutim, čini da je za nju odnos samo igra; ili što je još gore, povremeno misli da se njena osećanja prema njemu ništa ne razlikuju od njenih osećanja prema bilo kom drugom protivniku u tenisu. U takvim sitiacijama pita se nije li jedino zadovoljstvo koje ona ima u njihovom odnosu zadovoljstvo da ga u nečemu pobeđuje.

Đina konačno dolazi do automobila, dok Ves još razmišlja kako tablica IWINZ* (videti dole) – potpuno odgovara njenoj taštini. Ona mu upućuje brz zbunjen osmeh i spušta ruku na njegovo koleno. Izvinjava mu se zbog svog ponašanja i pohvaljuje njegov izvanredan udarac. On odmahuje glavom i pita je zašto to nije mogla ranije da kaže, a ne da uništi njegov trenutak slave. Ona mu odgovara da veoma dobro zna koliko je ponekad takmičarski raspoložena i da ju je video i u boljem svetlu. Ves klima glvom u znak odobravanja i smeši se, shvatajući da je to razlog zašto još izlazi sa njom. Na kraju krajeva, kada bi Đina odista mislila o njemu samo kao o protivniku u takmičenju, on bi po svoj prilici odavno prestao da se viđa sa njom.

Oblici mišljenja i ponašanja

U priči o igri, osoba misli o odnosu kao o pobedi ili porazu. Igrači su skloni takmičenju, i to takmičarstvo može da se

---

* I WIN - na engleskom znači ja pobeđujem (prim. prev.)

ispolji u sportu, kao kod Vensa i Džil, ili u samom odnosu, i kod Džil i Stefana i Vensa i Đine.

Igre se mogu veoma razlikovati. Kao prvo, igra može da bude okrenuta unutra, kao kod Džil i Stefana i Vensa i Đine. Kod ovih igara partneri se usredsređuju jedan na durugoga kao na učesnike u igri, i obično su oba partnera svesna da igraju igru. Kod igara usmerenih napolje, treći partner (a možda i četvrti i peti) može da bude uključen. U igrama poput *Ko se boji Virdžinije Vulf* – igra je složenija, zamršenija i potencijalno destruktivnija, zato što su obično samo neki od partnera potpuno svesni da se igra igra.

Igre lako mogu da postanu destruktivne i suštinski nepravične kada svi ne znaju da se ona igra ili, ako znaju, ne znaju kakva su pravila. Partner koji ne zna pravila igre ili čak da je deo igre, jeste u neravnopravnom položaju u takmičenju i može lako da bude iskorišćen. Ako i kada on razotkrije igru, odnos može brzo da se raspadne.

Igre takođe mogu da se razlikuju i po intenzitetu. One mogu da idu od manjih veselih i lakih zabava, do ozbiljnih i složenih igara u kojima granice između stvarnosti i mašte počinju da se mešaju. U ovakvim igrama obično su uključene tri osobe u odnosu.

Druga dimenzija po kojoj se igre razlikuju jeste da li su takmičari stvarne ili izmišljene osobe. Parovi ponekad izmišljaju lažne igrače ili takmičare koji mogu, na primer, da se takmiče za naklonost jednog ili oba partnera. I tako partner može da se nađe u situaciji da se takmiči protiv nekoga ko zapravo ne postoji. Jedan partner može da izmisli osobu ili nagovesti njeno postojanje i da je predstavi kao realno postojeću kako bi probudio interesovanje ili ljubomoru svog partnera.

Igrački mentalitet može da se preobrati u drugi često konstruktivniji oblik kada par vidi sebe kao igrače koji igraju na istoj strani protiv drugih. Na primer, u tenisu u igri parova, par može da se takmiči protiv drugog para, pokušavajući da pobedi autsajdere. U drugim oblicima igre, međutim, autsajderi mogu da ne shvataju da su uvučeni u igru, ili, kada to shvate, da ne žele da je igraju.

Komplementarne uloge : pobednik i gubitnik

Pošto igru obično igraju dve osobe jedna protiv druge, onda će verovatno postojati pobednik i gubitnik. U zabavnim igrama nijedan partner ne vodi ozbiljno računa o tome ko pobeđuje a ko gubi. U ozbiljnijim igrama, međutim, ulog može da se povećava, tako da se partneri žestoko bore kao da učestvuju na pravom teniskom turniru. Takvi takmičarski odnosi mogu da budu veoma naporni, zato što jedan član može da se istinski oseća kao gubitnik i da ga onaj drugi isto vidi kao gubitnika.

Kada partneri igraju u istom timu (kao kod analogije sa igranjem tenisa u parovima) oni mogu da se oboje osećaju kao potencijalni pobednici. Doduše, pošto je njihov cilj da od druge osobe ili osoba naprave gubitnike, problemi povezani s pričom o igrama i dalje postoje, samo što su pomereni van odnosa.

Prednosti i nedostaci

Odnosi koji liče na igru donose sa sobom uzbuđenje, brze promene a ponekad i razonodu. Oni su takođe ponekad odraz shvatanja da život ne treba uzimati odveć ozbiljno. Istovremeno, igra koja u početku nije bila mnogo ozbiljna može da postane ozbiljna i da naruši odnos, posebno onda kada jedan od partnera postane opsednut pobeđivanjem. Opasnost u takvom odnosu jeste da igra može da zavlada odnosom tako da je najvažnije osećanje takmičarstva a ne uspostavljanje ose-ćanja prisnosti. Odnos će, po svoj prilici, biti doveden u opasnost ako oba partnera ne uživaju u osećanju takmičar-stva ili bar mogu da ga podnose.

~☙PRIČE O KOORDINACIJI

U pričama o koordinaciji, oba partnera smatraju da se ljubav rađa tokom zajedničkog rada na stvaranju ili održavanju nečega. U putopisnoj priči, partneri vide svoj odnos kao putovanje, sa ili bez određenog odredišta. U priči o šivenju i pletenju, partneri vide sebe kako zajedno vezu i pletu svoj odnos, a model obično izrađu tokom samog rada, deo po deo, odnosno jedna osoba može da šije (veze, plete) za drugu. U baštenskoj priči, par vidi odnos kao baštu koju treba brižljivo zalivati kako bi cvetala i bujala. U poslovnoj priči, za partnere, odnos u mnogo čemu liči na posao, i oni se ponašaju kao poslovni partneri koji nastoje da razviju uspešan i prosperitetan poslovni poduhvat. U priči o zavisnosti, zavisnik i ko-zavisnik oslanjaju se jedan na drugog, zasnivajući svoj odnos na zavisnikovoj očajničkoj potrebi za ko-zavisnikom i ko-zavisnikovoj potrebi za nekim ko će od njega zavisiti.

PUTOPISNA PRIČA

U putopisnoj priči, pojedinac shvata ljubav kao putovanje na koje odlaze zajedno dve osobe. Ima mnogo različitih, možda čak i bezbrojnih odredišta i ljudi mogu da izaberu u kom pravcu žele da putuju.

U putopisnoj priči nije toliko važno samo odredište, već način kako do njega stići, gde se usput zaustaviti, kojom brzinom putovati. U mnogim slučajevima par može da odluči da samo odredište i nije toliko važno, zato što su oni u odnosu pre svega zarad zajedničkog putovanja i nisu preterano zaokupljenim posebnim mestom u kojem se nadaju da će svoje putovanje završiti.

Putopisne priče imaju izleda na uspeh sve dok predstavljaju proces nastajanja. Ako bi par ikada odista stigao na izabrano odredište, partnerima bi, po svoj prilici, postalo dosadno i bilo bi im potrebno novo odredište ili nov odnos. Pošto je putovanje tema priče, sam dolazak predstavlja pre problem nego cilj ili krajnje stanje odnosa.

Ponekad metafora putovanja ima manje ili više bukvalan oblik i par odlučuje da uživa u zajedničkom putovanju na nova i egzotična mesta. U tom slučaju, put nije samo put.

Dijagnostikovanje putopisne priče

1. Verujem da se u dobrom odnosu partneri menjaju i zajedno odrastaju.
2. Verujem da je ljubav neprestani odnos otkrivanja i nastajanja.
3. Verujem da početak odnosa liči na početak novog putovanja koje obećava puno uzbuđenja i izazova.
4. Gledam na svog partnera i sebe kao na saputnike koji zajedno putuju kroz život.
5. U mom bliskom odnosu, moj partner i ja unapred se radujemo da zajedno istražujemo i otkrivamo ono što život ima da nam ponudi.

6. Verujem da su promena i otkriće od ključne važnosti za uspeh mog odnosa sa partnerom.
7. Shvatio sam da je moj odnos neprestani proces promene i otkrića.
8. Uživam da sa svojim partnerom odlazim na sva životna putovanja.

Kolin i Rašid

Kolin i Rašid rade zajedno u knjižari. Tokom nekoliko prošlih nedelja veoma su se sprijateljili na poslu, i Kolin razmišlja o tome da pozove Rašida da izađu negde zajedno. Ona zna da odnos sa kolegom – posebno ako nije dobar – može da izazove probleme na poslu, ali oseća da bi bilo gore ako bi propustila priliku koja obećava. Stoga je jedne večeri, videvši da nije zauzet, odlučila da mu priđe; ali, pre nego što je uspela da progovori, Rašid ju je zapitao da li bi volela da ponekad izađu zajedno. Ne treba ni govoriti o tome da su oboje bili oduševljeni uzajamnim interesovanjem, i veruju da pred njima stoji odnos koji će ih ispunjavati zadovoljstvom.

Kako su dani prolazili, Kolin i Rašid su postali čak i bliži nego što su mislili da će biti. U stvari, dok su zajedno radili u knjižari, osećali su da ih guši lažni profesionalizam koji su morali da zadrže na poslu; želeli su da na poslu mogu da ispolje malo više naklonosti, ali su znali da njihov gazda ne bi tolerisao takvo ponašanje.

Situacija je postala teško podnošljiva pa su pomišljali na to da napuste posao i odu nekuda. Kolin je rekla Rašidu da želi da putuje zemljom i radi u nekom malom restoranu usred neke nedođije. Rašid deli njenu strast za avanturama i zajedno maštaju o tome da otvore svoj mali restoran u nekom gradiću na jugozapadu.

Shvataju da mogu mnogo da izgube pokušavajući da ostvare svoju fantaziju, ali oboje su spremni na taj rizik; na kraju krajeva, njihov posao im ne pričinjava nikakvo zadovoljstvo, a i umorili su se od svog rodnog grada. A što je još važnije, počeli su da se zaljubljuju jedno u drugo i nisu želeli da ugroze svoj odnos ostajanjem u tako sterilnoj sredini. Želeli su da se njihov odnos razvija i osećali su da je promena nužna da bi se to desilo.

Kolin i Rašid shvataju da ne mogu tek tako da sve napuste i odmah krenu. Prvo treba da uštede nešto novca da bar mogu da plate put do jugozapada i da im nešto preostane da mogu da pokrenu posao kada stignu tamo. Dani u knjižari tekli su sporije nego ranije. Ali oni su bili srećni usredsređujući se na budućnost i planiranje svoje avanture i živeći veoma štedljivo kako bi uštedeli potreban novac.

Više nisu izlazili noću i smanjili su nepotrebne izdatke. Slobodno vreme su provodili radeći nekonvencionalne stvari. Shvatili su da nije važno šta rade, sve dok to rade zajedno. Šta više, i kada ne bi bilo finansijskih briga, mislili su da je potrebno da promene ustaljeni način života, zato što nisu želeli da njihov odnos stagnira.

Posle nekoliko meseci štedljivog života uspeli su da sakupe dovoljno novca da započnu svoje putovanje. Napustili su posao, spakovali svoje stvari u Rašidov kamionet i uputili se na jugozapad. Svesni su da ih na tom putu čekaju mnoge prepreke i da se njihovi snovi o tome da zajedno otvore restoran možda nikada neće ostvariti. Pa ipak, oboje veruju da ih, ako stvari sa restoranom ne budu onakve kakve bi oni želeli, čeka neka druga nova avantura, možda na nekom drugom mestu i da nije važno – kao i u njihovom svakodnevnom životu u rodnom gradu – šta rade, već da to rade zajedno.

Endi i Stesi

Endi i Stesi su studenti starijih godina koledža. Oboje su svesni da postoji život i posle koledža i zbog toga što gaje jedno prema drugome snažna osećanja nadaju se da će ta odanost trajati i posle diplomiranja. Jasno im je da taj cilj zahteva dosta planiranja ali oboje osećaju da je vredno da se potrude kako bi njihov odnos i dalje bio uspešan.

Dok planiraju svoju budućnost, shvataju da je za njihov odnos najvažnije da se i dalje razvija. Takođe im je jasno da će, ako on počne da stagnira, početi da se dosađuju i da će izabrati nešto novo.

Sada Endi i Stejsi pokušavaju da odluče šta da upišu po završetku koledža. Endi je primljen na skoro sve fakultete na koje se prijavio, uključujući i sve one vrhunske na koje je najviše želeo da ide. On i Stejsi su se nadali da će otići zajedno ali nažalost Stejsi je bila odbijena. Međutim, ona je uspela da se upiše na fakultete koji su bili Endijev drugi izbor, i skoro je sigurna da će tamo otići. Ona ne želi da vrši pritisak na Endija da se odluči za svoj drugi izbor, iako bi bila srećna ako bi se obreli u istoj školi, jer bi tako mnogo lakše ostali zajedno.

Endi želi da bude što je mogućno bliže Stejsi, ali on je od malih nogu sanjao o tome da se upiše na neku vrhunsku školu i uložio je veliki trud da uspe u tome. Posle dosta razmišljanja, odlučio se za program svojih snova, ali uverava Stejsi da ovaj plan neće poremetiti njihov odnos. Na kraju krajeva, nije to kao da su njihova dva univerziteta na suprotnoj strani zemlje.

Iako su oboje često slušali o tome da odnosi ljudi koji su udaljeni jedno od drugog retko kad traju više od godinu dana, Endi ubeđuje Stejsi da to neće biti slučaj sa njima. U stvari, on veruje da će razdvajanje pre ojačati nego oslabiti njihov odnos. Tvrdi da boravak u istoj školi ne bi pružio toliko mogućnosti za promenu i razvoj njihovog odnosa, zato što bi doživljavali iste stvari. Odvojeno, svako od njih ima priliku da bude u različitom svetu, i sa znanjem i mudrošću koje će steći iz tih svojih svetova, moći će da vode mnoge podsticajne razgovore. Otuda, kako budu rasli i razvijali se kao pojedinci, tako će se razvijati i rasti i kao par. Šta više, trud koji treba da ulože u održanje odnosa podsećaće ih na to koliko su važni jedno drugome, tako da odnos neće uzimati kao bogom dani.

Endi i Stejsi su u životnom dobu kada se čini da za njih postoji uvek novi put koji treba da istraže. Svesni su da će njihove potrebe za razvojem i rastom konačno morati da ustupe mesto nekoj vrsti konstantnosti, da bi njihov odnos trajao. Međutim, takođe shvataju, da čak i kada dođe trenutak kada neće morati da donose tako uzbudljive odluke, kao što je odluka o mestu studiranja, ili o tome šta da urade sa svojim životima, uvek će imati mesta za različit tip rasta, unutrašnji, više duhovni rast, koji će, nadaju se, zajedno doživeti.

Oblici mišljenja i ponašanja

Glavna karakteristika putopisne priče jeste viđenje ljubavi kao putovanja na koje dvoje ljudi odlaze zajedno. Dve jedinke ne moraju fizički da budu blizu jedna drugoj. Tako Kolin i Rašid odlaze zajedno na put, dok Endi i Stejsi u stvari planiraju da fizički budu razdvojeni. Pa ipak, u oba slučaja, oni u svojim glavama planiraju stvarno putovanje i potom ga ostvaruju kao svoj životni plan.

Putopisna priča je jedna od najstarijih i najuobičajenijih priča, jer se provlači kroz skoro celokupnu literaturu bez obzira na to koliko unazad išli[1]. Postoje veliki izgledi da ona uspe, sve dok su partneri složni kojim putem da idu, kojom brzinom, a možda i gde treba da stignu. Često se odluke o tome kuda se ide i kada da se tamo stigne menjaju tokom puta, ali opet, od same odluke važnije je da oba partnera podržavaju odluku i rade na njenom ostvarivanju.

Komplementarne uloge: dva putnika

Obično su dve uloge u putopisnoj priči koordinisane – dva putnika zajedno prolaze kroz život. U ovoj opštoj skici ima mnogo razlika. Na primer, jedan partner može češće da bude vodič ili navigator, dok je drugi pilot ili možda putnik. Uloge se dopunjuju ako osobe mogu da se slože, u izvesnom stepenu, ko će od njih biti ko.

Prednosti i nedostaci

Putopisne priče koje traju duže vremena, obično imaju povoljnu prognozu, jer ako putnici uspeju da se dogovore o odredištu, putu i brzini putovanja, oni su već na pola puta do uspeha. A ako ne mogu, brzo otkrivaju da žele različite stvari od odnosa i raskidaju ga.

Putopisni odnosi su obično dinamični i usredsređeni na budućnost. Oni mogu ali i ne moraju da povlače za sobom planiranje, ali ako ga uključuju, onda je potrebno da partneri imaju usklađenu strategiju da bi mogli da planiraju. U tom smislu, oni se veoma razlikuju od parova sa istorijskom pričom, koji su više usredsređeni na prošlost.

Najveća opasnost u putopisnoj priči jeste da tokom putovanja jedan ili oba partnera promene destinaciju ili put kojim će ići. U tom slučaju mogu da osećaju da se njihovi putevi razilaze. Kada ljudi govore o tome da se razvijaju i rastu odvojeno jedan od drugoga, često misle na to da putevi kojim žele da putuju nisu više isti. U takvim slučajevima, odnos se ili prekida ili po svoj prilici postaje sve nesrećniji.

PRIČA O ŠIVENJU I PLETENJU

U priči o šivenju i pletenju, ljubav se shvata kao ono što par napravi; to je komplektna konstrukcija[2]. Ljudi stvaraju odnos u velikoj meri onako kako prave odeću. Od vas zavisi koji ćete model izabrati da sašijete ili ispletete i kako ćete ga sašiti i isplesti. Možete da se držite unapred izrađenog modela, ili možete da izradite svoj sopstveni model, ali u oba slučaja, to je vaša odluka, zajedno sa odlukom vašeg partnera. A svaki odnos, baš kao i svaki deo odeće, jeste jedinstven kako po svom dizajnu tako i po svojoj izradi. Čak iako na neki način liči na druge odnose, on će se, takođe, neizbežno razlikovati od njih, zato što ne postoji automatska "mašina za šivenje", da bi se načinila identična odeća.

Dijagnostiikovanje priče o šivenju i pletenju

1. Mislim da je vaš ljubavni život onakav kakav ste ga vi sami napravili.
2. Mislim da sami za sebe stvaramo odnas u kakvom želimo da budemo.
3. Verujem da je odnos u kojem smo pokazatelj vrste ljubavi za kojom tragamo.
4. Verujem da angažovanost u bliskom odnosu liči na šivanje haljine ili košulje; u vašim je rukama da ga napravite tako da vam odgovara.
5. Verujem da biranje partnera liči na pletenje džempera; na vama je da izaberete model koji će vam najbolje odgovarati.
6. Mislim da od pojedinca potpuno zavisi kako će ostvariti svoj sopstveni jedinstveni odnos.

7. Mogu da od svakog odnosa napravim ono što želim da on bude.
8. Mogu da sa svojim partnerom izgradim svaku vrstu odnosa koju zaželim.

Džes i Nikol

Džes i Nikol izlaze ruku pod ruku sa časa engleskog jezika kod gospodina Petersona. To je njihov poslednji čas toga dana, i pošto je bio petak, njihovo poslepodne i veče su potpuno slobodni. Dok se voze Nikolinim kolima, pokušavaju da reše šta će da rade. Za razliku od većine parova, Džes i Nikol će, po svoj prilici, raditi nešto drugo a neće otići u bioskop ili na neku zabavu. Odavno su odlučili da se njihov odnos neće uklapati u konvencionalnu, unapred stvorenu ideju o tome kakav odnos treba da bude. Džes i Nikol bi više voleli da stvore svoj sopstveni jedinstveni odnos.

Pošto su razmotrili nekoliko mogućnosti, odlučuju se da veče provedu na plaži. Donose nekoliko sveća, nekoliko sendviča i ćebe za sedenje. Smeštaju se na jedno mesto između dina, zaštićeno od vetra, i posmatraju tamne talase kako se lome o obalu. Pošto su pojeli sendiviče, podižu svoje plastične čaše sa sodom i nazdravljaju svom odnosu. Ležeći na ćebetu, gledaju u zvezde i filozofiraju o svom mestu u svetu – kako su u velikoj shemi stvari oni možda nebitni, ali kako su jedno drugome dragoceni. Komentarišu kako je divno što su u stanju da odstupe od konvencionalnog standarda ljubavi, sa cvećem i skupim večerama. Da su sledili ovaj model ne bi bili kadri da rade ono što sada rade, da prave izlet na obali i gledaju zvezde.

Nekoliko trenutaka kasnije, Džes i Nikol su imali jednu od svojih retkih rasprava. Matursko veče je za dve nedelje i Džes ne želi da ide tamo; smatra da je to jedna obična farsa gde gomila osamnaestogodišnjaka obučenih u svečana odela, satima divlja i igra u ogromnoj, pretencioznoj balskoj dvorani a onda se onesvešćuje u svojim krevetima u hotelskoj sobi. Veruje da on i Nikol te večeri treba da rade nešto posebno, nešto što nijedan par do tada nije uradio. Ni Nikol nije luda za maturskom večeri, ali misli da treba da idu, uglavnom zato da bi udovoljili svojim roditeljima. Tvrdi da mogu da idu a da ipak ne budu kao svi drugi.

Džes i Nikol shvataju da ovako ne bi raspravljali da je njihov odnos konvencionalan, i da ne bi nastojali da odluče kakav nov oblik njihova ljubav treba da poprimi. I zaista, da su se pridržavali normalnog redosleda stvari, ne bi ni raspravljali o tome da li da idu na matursko veče ili ne. Na kraju krajeva, svi parovi idu na matursko veče, zar ne? Iako Džesu i Nikol nije baš mnogo važno šta drugi parovi rade.

Džes i Nikol shvataju da je ljubav koju osećaju jedan prema drugome mnogo važnija od povremenih rasprava o tome kako će zajedno provesti slobodno vreme. Njihove rasprave obično ne traju dugo, i skoro nikad se ne pretvaraju u vrišteće svađe. Oni su obično u stanju da postignu kompromis koji ih oboje zadovoljava. U ovom slučaju, Džes popušta pred Nikolinom željom da ide na matursko veče, ali kaže da odbija da nosi frak i da neće ni kročiti na podijum za igru. Nikol počinje da se smeje kada čuje njegove uslove, zamišljajući svoga dečka kako ide na matursko veče u širokim bermudama i pocepanoj majici. Pa ipak, kaže mu da može da obuče što god želi: šta više, kaže da će i ona obući nešto potpuno nekonvencionalno. Ona ga, doduše, upozorava, da će ga možda pozvati na igru, i da on tek tada odluči da li će njen poziv prihvatiti ili odbiti.

Suzi i Arnold

Suzi i Arnold pokušavaju da odluče kuda da pobegnu ovog vikenda. Oni svakako ne žele da idu na neko prenatrpano mesto za odmor. Za njih dvoje, cela ideja odlaska jeste da za sobom ostave svoju monotonu svakodnevicu; odlazak na mesto gde i svi drugi odlaze, značilo bi samo premeštanje te svakodnevnice na drugo mesto. Suzi i Arnold ne žele da njihov odnos postane serija stereotipnih rituala; više vole da sve rade na svoj način.

Trenutno, međutim, teško im je da zamisle mesto kuda bi otišli. Arnold gleda kroz prozor spavaće sobe u kojoj on i Suzi sede i iznenada mu pada ideja na um. Uspravljajući se lagano, upire prst kroz prozor i kaže joj da je pronašao mesto kuda će otići. Suzi prilazi prozoru i gleda u pravcu u kome on pokazuje. To je oronuli motel i ugledavši ga prasnula je u smeh. Pa ipak, sviđa joj se njegov predlog i slaže se da je to dobar izbor. Na kraju krajeva, zadovoljava njihov zahtev da rade nešto različito.

Arnodl i Suzi odlaze u Sanšajn motel, jedan od mnogih usputnih motela u njihovom mestu. Kada su ušli u sobu, Arnold ne može da odoli a da se ne baci stomakom na krevet. Suzi se histerično smeje dok posmatra svog dvadesetsedmogodišnjeg momka kako odlično imitira sedmogodišnjeg dečaka koji roni u bazenu za plivanje. Oboje su zadovoljni svojim izborom za odmor preko vikenda, iako bi većina parova mislila da je smešno trošiti vreme i ono malo para koliko on košta. Suzi i Arnold, međutim, veruju da ono što parovi čine nije jedino ono što odnos čini zabavnim, već i kako to čine.

Oni bi isto tako mogli da se zabavljaju i da su odlučili da odu na neko drugo mesto. Važno je da im je jasno da postoji neizmerno mnogo aktivnosti među kojima mogu da biraju, i da se ne ograničavaju pridržavanjem standardnog postupka. Ono što njihov boravak u motelu čini toliko zabavnim jeste to što oboje shvataju koliko je on neuobičajen. Njihov odnos je tako poseban zato što uvek za sebe stvaraju nov scenario; na taj način, nikada se ne osećaju sputanim ili stešnjenim u isti šablon.

Veče se polako spušta i Suzi i Arnold pokušavaju da nešto smisle šta će raditi to veče. Mogu da ostanu u sobi, poruče picu, gledaju film; međutim, pošto je noć toliko lepa, odlučuju da se odvezu do obale i šetaju duž okeana. Ulaze u Arnoldova kola, zgodno parkirana na ulici između njihovog stana i motela i odvoze se na plažu.

Kada stižu na obalu, skidaju cipele i šetaju se ivicom okeana. Držeći se za ruke, hodaju po pesku, drhteći svaki put kada večernji talasići izazvani plimom blago zapljusnu njihova stopala i članke. Arnold predlaže da se skinu, skoče u vodu i na brzinu malo se okupaju. Suzi misli da je lud, i insistira da će u ledenoj vodi zaraditi zapaljenje pluća. Arnold joj kaže da će se navići na temperaturu vode kada uđu u nju, ali Suzi istrajava u svom mišljenju.

Zanimljivo je da jedan od malobrojnih problema sa kojim se Suzi i Arnold suočavaju jeste neslaganje oko izbora scenarija. Srećom, obično su u stanju da problem reše nekom vrstom kompromisa. Ovog puta, međutim, Suzi odbija da izađe na pola puta i napravi kompromis. Arnold prihvata njeno odbijanje. Ali odlučuje da je jedino ispravno da je uzme u naručje sa sve njenim odelom i otrči pravo u vodu.

Oblici mišljenja i ponašanja

Ključni oblik mišljenja u priči o šivenju i pletenju jeste da je ljubav ono što partneri sami naprave. A svaki par stvara svoj jedinstveni odnos na svoj jedinstveni način.

Parovi sa ovom pričom ne osećaju se ograničenim konvencijama, ali njihovo ponašanje može biti kako konvencionalno tako i nekonvencionalno. Ako je konvencionalno, to je zato što su izabrali da se drže konvencija a ne zato što ih slepo prihvataju. Ovi parovi vide da postoje mnoge mogućnosti, i smatraju da je prvenstveni cilj njihovog odnosa da biraju između raspoloživih mogućnosti ili da sami stvore novu mogućnost. Džes i Nikol vole različite stvari od Suzi i Arnolda, ali oba ova para su ispleli svoj jedinstveni odnos.

Komplementarne uloge: krojači ili krojač i mušterija

Za ovu vrstu odnosa karakteristično je da postoje dva krojača ili krojač i mušterija koja je zadovoljna da prepusti krojaču da izradi model. U oba slučaja, par se ne oseća sputan konvencijama.

Ova vrsta odnosa će po svoj prilici uspeti jedino kada su oba partnera voljna da stvaraju svoj jedinstveni odnos. Ako jedan partner smatra da ga konvencije obavezuju, a drugi ne misli tako oboje će se po svoj prilici osećati veoma osujećenim.

Prednosti i nedostaci

Priča o šivenju i pletenju jeste, bar potencijalno, jedna od najkreativnijih vrsta priča. Ona omogućava da par bude svestan izbora koji stoje pred njima pre nego što odluče u kom pravcu njihov odnos treba da ide. Ali postoje i potencijalne opasnosti. Prva je ako samo jedan partner ima priču a drugi se oseća sputan konvencijama koje krojač ne prihvata. Druga potencijalna opasnost jeste da su oba partnera krojači, ali žele da izrade različite modele. Oni se mogu složiti da su sloboda i kreativnost važni, ali da ipak ne budu u stanju da se slože oko toga koji oblik njihov odnos treba da ima.

BAŠTENSKA PRIČA

U baštenskoj priči, na odnos se gleda kao na baštu koju stalno treba negovati i o kojoj se stalno treba brinuti. Ovaj odnos je, na neki način, suprotnost nekoj verziji bajke tipa "i od tada su zauvek srećno živeli", gde se smatra da malo ili ništa ne treba uraditi kako bi se obezbedilo da se jedan započeti odnos srećno nastavi. U baštenskoj priči, jedan ili oba partnera čvrsto veruju da će odnos opstati jedino ako se brižljivo zaliva, ako ima dovoljno sunca i ako se nikada ne dozvoli da bude prepun korova ili da ga napadnu biljne vaši.

Baštenske priče su obično veoma adaptivne, zato što će skoro sve – bilo da je reč o stvarima ili osobama – bolje živeti ako se o njima brine, a briga je upravo ono o čemu govori baštenska priča.

Dijagnostikovanje baštenske priče

1. Verujem da možete imati dobar odnos jedino ako ste spremni da posvetite vreme i energiju brinući se o njemu, baš kao što treba da se brinete o bašti.
2. Verujem da nijedan odnos neće opstati ako se o njemu ne vodi računa.
3. Verujem da odnos treba stalno negovati, kako bi opstao i pored svih životnih tegoba.
4. Verujem da tajna uspešnog odnosa leži u obostranoj brizi partnera o njihovoj ljubavi.

5. Verujem da nema te ljubavi koja može opstati bez brige i nege.
6. Mislim da je ljubavni odnos između dvoje ljudi sličan nežnom cvetu; uvenuće ako se o njemu ne starate.
7. Veoma je važno da moj odnos pravilno negujem i pazim.
8. Posvećujem dosta truda i brige mom odnosu.

Džim i Elen

Džim se potpuno iscrpljen vraća kući kasno sa posla. Njegova supruga Elen dočekuje ga i pita da li se oseća dobro. Pre nego što je uspeo da odgovori, neko je zakucao na vrata. To je Džimova sekretarica, Barbara. Džim je ostavio neke spise u kancelariji i mada je Barbara odmah istrčala za njim, nije mogla da ga stigne. Pomislila je da su spisi možda važni, te je odlučila da mu ih donese kući. Džim pohvaljuje Barbaru zbog marljivosti i zahvaljuje joj više puta.

Elen koja posmatra kako se cela scena odvija, zaključuje da je Barbara veoma privržena njenom mužu, i da možda ne razmišlja o njemu samo kao o svom šefu. Istog trena ona u glavi prebira poslednjih nekoliko nedelja ne bi li videla da li je između nje i Džima sve bilo u redu. Da li su dovoljno razgovarali? Da li su dovoljno izlazili? Oduvek su mislili da će se problemi skoro sigurno javiti ako stalno ne neguju svoj odnos.

Džim i Elen su u braku već petnaest godina. Kao većina parova i oni su imali teških dana, ali su uvek bili u stanju da nastale probleme nekako razreše. Ona veruje da im je brak uspešan zato što neprestano vode računa o svom odnosu. Pre mnogo godina shvatili su da prvobitno jaka privlačnost koja je postojala među njima po svoj prilici neće večno trajati, i da će biti potrebno da dosta porade na tome da se ljubav održi.

Na primer, kad god bi imali neki problem, odmah bi o nje-
mu razgovarali, i nisu ga potiskivali i izlagali se opasnosti da
se kasnije pojavi još veći. Šta više, nastojali su da tokom mese-
ca aranžiraju specijalna dešavanja kako ne bi zapali u istu ruti-
nu. Isto tako, često bi iznenađivali jedno drugog malim po -
klonima – koji su ih podsećali na to koliko im je stalo do
onog drugog i koliko misle na njega.

Kada je Barbara otišla Elen je rekla Džimu koliko je uzne-
mirena zbog Barbare. Džim uverava svoju suprugu da je ona
jedina u njegovom životu. Slaže se sa njom da je Barbara pri-
vlačna ali tvrdi da nikada ne bi dozvolio drugoj ženi da pokvari
njihov divan odnos. Elen takođe izražava zabrinutost da možda
ne obraćaju pažnju na svoj odnos koliko to obično čine.
Džim priznaje da je Elen možda u pravu i dodaje da pažnji
koju su poklanjali svom odnosu nekoliko prošlih nedelja
možda nedostaje spontanost. Na kraju krajeva, jedino kada
se nešto radi spontano može da pomogne da se rasplamsa
prvobitna iskra koja ih je i spojila. Imajući to na umu, Džim
predlaže da odu na kraći odmor i Elen svim srcem prihvata tu
ideju, i oni zajedno raspravljaju o tome kuda da idu.

Keli i Marvin

Keli i Marvinu je teško da se odluče kako da preurede
svoju dnevnu sobu. Obično, ni Keli ni Marvin ne bi toliko
brinuli oko tako trivijalnih stvari i shvataju da je njihova ne-
odlučnost verovatno povezana sa napetošću koja među njima
postoji. Oboje su imali težak dan na poslu i prilično su razdra-
žljivi. Keli predlaže da ostave po strani pitanje preuređivanja
dnevne sobe; smatra da je važnije da sednu i razmotre šta ih
to muči. Keli i Marvin veruju da kad god u njihovom odno-
su iskrsne neki problem treba o njemu da razgovaraju i da se

svojski potrude da ga zajedno reše. Oni na svoj odnos gledaju kao ga ružin grm koji treba da bude negovan i zalivan da ne bi uvenuo.

Keli i Marvin nisu oduvek tako mislili o svom odnosu. Prvih nekoliko godina braka, kad god bi se javio neki problem, oni bi čekali i nadali se da će proći. Međutim, posle rođenja drugog deteta u njihovom braku javile su se teškoće. Provodili su veoma malo vremena zajedno i među njima bilo je dosta napetosti. Da bi bilo još gore, vreme koje su provodili zajedno nikada nije bilo prijatno i uzbudljivo. Oboje su shvatili da ako žele da povrate srećnije dane koje su nekada imali, onda treba da posvete više vremena svom odnosu. Pošto nisu želeli, naročito zbog dece, da njihov odnos postane destruktivan, odlučili su da uvek raspravljaju o bilo kom problemu ili pitanju koje ih se tiče. Šta više, zbog toga što znaju da negovanje odnosa znači više od ispravljanja nastalih problema, pokušali su da planiraju uzbudljive večernje izlaske i svoj brak učine prijatnijim i uzbudljivijim. Razumeli su da je, kao i kod negovanja ruže, sprečiti da se problem javi isto toliko važno kao i lečenje problema koji već postoji.

Ispostavilo se da je njihova odluka da redovno neguju svoj odnos izvanredna. Oboje veruju da ona nije samo spasla njihov brak, već je dovela do toga da danas imaju divan odnos. Čak i pošto su prevazišli početne teškoće koje su ih snašle posle rođenja drugog deteta, oni i dalje smatraju da treba na isti način da pristupaju svom braku. Na kraju krajeva, Keli i Marvin znaju da će se drugi problemi uvek javljati, i da će biti teško da se čvrst odnos održi, čak i kada je sve u redu, ako se na njemu neprestano ne radi.

Pošto su seli i prodiskutovali probleme koji ih muče, za trenutak su zaćutali i nasmešili se jedno drugom. Taj osmeh je značio da shvataju koliko je važna ljubav koju uzajamno

osećaju. Naravno, problemi se i dalje javljaju i oboje znaju da
će biti još mnogih, ali takođe znaju da će, sve dok im njihov
odnos bude na prvom mestu, biti kadri da prebrode skoro
sve.

Oblici mišljenja i ponašanja

U baštenskoj priči, partneri shvataju da je potrebno da od-
nos neprestano neguju i paze, onako kako bi brinuli o cveću
u bašti. Oni stoga veoma malo stvari uzimaju zdravo za gotovo
i čine sve što mogu da obezbede da odnos, poput cvetne ba-
šte, cveta i preživi razne vrste nedaća koje su neizbežne u ži-
votu.

Baštenske priče su obično adaptivne, zato što su odnosima
obično potrebni nega i pažnja koje su baštovani spremni da
im ukažu. Postoje veliki izgledi da ovi odnosi postanu ono što
se ponekad naziva *kompanjonski* gde partneri doživljavaju sebe
kao najbolje prijatelje[3.] Džon Li upoterbljava grčki termin
storge da bi označio ovu vrstu prijateljske ljubavi[4]. Ono što
takvi odnosi gube u strasti, itekako nadoknađuju svojom du-
žinom.

Komplementarne uloge: baštovani i baštovan i cveće

Ljudi obično vide sebe kao dva baštovana koji održavaju
cvetnu baštu. Povremeno, međutim, jedna osoba može da vi-
di sebe kao baštovana, a drugu kao baštu ili cvet u bašti. U
ovom drugom slučaju, najveći deo brige usmerava se sa jedne
osobe na drugu. Međutim, odnos baštovan–bašta ne liči na
odnos kolekcionar–predmet u kolekciji, zato što baštovan ne-
ma osećanje posedovanja koje kolekcionar ima, i cvet je živ,
dok elementi u kolekciji imaju mnogo više kvalitet objekta.

Prednosti i nedostaci

Najveća prednost baštenske priče jeste u tome što oba partnera priznaju važnost brige i nege. Nijedna druga vrste priče ne povlači za sobom tako stalnu brigu i pažnju koja se sreće u baštenskom odnosu.

Najveći potencijalni nedostatak jeste opasnost da tokom vremena nestane spontanost pa čak i da se javi dosada. Na primer, ljudi sa baštenskom pričom nisu imuni na čari vanbračnih odnosa, i ponekad se u njih upuštaju da bi doživeli uzbuđenje, čak iako još uvek veoma cene svoj primarni odnos.

Drugi potencijalni nedostatak jeste opasnost da se javi osećanje ugušenosti, da pažnja postane preterana i da oduzima isuviše vremena. Baš kao što cvet može da se preterano zaliva i uvene, isto tako i odnos. Stoga treba znati kada stvari treba ostaviti onakve kakve su i prepustiti kiši i prirodi da obave svoj posao.

POSLOVNA PRIČA

U poslovnoj priči odnos se vodi kao što se vodi posao. Pojedinca privlači supružnik kao "potencijalni poslovni partner" koji se uglavnom procenjuje na osnovu toga koliko odgovara toj ulozi. Stoga brižljivo odmeravanje ekonomskih razloga, socijalnog statusa i smisla za posao igraju važniju ulogu u formiranju ove vrste odnosa nego u stvaranju neke druge vrste odnosa.

Dijagnostikovanje poslovne priče

1. Verujem da su bliski odnosi partnerstvo, baš kao i većina poslovnih odnosa.

2. Verujem da se u bliskim odnosima ne radi toliko o ljubavi, koliko o finansijskom vođenju domaćinstva.
3. Verujem da je jedno od najvažnijih pitanja u bliskom odnosu, pitanje zarađivanja i trošenja novca.
4. Verujem da u romantičnom odnosu, baš kao i na poslu, oba partnera treba da izvršavaju svoje dužnosti i odgovornosti u skladu sa "opisom svoga posla".
5. Kad razmišljam o odnosu sa nekim, uvek razmišljam i o finansijkim implikacijama tog odnosa.
6. Kad se sve uzme u obzir, verujem da su ekonomska pitanja od ključne važnosti za odnos.
7. Verujem da odnosi u mnogo čemu liče na dobro vođeni posao.
8. Verujem da je dobar odnos u svojoj suštini poslovni dogovor.

Dejvid i Meredit

Dejvid i Meredit su u braku šest godina. Skoro svi koji ih znaju misle da je njihov brak izuzetno uspešan. I odista, finansijski veoma dobro stoje, skoro nikada se ne prepiru a njihova ćerkica Meri pravi je mali anđeo.

Danas je nedelja, što znači da sređuju račune i planiraju budžet za iduću nedelju. Dejvidov posao je da vodi računa o finansijskim pitanjima. On prvo plaća račune i izračunava izdatke iz prošle nedelje; zatim, uzimajući u obzir sve rashode, izračunava tačnu sumu koju će ostaviti na stranu za Merino školovanje i konačno pažljivo planira koliko će novaca potrošiti iduće sedmice. Meredit je zadužena za druge porodične poslove. Prvo, ona odlučuje ko će biti odgovoran za brigu o Merinim raznim potrebama; zatim pravi spisak domaćih poslova i dodeljuje svakom od njih određen posao kao i datum i vreme kada on treba da bude obavljen. Povremeno, naravno, tokom nedelje javljaju se problemi koji remete njihove planove. Kada se tako nešto dogodi Dejvid i Meredit sednu i raspravljaju kako da reše nastali problem.

Dejvidov mlađi brat Džimi možda je jedina osoba koja ne misli da je njihov brak savršeno uspeo. Džimi je pomalo romantičan i često pita brata kako može da podnosi tako dosadan, bezličan odnos. Dejvid mu kaže da smatra da je njihov odnos efikasan a ne dosadan, iako priznaje da među njima ima malo romantike. Džim smatra da je ovo preblag opis njihovog odnosa; po njemu brak njegovog brata više liči na niz dogovora između poslovnih partnera nego na povezanost muža i žene. Dosta zanimljivo, Dejvid ne poriče ovu tvrdnju. Međutim, tvrdi da njihov odnos koji liči na poslovan odnos ima nekoliko važnih dobrih strana: održava finansijsku stabilnost porodice i omogućava da Merina opšta dobrobit bude osigurana.

Dejvid objašnjava Džimiju da su on i Meredit u prvim danima braka odlučili da svoje lakomislene potrebe za zabavom i avanturama ostave po strani sve dok suštinskije potrebe poput finansijke sigurnosti i porodično planiranje ne budu zadovoljeni. Po njegovom mišljenju bilo bi potpuno nenormalno da iznenada promene tip svoga braka; oni su jednostavno isuviše navikli na svoj efikasan, metodičan način življenja. Dejvid veruje da u njihovom braku ljubav počiva na zajedničkom interesu za dobrobit porodice, a ne u strasnoj zainteresovanosti jedno za drugo.

Voren i Keti

Voren sedi na svojoj strani bračnog kreveta, turpijajući nokte. On nosi svoju plavu pidžamu – istog stila koji nosi najveći broj noći tokom proteklih petnaestak godina. Njegova supruga, Keti, sedi na drugoj strani kreveta; u jednoj ruci drži ogledalo dok drugom blago utrljava vlažni krem na obraze i čelo. Ona nosi ružičastu spavaćicu, koja je, baš kao i pidžama njenog muža, godinama istog stila. Pošto su završili svoje večernje rituale, Voren i Keti žele jedno drugom laku mada bestrasnu noć. Voren gasi svetlo na svojoj strani kreveta, a Keti čini isto sa svojom. Bez ijednog vidljivog znaka naklonosti, tonu u san na svojim stranama kreveta, okrenuti na suprotne strane.

Vorem i Kiti su u braku dvadeset jednu godinu. Voren je glavni izvršni službenik u jednoj marketinškoj firmi, a Kiti je ugledan pravobranilac. Nije potrebno posebno naglašavati da su veoma imućni; pa ipak, oboje se slažu da nikada ne možete biti dovoljno finansijski bezbedni. I odista, sa povećanjem životnih troškova i troškova za školovanje dece (imaju dvoje dece koja će se uskoro upisati na privatni koledž), a da ne spominjemo njihovu želju da odu relativno rano u penziju, novac im je veoma potreban. Stoga, iako imaju visoke porodične prihode, oni izuzetno vode računa o novcu, organizujući svoj život oko svojih raznih ekonomskih potreba i želja. Dosta svog vremena provode investirajući svoj novac, planirajući izdatke i brižljivo vodeći računa o svojim finansijskim transakcijama tokom meseca. Voren i Kiti dele te razne odgovornosti jednako među sobom, kako bi obezbedili maksimalnu efikasnost.

Njihov odnos po mnogo čemu liči na poslovni dogovor. Oboje su posvećeni obezbeđivanju ekonomske sigurnosti porodice, koju cene više od svega drugog. Ovaj odnos nalik na poslovni odnos, izuzetno je uspešan kada su u pitanju finansijske stvari, ali njega niko, uključujući i njih same, ne bi nazvao romantičnim. Voren i Keti, što se može zaključiti na osnovu njihovih večernjih rituala, cene druge stvari a ne romantiku. Pitanje romantike se možda pojavilo jednom ili najviše dva puta za dvadeset jednu godinu njihovog braka. Oni jednostavno cene porodično ekonomsko blagostanje više nego strasan romantičan brak. Za njih, ono što imaju – radi.

Oblici mišljenja i ponašanja

Ljudi sa poslovnom pričom vide intiman odnos na način na koji vide poslovno partnerstvo. Voren i Kiti, i Dejvid i Meredit u mnogome na ovaj način vide svoj odnos. I odista, za njih odnos jeste posao, a priča o ljubavi jeste priča o uspešnom uništavanju posla. U ovom odnosu postoji ono što Džon Li naziva storge* stilom opštenja: Partneri gaje prijateljsku ljubav[5]. Ovi odnosi su obično topli a ne vreli; saosećajni pre nego strasni[6].

Svi mi, naravno, procenjujemo da li nam potencijalni partner odgovara. Ali ljudi sa poslovnom pričom od samog početka u prvi plan ističu kriterijume koje bismo koristili prilikom izbora poslovnog prtnera, uključujući i finansijskog. Ono što bi neko mogao da vidi kao jednolično ili dosadno oni smatraju odgovornim, kao u slučaju Vorena i Kiti.

Odnos koji je počeo na neki drugi način može da pređe u poslovnu priču a da partneri često nisu svesni da se to događa. Kako se zahtevi koje postavlja život polako uvlače u odnos – finansijski zahtevi, zahtevi za organizacijom domaćinstva, a možda i zahtevi da se dovedu u ravnotežu posao i kuća – poslovne strane odnosa mogu da postanu sve vidljivije, a konačno mogu i da preovladaju. Neki parovi se bore protiv ove tendencije tražeći načina da održe, a ako je potrebno i ponovo

---

* Storge (στοργη) označava porodičnu ljubav, kao što je ljubav roditelja prema deci (Prim. prev.)

rasplamsaju romansu. Neki mogu da budu sasvim zadovoljni onim što se dešava, smatrajući to prirodnim tokom stvari.

Komplementarne uloge : poslovni partneri ili poslodavac i nameštenik

Najuobičajenije uloge u poslovnoj priči su uloge poslovnih partnera, kad partneri nastoje da što više povećaju ono što smataju vrednim – za mnoge to je novac, a za neke slava ili glamurozan način života. U partnerstvu, svaki pojedinac doprinosi otprilike jednako poslovnom aranžmanu.

Drugi mogući poslovni aranžman jeste onaj u kojem jedan partner postaje uspešan gazda a drugi nameštenik. U takvim odnosima gazda dominira odnosom i partneri stvaraju odnos u kojem jedan od njih ima više moći u poslu a možda i ubira veći deo poslovne žetve. Opasnost od ovakvog aranžmana je očigledna: osećanje ekploatisanosti koje može da bude sasvim opravdano.

Mogu da postoje i druge, potencijalno, izdiferenciranije uloge. Na primer, pojedinac može da igra ulogu izvršnog šefa, ili finansijskog šefa ili operativca ili šta god bilo. Dejvid je, na primer, zadužen za finansije a Meredit je operativac. Uspeh ovih odnosa u velikoj meri zavisi od toga koliko su oba partnera zadovoljna svojim ulogama i raspodelom moći i odgovornosti.

Prednosti i nedostaci

Poslovna priča ima nekoliko potencijalnih prednosti od kojih nije najmanja ta da postoje veći izgledi nego u drugim odnosima da će računi biti plaćeni na vreme. Razlog za to je što neko uvek vodi računa o poslu i stara se da oba partnera budu isplaćena i da uvek ima dovoljno novca za isplatu. Druga potencijalna prednost jeste da su uloge jasnije određene nego u drugim odnosima. Partneri su takođe u dobroj situaciji da "napreduju" u bilo čemu što žele a mogu da se udruže protiv drugih "poslova" koji ih ugrožavaju i koje obično vide kao takmace, bilo da su oni to ili ne. Drugi "posao" mogu da budu drugi partneri koji nastoje da postignu veći ovozemaljski uspeh ili pojedinačni rivali koji pokušavaju da ukradu jednog ili drugog partnera sa posla.

Jedan potencijalni nedostatak posebno je lako uočiti. Ako samo jedan od partnera vidi ljubavni odnos kao poslovnu priču, drugom partneru može brzo da postane dosadno i počne da traži razonodu i uzbuđenje izvan braka.

Priča može takođe da postane neprivlačna ako raspodela autoriteta ili uloga opšte uzev ne zadovoljava jednog ili oba partnera. Ako partneri ne mogu zajedno da razrade kompatibilne uloge, mogu se naći u situaciji da provode dosta vremena boreći se za željeno mesto na poslu. U ovakvim odnosima važno je sačuvati fleksibilnost, tako da, ako se jedan ili drugi partner umori od načina kako su uloge raspodeljene, postoji bar mogućnost da se razmotre drugačije podele. Problemi nastaju, naravno, ako je jedan od partnera zadovoljan svojom ulogom a drugi čezne za tim da je promeni.

PRIČA O ZAVISNOSTI

U priči o zavisnosti, pojedinac oseća da zavisi od svog partnera u mnogome onako kako neko može da oseća zavisnost zbog droge. Gubitak partnera može imati za posledicu javljanje simptoma asptinencijalne krize, baš kao što osoba doživljava apstinencijalnu krizu zbog droge. Ova zavisnost nastaje iz potrebe za posebnim partnerom, a ne iz uobičajenog straha od samoće. Zauzvrat, taj partner može da uživa u ulozi neophodne osobe na preteran i beskompromisan način.

Dijagnostikovanje priče o zavisnosti

1. Ne mogu da zamislim svoj ljubavni život bez mog partnera.
2. Bih bih očajan bez mog partnera.
3. Neophodno mi je da moj partner bude pored mene kao što mi je neophodan vazduh za disanje.
4. Mislim da ne mogu da živim bez mog partnera.
5. Moj život ne bi imao smisla bez ljubavi mog partnera.
6. Kada bi me partner napustio, moj život bi bio poptuno prazan.
7. Ne bih mogao da opstanem bez mog partnera.
8. Moja sreća skoro potpuno zavisi od mog partnera.

Amanda i Kevin

Čini se da će Amanda konačno moći da zaspi. Poslednjih nekoliko sati razgovarala je telefonom sa svojim dečkom Kevinom koji provodi nekoliko nedelje kod svoje bake u Luizijani. Amanda i Kevin su studenti prve godine koledža, a izlaze zajedno od šesnaeste godine. Kako u školi, tako i na drugim mestima, oni su praktično nerazdvojni. U stvari, sada su po prvi put za skoro tri godine razdvojeni više od nedelju dana. Ovo razdvajanje je, prirodno, teško palo oboma; međutim, Kevinu malo teže. Kevin ima potrebu da stalno bude sa Amandom, i kada nisu zajedno obuzima ga ideja da će je izgubiti. Tokom proteklih deset dana stalno joj telefonira; razgovaraju o svemu i svačemu, ali svaki razgovor se završava tako što

Kevin traži od Amande da mu kaže da ga nikada neće ostaviti.

Iako je i Amandi teško da bude bez Kevina, ipak joj je tokom prošle nedelje nekoliko puta bilo nelagodno zbog stvari koje joj je rekao preko telefona. Na primer, bilo joj je veoma neprijatno kada joj je rekao da ne bi mogao da živi bez nje. Kada su zajedno, Amanda je potpuno svesna Kevinove jake vezanosti za nju, ali ona nije toliko upadljiva zato što je stalno pored njega kada mu zatreba. I zbog toga je njegovu vezanost shvatala pre kao znak velike ljubavi a ne kao neurotičnu potrebu da uvek bude uz njega.

Međutim sada tokom telefonskih razgovora ne može a da ne primeti njegovu zavisnost i nije sasvim sigurna kako treba da se ponaša. Ima trenutaka kada zaista želi da bude sa Kevinom; ali shvata da ljudska osećanja nisu statična i da će možda doći vreme kada više neće želeti da bude s njim. I sama pomisao na to kod nje izaziva osećanje krivice i ona se pita šta bi se desilo sa njim kada bi eventualno odlučila da okonča njihov odnos.

Sledećeg dana Amanda se budi tek u podne i na svoje iznenađenje otkriva da je Kevin još nije zvao. Pita se je li sve u redu i pokušava da stupi u vezu sa njim. Niko nije kod kuće i ona zaključuje da su nakratko nekuda izašli. Odlazi do svog pisaćeg stola i gleda Kevinovu sliku: dok je gleda on počinje da joj strašno nedostaje i shvata da možda nije samo on zavisan. Oduvek je mislila da toliko vremena provodi s njim jednostavno zato što ga voli – i smatrala je da je to razlog i zašto je on njoj privržen. Međutim, sada shvata da možda zavisi od njega isto toliko koliko i on od nje, i veruje da ponekad njene čudne reakcije na neke od njegovih komentara tokom telefonskih razgovora možda jednostavno odražavaju njen strah da ti komentari važe za nju isto koliko i za njega.

Pre nego što je mogla da nastavi sa analizom telefon je zazvonio. Ona žurno podiže slušalicu i sa velikim olakšanjem čuje Kevinov glas s druge strane žice. Ispostavilo se da su on i njegova baka odlučili da odu u jutarnju vožnju brodom. Amanda i Kevin ragovaraju nekoliko sati, ali ovog puta Amanda se ne oseća nelagodno dok joj Kevin objašnjava koliko mu je potrebna. U stvari, govori mu isto.

Melani i Dženson

Stojeći na železničkoj platformi Melani nagovara svog muža da ponovo razmotri svoju odluku da poseti svog starog prijatelja u Njujorku. Dženson joj objašnjava da mora da ide, pošto mu se zadugo neće ukazati druga prilika da vidi svog prijatelja. Naglašava, međutim, da će biti odsutan samo šest dana i da će je zvati svake večeri. Osećajući da se on neće predomisliti Melani se preznojava od straha i priča kakve mu se sve užasne stvari mogu desiti u Njujorku i moli ga da porazmisli šta će biti sa njom ako mu se nešto desi. On je ubeđuje da će sve biti u redu i ljubi je za rastanak. Roneći suze, ona posmatra kako se on penje u voz, prateći ga očima dok prolazi hodnikom i ostaje na platformi sve dok voz ne postane tačkica u daljini.

Amanda se vozi kući pitajući se kako će preživeti sledećih nekoliko dana. Ona se oseća lagodno jedino kada je Dženson u blizini; bez njega oseća se nesigurnom u sebe i teško joj je da se izbori čak i sa najjednostavnijim zadatkom. Da bi stvari bile još gore, već je zamislila nekoliko situacija zbog kojih se Dženson možda nikada neće vratiti – počev od toga da bude ustreljen i ubijen u podzemnoj železnici, pa do toga da se zaljubi u neku drugu i zauvek je napusti. U svim tim slučajevima bila bi primorana da živi bez njega, a ona ne vidi kako bi bila u stanju da podnese takvu situaciju. Ona potpuno zavisi od njega – ne samo zbog sigurnosti i druženja već i zbog toga što on vodi računa o većini porodičnih stvari.

Kada Dženson stiže u Njujork, oduševljen je što vidi svog starog prijatelja i njih dvojica izlaze na večeru. Najčešće on je srećan da pobegne od Melani na nekoliko dana. Voli on nju, ali ga ponekad guši što toliko zavisi od njega. Mora da provodi s njom isuviše mnogo vremena i mora stalno da bude na oprezu da ne kaže nešto što bi je navelo da posumnja da više ne želi da bude s njom. Čak i tako nešto bezazleno kao što je želja da gleda bezbol utakmicu sa prijateljima ona često tumači kao znak da je više ne voli. Ukratko, boravak u Njujorku daje mu osećanje slobode koje tako retko oseća kod kuće.

Međutim, jedan deo njega ne želi da bude daleko od Melani. Iako oseća da ga to njeno grčevito držanje za njega često sputava, tokom godina počeo je da zavisi od nekih strana njenog takvog ponašanja. Na primer, njena anksiozna privrženost čini da se oseća voljenim i željenim: kada ona nije pored njega, gubi osećanje važnosti koje mu ta osećanja daju. Čak i dok večera sa svojim prijateljem on želi da je njegova žena pored njega i kaže mu koliko ga voli ili da ga pita šta da poruči. On više ne uživa koliko je uživao na početku večere i već pomišlja na to da joj telefonira. Dženson bi voleo kada on i njegova žena ne bi toliko zavisili jedno od drugoga, ali shvata da bi bilo gore kada uopšte ne bi bili privrženi.

Oblici mišljenja i ponašanja

Osnovno svojstvo priče o zavisnosti jeste snažna, anksiozna veznost za partnera, ili potreba za takvom vezanošću. Jednom kada osoba postane na taj način privržena, čini se da se nje drži kao davljenik za slamku. Pomisao da može da izgubi partnera kod nje izaziva bukvalno osećanje panike. Zavisnik po svoj prilici oseća da ne može da opstane bez partnera; ako ga izgubi doživljava simptome apsitentcijalne krize i zato psiholozi upozoravaju klijente na opasnost od zavisničkih odnosa[7]. Melani ima jake simptome apsitencijalne krize iako njen muž samo što je otišao i što će se uskoro vratiti.

Po mojoj "trougaonoj teoriji ljubavi" – različite vrste ljubavi uključuju različite kombinacije prisnosti, strasti i posvećenosti – strast pokreće psihofiziološki podsticaj koji ima dosledan tok veoma sličan onome kod zavisnosti.[8] Prema teoriji, strast može da bude probuđena veoma brzo posle susreta pa čak i samo jednog viđenja sa jednom osobom. Tu postoji snažna pozitivna sila koja navodi osobu da oseća strast prema nekome – ljubav na prvi pogled, kako se to često kaže. Kako vreme prolazi, međutim, počinje da se javlja suprotna snaga koja ublažava doživljaj strasti. Proces veoma liči na proces kod bilo koje zavisnosti (kafa, alkohol ili bilo šta drugo), gde kako vreme prolazi, količna stimulacije prvobitno potrebne da se osoba "digne" više ne proizvodi isto osećanje. Rezultat toga jeste dostizanje neke vrste ravnoteže, gde zavisnost ostaje ali je doživljaj strasti modifikovan. Ričard Solomon je dao opštu teoriju motivacije, prema kojoj sve vrste zavisnosti mogu da se razumeju na skoro isti način kao ovaj opisan ovde. I odista, ovde opisani mehanizam lične zavisnosti izveden je iz Solomonove teorije.[9]

Glavna sila koja podstiče zavisnost jeste želja da se ne dožive simptomi apstinencije. Ljudi koji piju dosta kafe, na primer, mogu da počnu da piju kafu da bi se razbudili, kasnije otkrivaju da kafu piju rutinski da bi ostali budni. Slično, osoba koja zavisi od svog partnera može da ne oseća zavisnost u svakodnevnom životu, ali počinje da paniči kada on nekuda ode, ili čak i na samu pomisao da može da ga izgubi.

Ono što je počelo kao pozitivno osećanje sada predstavlja pokušaj da se odagna neprijatno – simptomi apstinencije – što je ujedno i razlog zašto prognoze za zavisnički odnos nisu uvek baš najbolje.

Komplementarne uloge: zavisnik i ko-zavisnik

U priči o zavisnosti, kao i u svim drugim pričama, postoje dve komplementarne uloge: prva uloga koja je ujedno i dominantna jeste uloga zavisnika, osobe koja je u potrazi za odnosom i kojoj je veoma teško da ga napusti, čak i kada je on veoma loš.

Zavisnik zavisi od odnosa kao što neko može da zavisi od droge. U stvari, zavisnik može da ima još neke druge vrste zavisnosti, jer osoba sa ličnošću zavisnika može često da pati od većeg broja zavisnosti.

Druga uloga jeste uloga ko-zavisnika. To je osoba koja podržava ulogu zavisnika. Ko-zavisnik misli da pomaže zavisniku, iako se može desiti da pomoć koju on pruža zapravo ne pomaže. Problem je u tome što su oni jedno drugom podjednako potrebni. Ova potreba je očigledna u slučaju Amande i Džensona. Oboje vide sebe u ulozi ko-zavisnika, ali shvataju da im je zavisnik potreban isto toliko koliko i oni njemu.

Zavisnik daje ko-zavisniku neku vrstu smisla u životu – osećanje da nekom znači nešto. Na kraju krajeva, ko-zavisnik shvata da zavisnik oseća da ne može da živi bez ko-zavisnika. Ovo je Dženson shvatio na svom putu u Njujork. Bez Melani pored sebe, nestao je jedan deo smisla njegovog života.

Problem je u tome da potrebe ko-zavisnika – kao u slučaju Amande i Džensona – mogu da potkrepljuju i hrane zavisnost. Ko-zavisnik može nesvesno da pomaže da se održi ponašanje za koje svesno može da misli da je rđavo za oboje.

Podrška može da se javlja u više oblika. Ko-zavisnik može da podstiče zavisnost ili da mu ona laska ili da se pretvara da je nezadovoljan dok je u stvari veoma zadovoljan zbog nje.

Sve dok su oba partnera zadovoljna odnosom to i ne mora da bude loše, ali ako odnos počne da se pogoršava, što se često dešava kod ove vrste odnosa, komplementarne uloge mogu da održavaju odnos koji bi bilo bolje da se okonča. Opšte uzev, ova vrsta odnosa nema baš velike izglede da bude uspešana na duge staze, jednostavno zato što sve vrste zavisnosti imaju težnju da se pretvore u destruktivne oblike ponašanja.

Na primer, zavisnik može da oseća sve veću i veću potrebu za ko-zavisnikom, što može da dovede do toga da ovaj počne da oseća da ga odnos guši. Nastojeći da dobije malo slobode, ko-zavisnik može da pokuša da se izbori za malo prostora za sebe i postavi izvesnu distancu. Ali to nastojanje može da poveća zavisnikovu ionako veliku strepnju, zato što on počinje da se boji da će izgubiti ko-zavisnika. Zavisnik onda počinje da se ponaša tako da još više guši ko-zavisnika, i spirala degeneracije je u punom zamahu. Ako Kevin postane sve posesivniji i zahteva od Amande da provodi sve više vremena sa njim, to za Amandu može da bude previše i da počne da gubi interesovanje za njega.

Prednosti i nedostaci

Priča o zavisnosti može da ima potencijalne prednosti za oba partnera. Zavisnik može da se oseća da je u neku ruku izuzetan zbog bliskog odnosa koji relativno mali broj ljudi doživi. Za zavisnika, odnos je bukvalno kao droga, može čak i da ima izvesne fiziološke efekte kao neke droge. Ko-zavisniku odnos daje osećanje smisla i korisnosti. Za nekoga ko se oseća prilično bekorisnim, uloga ko-zavisnika može da bude izuzetno privlačna jer mu se napokon pruža prilika da nekome nešto znači.

~NARATIVNE PRIČE

U narativnim pričama partner veruje da postoji neka vrsta stvarnog ili imaginarnog teksta, koji postoji izvan odnosa ali koji umnogome propisuje kako će se odnos razvijati. U bajkovitoj priči, tekst je bajka, u kojoj princ ili vitez u blistavom oklopu spasava princezu ili na neki drugi način ulazi u njen život, posle čega par zauvek živi srećno i zadovoljno. U istorijskoj priči, tekst je istorijski tekst u kojem prošlost usmerava budućnost. U naučnoj priči, naučni zakoni i načela upravljaju odnosom i onim što ljudi osećaju, misle ili čine u odnosu. U kuvarskoj priči, postoji recept koji sadrži sve sastojke za srećan i uspešan život; treba samo slediti recept, i blaženstvo je zagarantovano.

BAJKOVITA PRIČA

Bajkovita priča je možda najklasičnija ljubavna priča – to je priča o princu (vitezu u sjajnom oklopu) i princezi koji tragaju jedno za drugim. I jednom kada se pronađu, oni onda, naravno, doveka žive srećno. Ljudi sa ovom pričom, po svoj prilici, videće svog partnera kao ostvarenje svog sna.

Naravno, bajkovita priča kao i svaka druga priča, može da pođe naopako. Može se ispostaviti da su prinčevi ili vitezovi, u stvari vešci ili hulje, kao što i princeze mogu biti prerušene veštice. Oni koji imaju ovu priču treba da razotkriju prevaru, pre nego što bude prekasno kako bi bili sigurni da će im njihovo traganje odista doneti ono za čim tragaju.

Dijagnostikovanje bajkovite priče

1. Mislim da se bajke o odnosu mogu ostvariti.
2. Mislim da ljudi duguju sami sebi da čekaju na partnera o kojem su oduvek sanjali.
3. Mislim da su bezmalosavršeni odnosi mogućni; pod uslovom da pronađete pravu osobu.
4. Ja još uvek verujem u ideju o "srećnom životu doveka", pod uslovom da sretnete gospodina ili gospođu Pravog.
5. Iskreno verujem da postoji neko ko je savršen par za mene.
6. Mislim da se bajke svakodnevno ostvaruju za neke ljude; nema razloga zašto se i moja bajka ne bi obistinila.
7. Volim da moji odnosi budu takvi da partner za mene bude princ ili princeza iz bajke.
8. Mislim da najbolji odnosi liče na bajke.

Greg i Heder

Greg ne može da dočeka da svom najboljem prijatelju Miku ispriča šta mu se upravo desilo. Poziva Mika i, ne pitajući ga da li je zauzet ili ne, kaže mu da će za pet minuta biti kod njega. Mika je isprva pomalo zbunjivala Gregova anskiozna uzbuđenost, ali budući da ga je već čuo da tako govori, mogao je već prilično dobro da pogađa šta će mu prijatelj reći. Kada je Greg stigao, Mik je video da ga predosećanje nije izneverilo, jer je njegov prijatelj odmah počeo da priča da je sreo devojku svojih snova.

Greg je šetao svoga psa u praku, kada mu je iznenada prišla ta predivna žena i počela da miluje njegovog psa. Zvala se Heder, i on je istog trena znao da je ona prava žena za njega. Stupili su u veoma zanimljiv razgovor i pre nego što je otišla dala mu je svoj broj telefona. Pozvao ju je sledećeg dana i dogovorili su se da izađu na večeru. Greg je upravo pošao da se nađe sa njom i s teškom mukom uspeva da obuzda uzbuđenje. Veruje da je Heder žena kojom će se oženiti i već zamišlja njihovo venčanje.

Pošto je saslušao Gregovu priču, Mik s ljutitim osmehom odmahuje glavom i pita Grega da li zna koliko mu je puta već ispričao istu priču. Greg insistira da ovog puta nije isto. Zna da je ovako nešto osećao prema ženama i ranije i da se u prošlosti uvek dešavalo da odnosi nikada nisu bili tako dobri kako je zamišljao da će biti. Ali on je nešto naučio iz iskustva i sada zna kako bolje da vlada situacijom; umoran je od kratkih strasti i bezbrojnih neuspeha; ovog puta će se više potruditi da sve bude kako valja i siguran je da je Heder vredna toga truda.

Mik nepoverljivo odmahuje glavom i kaže mu da jedini način da ostvari uspešan, dugotrajan odnos jeste da prekine da živi u svojim fantazijama; on moli Grega da razume da niko nikada neće biti ravan slici princeze iz bajke koju on stvara kad upozna neku žensku osobu. Ali Greg ne sluša. Uveren je da je ovog puta našao princezu za kojom traga.

Greg nastavlja da opisuje kako je Heder fenomenalna. Priča Miku o njenom radu u mesnoj zajednici i njenoj istinskoj

ljubavi prema deci. Ubeđen je da će ona biti savršena majka.
Mik pokušava da odgovori, ali pre nego što uspeva da izusti
ijednu reč, Greg shvata koliko je sati i kaže mu da mora da
ide inače će zakasniti na sastanak. Međutim, prvo mora da
otrči do cvećarnice i izabere najlepše ruže što može da nađe;
konačno, devojka njegovih snova zaslužuje samo najbolje.

Aleksis i Kori

Subota uveče je, ali Aleksis ostaje kod kuće. Njen šef nije
bio zadovoljan njenim marketinškim izeštajem a i platila je
ne jednu nego dve kazne zbog prebrze vožnje. Odlučila je da
gleda film. Odlazi do svoje zbirke video filmova i bira *Pepeljugu*.

To je njen omiljeni film, i mada ga je videla desetak puta,
još joj nije dosadio. Kad god je potištena voli da ga gleda i
zamišlja da je Pepeljuga, koja, uprkos svome skoromnom po-
reklu i očiglednoj beznačajnosti u životu, uspeva i doveka
živi srećno sa svojim Princom neodoljivim.

Još od ranog detinjstva Aleksis sanja o tome da ima bajko-
vitu romansu kao Pepeljuga. Uvek kada stupa u neki odnos,
zamišlja da je čovek sa kojim je u vezi mitski, idiličan prinac.
Neki njeni prijatelji joj govore da je nerealna kada misli da
takva idealna osoba postoji; kao dokaz oni navode činjenicu
da nijedan od njenih bivših momaka ili odnosa nisu bili na ni-
vou njenih standarda iz bajke. Kada o tome racionalno razmi-
šlja Aleksis se slaže sa njima. Pa ipak, duboko u sebi ubeđena
je da je njen Princ neodoljivi tu negde i da će jednog dana
doći i odvesti je sa sobom.

Dok gleda *Pepeljugu* Aleksis počinje da sanjari o Koriju,
novom službeniku na poslu. Jednom je razgovarala sa njim
i on je ostavio izuzetan utisak na nju. Dok gleda film, njena

snažna osećanja prema Koriju postaju sve jača. Počinje da se pita nije li on njen vitez u sjajnom oklopu. Počinje da zamišlja kakav bi njen odnos sa Korijem bio. Kori bi, naravno, bio savršen dečko – romantičan, brižan, zaštitnik. Uvek bi bio tu kada je potištena, kadar da odagna sve njene probleme. Uvek bi bio pored nje, i brinuo o njoj kad god to zatreba. Nikada se ne bi svađali ili prepirali, i njihova ljubav nikada ne bi prestala.

Dok Aleksis sanjari idealna slika Korija koju je stvorila postaje sve stvarnija. Skoro je ubedila sebe da on mora da je njen Princ neodoljivi za kojim traga još od najranijih dana. Zamišlja kako on u ponedeljak ulazi u njenu kancelariju i izjavljuje joj ljubav. Kaže joj da je isuviše izuzetna devojka da bi radila na jednom takvom mestu. Oboje napuštaju posao i zajedno kreću u novi život. Sele se u idiličnu seosku kuću gde osnivaju divnu porodicu. I naravno, doveka žive srećno. To je fantazija, ali Aleksis veruje da bi ona mogla da se ostvari.

Oblici mišljenja i ponašanja

Mnoge naše bajkovite priče o ljubavi potiču iz mitologije. U priči o Erosu i Psihi, na primer, bog Eros za svoju ljubavnicu bira smrtnu Psihu, ali ne želi da ona zna ko je on. Stoga je odvodi u divnu palatu u kojoj žive u blaženstvu, ali insistira na tome da uvek budu u mraku kada su zajedno, i da Psiha nikako ne pokuša da vidi kako izgleda ili otkrije ko je on.

Psiha je blaženo srećna sa Erosom, ali sestre su je ubedile da mora da nešto nije kako treba sa njim i da svakako mora da malo zaviri i vidi šta to nije u redu. Zašto bi on inače želeo da ga Psiha ne vidi? Šta ako je ružan ili deformisan ili jednostavno zao? Dok Eros spava Psiha uzima sveću i krišom ga osmatra, ali pri tom ga slučajno pokaplje vrelim voskom i probudi ga. Eros se oseća preverenim i stoga odlazi. Psiha se sada nalazi pred najvećim izazovom u svom životu – da ga pronađe uprkos mnogobrojnim preprekama koje joj stoje na putu. Eros joj konačno oprašta i ponovo se sjedinjuju – Psiha je pretvorena u boginju i večno živi sa Erosom na planini Olimpu.[1]

Tema priče o Erosu i Psihi je traganje, a traganje je često tema bajkovite priče. Bajkovite priče su obično priče o onome što Frančesko Alberan, italijanski sociolog, naziva *stanjem nastajanja odnosa* – kada odnos tek počinje i partneri su veoma zaljubljeni jedan u drugog (ili je jedan od njih zaljubljen u drugog, bez obzira na to šta ovaj drugi oseća).[2] Ulogu princa ili princeze teže je zadržati kada se partner bolje upozna, ali nije nemogućno. Ponekad se ova predstava o partneru održava ne zbog toga kakav je on odista, već uprkos tome.

Komplementarne uloge

Osobe sa bajkovitom pričom tragaju za princem (vitezom) ili princezom. Ponekad nalaze partnera iz svojih snova; češće ga ne nalaze, ili nalaze osobu za koju ispočetka veruju da je osoba iz njihovih snova, da bi kasnije otkrili da ona to nije. Čak i kada pronađu osobu o kojoj su sanjali i relativno su srećni, mogu ponovo da počnu da maštaju zato što bajkovite priče nisu u stvari priče o večno srećnom životu (setite se da je u bajkama delu o srećnom životu posvećena samo jedna rečenica) već su to priče o traganju za partnerom, često uprkos ogromnim nevoljama.

Princ ili princeza, ili oboje, mogu da budu više zaljubljeni u predstavu iz svoje mašte nego u bilo koje njeno ovaploćenje. Rezultat toga može da bude niz razočaranja, jer u takvim slučajevima skoro nijedan odnos ne može da zadovolji postavljene standarde.

Bajkovite uloge mogu da pretvore princa i princezu, u doba sjedinjenja, u kralja i kraljicu, pošto partneri provedu izvesno vreme zajedno. Problem je u tome što uloge kralja i kraljice nikada nisu tako uzbudljive kao uloge princa i princeze. Stoga se može desiti da jedan ili oba partnera postanu nezadovoljni kada uloge počnu da se menjaju. Ironija je da nezadovoljstvo ne mora da bude izazvano samim partnerom, već pre novim ulogama koje im dugotrajan odnos nameće.

Prednosti i nedostaci

Bajkovita priča može da bude izuzetno moćna. Pojedinac može da bude preplavljen emocijama tokom traganja za savršenim partnerom ili tokom razvoja savršenog odnosa sa pronađenim partnerom. Fantazija može da se produži zanavek, ali po svoj prilici samo dok se oseća da je odnos u procesu nastajanja, a ne kada je on završen čin. I zato se, verovatno, u literaturi skoro sve bajkovite priče odigravaju pre stupanja u brak ili izvan njega: fantaziju je teško održati kada računi moraju da se plate, deca dovedu iz škole, kada moramo da se izborimo sa lošim raspoloženjima koja svi imamo s vremena na vreme. Stoga, da bi se održalo veoma srećno osećanje koje postoji u fantaziji, moraju se zanemariti, bar u izvesnoj meri, ovozemaljske strane života.

Ovi partneri često uzajamno osećaju veliko divljenje i poštovanje i spremni su da se dosta potrude da bi njihov odnos i dalje bio srećan. Oni mogu da osećaju duboku ljubav koju oseća mali broj učesnika drugih priča. Međutim, ta ljubav ne mora da bude toliko duboka koliko se čini, zato što može da se ispostavi da je osećanje dubine, kao i sam odnos, takođe fantazija.

Potencijalni nedostaci bajkovitih odnosa su sasvim očigledni. Najveći je svakako mogućnost razočaranja kada jedan ili drugi partner otkrije da niko ne može da ispuni fantastična očekivanja koja postoje. Nedostatak realističnosti može da dovede do toga da partneri budu razočarani odnosom koji bi drugi ljudi smatrali sasvim uspešnim.

U našem istraživanju, razlikovali smo dve vrste ideala: idealistične ideale, one o kojima se čita u bajkama ili koji se vide u holivudskim filmovima, i realistične ideale, utemeljene na očekivanjima o onome što je moguće u životu[3]. Mera u kojoj partneri mogu da sastave priču koja počiva na realističkim a ne na idealističkim idealima, odnos ima izgleda da uspe; ukoliko partneri žele da budu karakteri iz mita, veliki su izgledi da će mit i dobiti.

ISTORIJSKA PRIČA

U istorijskoj priči, sadašnjost je velikim delom određena prošlošću. Parovi sa istorijskom pričom gledaju na sadašnjost kao na akumulaciju prošlih događaja i smatraju da prošlost nastavlja da živi u sadašnjosti.

Ljudi sa istorijskom pričom su čuvari uspomena. Te uspomene mogu biti fizičke ili mentalne prirode. Na primer, ta vrsta ljudi obično voli da poseduje albume sa fotografijama, video snimke važnih događaja, a možda i genealoško stablo. Odnosno, intereseovanje za istoriju može da se zadrži samo na njihovom odnosu. U takvim slučajevima, pojedinci mogu da budu zainteresovani za "krvne linije" ili genealoška stabla potencijalnih partnera isto toliko koliko i za same partnere. Na primer, mogu posebno da se diče što su oni ili njihov partner potomci izvesne osobe ili da se posebno stide što oni ili njihov partner imaju određenog pretka.

Društva koja su u velikoj meri određena kastama ohrabruju i podstiču istorijsku priču i određeni odnos vide samo kao jedan čvor u složenoj mreži odnosa. Izvesni partneri mogu biti zabranjeni ili oštro obeshrabrivani zato što se njihov istorijski pedigre ne uklapa u ono što porodica želi ili čak zahteva. Članovi kraljevske porodice, na primer, obično se žene samo članovima iz uglednih starih porodica. Mentalna zaostalost, i drugi genetski nedostaci često su bili cena sklapanja brakova između bliskih krvnih srodnika. Ove vrste genetskih nedostataka obično se javljaju kada se opasni recesivni gen jednog partnera spari sa istim opasnim recesivnim genom drugog partnera.[4]

Većinu parova, naravno, ne more takve brige. Parovi sa istorijskom pričom vide svoju vezu i svoje potomstvo kao nastavak (ili, ređe, početak) "stabla" ili loze potomaka čija je istorija važan deo onoga što oni jesu. Organizacije poput "Ćerke američke revolucije" otelovljuje ideju o starim i uvaženim porodičnim lozama koje imaju duboke i značajne istorijske korene. Da li će neki roditelji biti srećni izborom bračnog partnera svoje dece ne zavisi toliko od same izabrane osobe koliko od njenog istorijskog pedigrea. Naravno da svi parovi sa istorijskom pričom ne vode računa o takvom rodoslovu. Istorija, o kojoj oni vode računa jeste pre njihova sopstvena istorija, nego istorija davnih predaka.

Dijagnostikovanje istorijske priče

1. Često razmišljam o trenucima koje sam proveo sa svojim partnerom i koliko mi ta naša zajednička istorija znači.
2. Verujem da je potrebno pogledati prošlosti odnosa, da bi se saznala njegova budućnost.
3. Veoma mi je važno da sačuvam stvari ili slike koje me podsećaju na posebne trenutke koje sam proveo sa svojim partnerom.

4. Verujem da je naša prošlost veoma važna zato što nas pod-
seća na zajedničku istoriju.
5. Mislim da su godišnjice veoma važne zato što nas podse-
ćaju na zajedničku istoriju.
6. Volim da se sećam nekih važnih prošlih događaja u našem
odnosu, zato što verujem da je naša prošlost važan deo svih
nas.
7. Ne mogu da zamislim da razdvojim našu istoriju od naše
sadašnjosti ili budućnosti, zato što je naša prošlost postala
deo nas samih.
8. Verujem da je zajednička istorija jednog para nužno veoma
važna za njihov sadašnji odnos.

Alison i Erik

Alison je izuzetno uznemirena zato što je njen dečko, Erik,
nedavno pristao da ide na četiri meseca u Milano i tamo radi
na jednom filmskom projektu. Njih dvoje su se raspravljali
cele protekle nedelje, i da bi okončali prepirku odlučili su se
da odu na Mesto inspiracije u Vil Rodžers parku gde je Erik
pre dve godine prvi put izveo Alison.

Ovo mesto ne bi služilo samo kao podsetnik na srećnije
trenutke u njihovom životu, već bi mirno okruženje i lep po-
gled na grad obezbedili idealnu atmosferu u kojoj bi mogli
da se prisete mnogih događaja koji su uobličili njihov odnos.

Erik i Alison su oduvek smatrali da im razmišljanje o njiho-
voj zajedničkoj prošlosti omogućava da bolje i šire sagledaju
tekuće situacije; šta više, ako je trenutna situacija bila teška,
njenog sagledavanje u širem kontekstu celokupnog odnosa
pomagalo im je da prebrode teška vremena.

Sedeći na vrhu izabranog mesta, Alison i Erik sećaju se svega kroz šta su zajedno prošli. Erik ustaje i približava se ivici stene. Pozvavši rukom Alison, pokazuje na majušnu tačku u daljini gde su po njegovom verovanju večerali na svom prvom sastanku.

Alison se ne slaže sa njim i kaže da je restoran bio više ulevo od mesta na koje on pokazuje. Počinju da se smeju zbog svoje smešne prepirke, shvatajući da nije mogućno da sa tolike udaljenosti identifikuju pravo mesto. Alison se okreće i pita ga da li se seća kako se ta noć završila. Erik odmahuje glavom s kiselim osmehom, znajući vrlo dobro da ona cilja na to kako joj je pri izlasku iz restorana vratima prikleštio prste.

Razgovor je iznenada prešao na njihovu trenutnu situaciju. Alison moli Erika da ne ide u Milano. Ona razume da je to izuzetna prilika za njega, ali ukazuje na to da mu i ovde sve ide dobro. Erik joj odgovara da je to više od izuzetne prilike; ako uspešno obavi posao u Milanu, ubeđen je da će dobiti unapređenje kada se vrati kući. Alison se udaljava od njega, i Erik zna da ona razmišlja o njegovom prvom odlasku i radu na jednom projektu.

Bio je odsutan samo tri nedelje, ali za to vreme imao je kratku strasnu vezu sa jednom osobom koju je tamo sreo i Alison se brine da bi se isto moglo dogoditi i ovog puta. Erik joj prilazi i predlaže joj da sednu. Objašnjava joj da se ono što se desilo, kada je bio prvi put na putu, nikada više neće desiti. Na kraju krajeva, u to vreme oni su se zabavljali tek kratko vreme, pa čak tada i nije bio siguran koliko mu ona znači. Sada je uveren da je voli i ubeđen je da će se jednog dana venčati; kaže da nikada ne bi uradio ono što je u prošlosti učinio, zato što ne želi da ugrozi divan odnos koji sada imaju. Alison uvažava ono što on kaže, ali ponavlja da će dugo biti odvojeni i da će on tamo sresti mnogo divnih ljudi. Priznaje da je njihov odnos različit od onoga kakav je bio kada je Erik prvi put bio odsutan, ali takođe zna da je to bio posao samo od tri nedelje; ovog puta biće odsutan četiri meseca, i nije sigurna da li će on isto osećati tokom celog svog boravka u Milanu. Erik je ubeđuje u to i ističe da dođe doba u životu kada čovek mora da bude kadar da prošlost ostavi za sobom; ona mora da shvati da će u odnosu koji traje dugo vremena uvek biti greška i mada je važno da razmišljaju o svojim greškama i da se njima koriste kako bi razumeli sadašnju situaciju i izborili se sa njom, ističe da bi bilo pogrešno ako bi dozvolili da greške kontrolišu ono što misle jedan o drugome.

Alison ništa ne odgovara. Ćuti za trenutak a onda klima glavom u znak odobravanja. Izvinjava se što nije imala poverenja u njega, i kaže da nikada ne bi oprostila sebi kada bi ga sprečila da ode u Milano. Posle dugog zagrljaja, oprostili su se od svog mesta, osećajući nekako da to nije poslednji put da ga posećuju.

Len i Sesilija

Lenova devojka Sesilija nalazi se u Južnoj Americi već šest meseci. Arheolog po zanimanju, Sesilija trenutno radi na velikom projektu o ranoj civilizaciji Inka. Trebalo bi da se uskoro vrati, ali ništa nije sigurno. Pre nego što je otišla u Južnu Ameriku, ona i Len su planirali da se venčaju do kraja godine. Njen odlazak izazvao je dosta prepirki: Len razume da projekat nesumnjivo predstavlja izuzetnu priliku za Sesiliju, ali smatra da će biti i drugih prilika poput ove i da venčanje kod oboje treba da bude na prvom mestu. Sesilija, međutim, insistira na tome da će biti drugih projekata jedino ako iskoristi ukazanu priliku. Priznaje da će Lenu biti teško da bude sam toliko dugo vremena, ali mu kaže da će se venčati istog časa kada se vrati kući. Len konačno shvata da se Sesilija neće predomisliti i odlučuje da prekine prepirku da bi se bar srećno rastali.

Proteklih šest meseci su nesumnjivo bili teški za Lena. Jedini način kako je mogao da izbegne čemer usamljenosti – pored povremenih pisama koje je dobijao od Sesilije (tamo gde je ona nema telefonskih veza) – bio je da prebira po kutijama fotografija na kojima je bilo zabeleženo vreme koje su on i Sesilija zajedno proveli. Slike nisu služile samo kao fizički podsetnik prošlih dana, već takođe i kao mentalni i emocionalni podsetnik. Za Lena, svaka slika priča priču o osobi koja je na njoj prikazana, priču krcatu mislima i osećanjima. Oduvek je smatrao da on i Sesilija treba da čuvaju uspomene o zajednički provedenom vremenu. Veruje da im takve uspomene omogućavaju da bolje sagledaju svoj odnos i da im prošlost omogućava da bolje razumeju sadašnju situaciju.

Len je upravo ugledao fotografiju na kojoj je bila Sesilija sa svojom najboljom prijateljicom Melisom. Lagano odmahuje glavom, sećajući se događaja koji umalo nije okončao njegov odnos sa Sesilijom. Pre nekoliko godina, on i Sesilija otišli su sa Melisom na ekstravagantan prijem u čast 4. jula. I Len i Melisa su mnogo pili, dok Sesilija i nije bila baš praznički raspoložena; ne zadugo po dolasku, rekla im je da odlazi. Po njenom odlasku Len i Melisa počeli su da se ljube. Trenutak kasnije, Sesilija naleće na njih. Naime, shvatila je da će Lenu i Melisi biti potreban prevoz i odlučila je da se vrati i ponudi im da ih preveze. Nepotrebno je reći da je bila užasnuta onim što je videla. Len i Melisa su objašnjavali da to ništa ne znači; bili su pijani i ponašali su se budalasto. Sesilija zna da je to što oni govore po svoj prilici istina, ali ipak ju je celi događaj duboko povredio. Pomišljala je da raskine sa Lenom, ali konačno je zaključila da bi pogrešila kada bi dozvolila da jedan tako luckast postupak okonča snažnu vezu koja postoji među njima. Kada se Len danas seća celog događaja, shvata da i on mora da bude kadar da pređe preko Sesilijine odluke da ide u Južnu Ameriku. Na kraju krajeva, ako je ona mogla da mu oprosti ono što je učinio, on svakako mora da oprosti njoj nešto mnogo bezazlenije.

Len vadi jednu fotografiju. Na toj slici su on i Sesilija kako stoje na ivici Velikog Kanjona. Celi taj dan proveli su penjući se na vrh i bili su potpuno iscrpljeni. Len se sa ljubavlju seća kako su se divno osećali kada je fotografija napravljena. Bio je umoran, ali razdragan zato što se popeo na vrh, a čak i srećniji zato što je Sesilija bila sa njim. Seća se kako je mislio da želi da ostatak života provede sa njom. Gledajući sada tu fotografiju, shvata da su uspomene poput ove učinile ovih šest meseci podnošljivijim.

Oblici mišljenja i ponašanja

Istoričar dosta razmišlja o prošlim događajima i o kontinuitetu i diskontinuitetu prošlosti i sadašnjosti. U odnosu, ovo osećanje istorije, može da bude važno.

Priče o Alison i Eriku i Lenu i Sesiliji pokazuju kako istorija može da poboljša ali i ugrozi izglede jednog odnosa. U oba slučaja, sećanja na srećna vremena pomogla su parovima da prebrode sadašnje teškoće. Pošto svaki ozbiljan odnos prolazi kroz teška vremena, lepe uspomene su veoma važne. Ponekad ove uspomene mogu bukvalno da budu ono što čini da par ostane zajedno. U ovim slučajevima, par može da anticipira, ili bar da se nada, da će im budućnost doneti više srećnih trenutaka kakve su imali u prošlosti.

Nevolja sa uspomenama jeste da kada su rđave, one nastavljaju i dalje da truju odnos i godinama nakon što je događaj koji ih je izazvao navodno razrešen i prevaziđen. Mnogi od nas znaju ljude koji neće da pređu preko onoga sto smatraju greškama ili gresima svog partnera. Bez obzira na to koliko je puta slučaj raspravljan i rešen, on uspeva da se iznova i iznova javlja. Bez obzira na to šta neko pokušava da uradi, njegov partner nije spreman da se okane starog problema. Često se uspomene koriste da bi se manipulisalo pratnerom i on prisilio na pokornost. "Zbog onoga što si mi uradio u prošlosti, još si moj dužnik, i ja mogu sada da radim sve što hoću." Takva stalna podsećanja truju odnos, i to ne zato što su nužno netačna, već zato što kod optuženog partnera ubijaju želju da uči iz svojih grešaka. Na kraju krajeva, jedna učinjena greška kao da traje doveka.

Istoričari znaju da istorija nije prost zapis prošlih događaja. Istorija je, u stvari, u izboru, tumačenju i integrativnoj analizi tog događaja. Slično, u odnosima, nije važno toliko ono što se desilo već ono što je naučeno iz onoga što se dogodilo i što može da pomogne da se odnos obnovi ili raskine. Odnos parova koji uče iz svoje istorije se razvija; onih, koji ne uče, stagnira ili nazaduje.

Komplementarne uloge: istoričari ili istoričar i istorijska ličnost

Za pojedince sa istorijskom pričom tipično je da biraju osobe za koje je istorija važna. Oni tako mogu da stvaraju zajedničku istoriju.

Ponekad jedna osoba ima ulogu istoričara a druga istorijske ličnosti. U takvim odnosima postoji prirodna asimetrija i ovde su nesumnjivo zastupljeni neki elementi asimetrične priče. Istorijska ličnost po svoj prilici biće osoba koja se na neki način smatra važnijom u odnosu. Ova važnost može da potiče iz značaja koje partneri pripisuju porodičnom poreklu ove osobe, njenim postignućima ili životnom putu.

Tokom vremena, uloga istorije u odnosu može da se promeni. Na primer, na samom početku veze, partneri skloni istoriji mogu beskonačno da pretresaju detalje iz svojih životnih istorija. Oni mogu da dele, često intimno, ono što su naučili iz grešaka iz ranijih odnosa. Ali kada se veza uhoda, jedan ili oba partnera mogu da budu manje spremni da razmišljaju i pričaju o skorašnjim (a stoga i manje istorijskim) greškama sadašnjeg odnosa. Kao rezultat toga, partneri mogu da prestanu da intimno raspravljaju o onome što su naučili iz neuspeha i grešaka. Cena toga je, naravno, to da par ne može adekvatno da se izbori sa učinjenim greškama, što dovodi do nerazrešenih napetosti i neprijateljstva.

Drugi parovi, pak, tokom vremena, postaju sve skloniji istoriji, naročito posle rođenja dece. Ponekad rođenje dece čini da par shvati da će ona jednog dana želeti da imaju zapis o svom odrastanju i razvoju u okviru porodične jedinice. I stari par može da počne da se sve više zanima za istoriju.

Prednosti i nedostaci

Najveća prednost istorijske priče jeste sposobnost da se pamte srećni trenutci i da se oni koriste da se prebrode teška vremena. Istorijska priča, takođe, može da pomogne da ono što se trenutno čini velikom katastrofom smesti u širi kontekst, što dozvoljava partnerima da shvate da naizgled poguban događaj kasnije često prestaje da se čini toliko važnim, ili čak može savim da prestane da bude važan.

Najveći nedostatak istorijske priče jeste mogućnost stalnog potezanja prošlih neuspeha. Pojedinac sa ovom sklonošću retko kad zaboravlja bilo šta, i često je spreman da potegne problem iz prošlosti, obezbeđujući tako da se sukob iznova i iznova ponovo doživljava.

Odnosi u kojima ljudi nisu kadri da oproste, bilo da zaborave ili ne, obično su krcati strepnjom i osećanjem krivice. Teško je biti srećan ako neki greh iz prošlosti može da vaskrsne svakog trenutka.

NAUČNA PRIČA

Ljudi sa naučnom pričom veruju da ljubav, opšte uzev, može i treba da se razume, analizira i secira otprilike na isti način kao i druge prirodne pojave. Ovo verovanje se prenosi na svakodnevne aspekte njihovog odnosa, i stoga su skloni da budu veoma analitični prema onome (možda prema skoro svemu) što se dešava u odnosu. Oni će stoga, po svoj prilici, veliki deo vremena provoditi objašnjavajući sebi ili svom partneru šta se po njihovom mišljenju događa na dubljem nivou. Ovo ponašanje može da bude funkcionalno sve do onog trenutka kada analitičar govori ali ne sluša, ili kada svojom preteranom analitičnošću kvari odnos.

U ovom poslednjem slučaju dolazi do izražaja Hajzenbergov princip neizvesnosti primenjen na bliski odnos, kada samo posmatranje odnosa menja odnos. Na primer, postoje izuzetno veliki izgledi da će analiza vođenja ljubavi tokom samog procesa, uticati na samo vođenje ljubavi, čak i kada to nije namera analitičara.

Dijagnostikovanje naučne priče

1. Verujem da razumevanje ljubavnog odnosa liči na razume-

vanje svake druge prirodne pojave; treba da otkrijete vladajuće pravilo.

2. Verujem da je potrebno da pokušate da ljubavni odnos proučavate s naučne tačke gledišta kako biste ga mogli razumeti.

3. Volim da analiziram različite strane mog odnosa i smatram to veoma korisnim.

4. Verujem da je nabolji način da se uspe u odnosu taj da se njegovim problemima pristupa s logičkog a ne s emocionalnog stanovišta.

5. Verujem da bi veći broj ljudi mogao da ima uspešne odnose kada bi problemima koji se javljaju u njihovim odnosima pristupali s logičkog a ne s emocionalnog stanovišta.

6. Volim da sednem i da sa svojim partnerom objektivno analiziram i prodiskutujem različite strane našeg odnosa.

7. Verujem da odnos može da se mnogo poboljša racionalnom analizom i seciranjem.

8. Mogu da analiziram i razumem svog partnera skoro potpuno.

Alisa i Geri

Alisa veruje da prilično dobro razume intimne odnose. Ona veruje da se ljubav može secirati i analizirati baš kao i sve druge prirodne pojave. Kad god je suočena sa odnosom – bilo svojim ili tuđim – analizira. Geri, inženjer hemije i Alisin muž već osamnaest godina, nije načisto šta oseća prema naučnom pristupu odnosima svoje žene. Fasciniran je njenim znanjem i razumevanjem intimnih odnosa. Iako je ponekad skeptičan prema njenim zamršenim analizama, otkriva da se često slaže s njom. Na kraju krajeva, slaže se sa svojom ženom da se veliki deo ljudskog ponašanja kao i mnoge emocije, uključujući i ljubav, mogu naučno analzovati.

Međutim, Geri ne misli tako kada je on sam predmet analize. Kao i kada Alisa tumači druge ljude, Geri je podstaknut njenim zamršenim i pronicljivim opisom njegove duše i ponašanja, ali ponekad poželi da ona tako olako ne tumači njegovo ponašanje i emocije. U stvari, izgleda da Alisa veruje da može praktično uvek da predvidi kako će Geri reagovati na njeno ponašanje i koristi se tim svojim pretpostavljenim znanjem za rešavanje raznih situacija. Ponekad Geri oseća priličnu odbojnost prema Alisinim analizama, naročito kada ona govori nešto o njemu što po njegovom mišljenju nije tačno.

Šta više, čak i kada se slaže s njenom analizom, ipak bi više voleo da ona ne pristupa njemu i njihovom odnosu tako racionalno. Veruje da Alisinom pristupu često nedostaje romantike koja po svojoj prirodi sadrži u velikoj meri iznenađenje i nepredvidljivost – stvari koje naučni pristup ne uzima u obzir.

Pa ipak, uprkos problemima koje ima sa nekim stranama Alisinog analitičkog pristupa, Geri misli da on ima dosta pozitivnih strana. Kao jedno, nastojeći da smisli kako da odgovori na razne stvari koje ona govori ili čini, on pokazuje zainteresovanost i za Alisu i za njihov odnos. Šta više, Alisin naučni pristup Geriju se čini sasvim uspešnim kada je reč o razumevanju i tumačenju problema sa kojima se oni suočavaju u odnosu i pomaže im da dođu do rešenja koje je najbolje za oboje.

Kolin i Anita

Od kada pamti za sebe, Kolin se interesovao za nauku. Kada je bio u gimnaziji, imao je običaj da vrši eksperimente u zadnjem dvorištu. U koledžu, pohađao je predavanja iz hemije i fizike. Sada je profesor fizike na jednom velikom Univerzitetu. Međutim, Kolinovo zanimanje za nauku ne završava se u učionici. On veruje da prirodni zakoni u mnogome važe za ljude kao što važe za stvari. Stoga kada opšti sa drugim ljudima on stalno pokušava da izvrši naučnu analizu uzrorka njihovog ponašanja. U svom intimnom odnosu čvrsto je odlučio da razume ponašanje svoje partnerke. Veruje da ljubav može da se rastavi na delove i da se potom razume deo po deo, sve do trenutka kada je u stanju da tačno shvati kako će njegova partnerka reagovati na razne postupke, emocije i okolnosti. On nastoji da shvati kako će njegova partnerka reagovati na izvesne situacije, a potom pokušava da se tom informacijom koristi kako bi u budućosti adekvatno reagovao.

Na prvi pogled, moglo bi da nam se učini da je Kolinov naučni pristup odnosu veoma bezličan. Međutim, iako je njegov stav dosta naučan, on takođe ima i ličnu notu. Naučni pristup je izrazito Kolinov. Što je najvažnije, glavni razlog što on pokušava da razume svoju partnerku jeste taj da je bolje upozna kao osobu. On želi da razume njene želje i potrebe. Šta više, cilj njegove analize jeste da omogući da se njihov odnos odvija na što je moguće bolji način.

Kolinovoj sadašnjoj devojci Aniti u najvećem broju slučajeva ne smeta Kolinov analitički pristup njihovom odnosu. U stvari, ona veruje da takav pristup ima mnogo prednosti. Kao prvo, on pokazuje da je zainteresovan za to da je što bolje upozna i što bolje razume njihov odnos. Pored toga, budući da Kolinov pristup naglašava da je važno da se razmotri svako pitanje, ona veruje da će im on pomoći da reše mnoge probleme sa kojima se ona i Kolin suočavaju jer zna da će on pažljivo saslušati njeno viđenje stvari. Ponekad, međutim, zaželi da Kolin ne intelektualizuje uvek njihov odnos. Ona zna da Kolinov pristup odražava njegovu ličnost, ali istovremeno se oseća kao da je u lavirintu za pacove. Pa ipak, razume da je Kolinu odista stalo do nje, i mada se njegov pristup odnosu može činiti bezličnim, ona zna da za njega to nije tako.

Oblici mišljenja i ponašanja

Osoba sa naučnom pričom veruje da ljubav može da se razume pomoću analize i seciranja. Ona, po svemu sudeći, veruje u svoje sposobnosti i to ne samo da razume nego i da predvidi pa čak i kontroliše ponašanje svog partnera. Naučnik veoma pažljivo traga za pravilnostima u sopstvenom ponašanju i ponašanju drugih ljudi i nastoji da na osnovu svojih zapažanja uopšti stvari.

Naučnici se razlikuju po svojoj objektivnosti, bilo da su u pitanju drugi ljudi ili oni sami. Ovim želim da istaknem činjenicu da to što je neko naučnik ne znači da se on i dobro bavi naukom. Naučnik može celog dana da analizira ponašanje drugih osoba, pa ipak da svaka njegova analiza bude pogrešna. Uloga naučnika jedino govori o postojanju zainteresovanosti za naučnu analizu, a ne i o kvalitetu same te analize.

Neki ljudi, poput Kolina, bave se naukom i nastoje da primenjuju naučni pristup u skoro svakoj oblasti u svom životu. Drugi, poput Alise, koriste se naučnim pristupom samo u intimnom odnosu, dok u stvari nimalo ne haju za nauku u drugim oblastima svog života.

Kada je reč o naučnoj priči, treba obratiti pažnju na nekoliko stvari. Prvo, osoba koja može uspešno da primenjuje naučnu analizu u jednoj oblasti (recimo biologiji ili fizici) ne mora da je podjednako uspešno primenjuje u nekoj drugoj oblasti[5]. Prema tome, činjenica da je neko uspešan naučnik na poslu ne znači da će biti uspešan naučnik u svom intimnom odnosu.

Drugo, ljudi mogu da budu uspešni kao naučnici u svojim analizama odnosa drugih ljudi, ali ne i u analizi sopstvenog odnosa. Ponekad se pravi razlika između interpersonalne inteligencije i intrapersonalne inteligencije, gde prva označava inteligenciju u odnosima sa drugima, a druga inteligenciju u odnosu prema samom sebi[6]. Ove dve vrste inteligencije su veoma slabo međusobno povezane, tako da činjenca da neko uspešno analizira tuđe ponašanje ne znači da će uspešno analizirati sopstveno i obratno. I odista, psihoterapeuti imaju skoro iste probleme u svojim odnosima kao što ih imaju i drugi ljudi.

Treće, svi mi ispitujemo svoje odnose u izvesnoj meri, ali relativno mali broj ljudi ima naučnu priču. Naučna priča se javlja kada osoba stalno nešto analizira i retko kad se zadovoljava tim da ostavi stvari onakve kakve su. Naučnici nisu istinski srećni u odnosu ako ne osećaju da ga razumeju. Stoga, za naučnika, razumevanje ne sledi za srećom odnosno ne dolazi posle nje, već je, pre, njen glavni deo.

Komplementarne uloge: naučnik i predmet proučavanja

Dve komplementarne uloge u naučnoj priči su naučnik i neko drugi ko, zajedno sa odnosom, predstavlja predmet proučavanja. Ponekad, ali ne često, oba partnera su naučnici. Takvi odnosi mogu da budu teški izuzev ako oba naučnika tokom analize imaju isti pogled na svet.

Prednosti i nedostaci

Najveća prednost naučne priče jeste da ona može da dovede do uvida u odnose partnera u njemu, i, u idealnom slučaju, do pozitivne promene ponašanja. Mnogi parovi ne uspevaju da poboljšaju svoj odnos, zato što nisu svesni onoga šta treba da poboljšaju. Naučnik će donositi pretpostavke o dobrim i lošim stranama odnosa, otvarajući tako mogućnost da se on promeni na konstruktivan način.

Međutim, jedna od mogućnih mana naučne priče jeste mogućnost da analiza bude pogrešna, što može da dovede do trvenja i promene u ponašanju koja u stvari više pogoršava nego što poboljšava odnos. Osoba koja je u odnosu sa naučnikom može takođe da mrzi analizu ili da veruje da zaslužuje nešto više nego da bude predmet analize.

Druga moguća mana jeste da analiza može da promeni odnos i da za posledicu ima gubitak spontanosti koja je deo skoro svakog dobrog odnosa. Kada ljudi osećaju da ih neprestano proučavajuju oni se ne ponašaju na isti način kako bi se inače ponašali. Oni će takođe, po svoj prilici, postati ozlojeđeni. Stoga, partneri u takvom odnosu treba da pronađu način kako da im analiza ne izmakne kontroli.

KUVARSKA PRIČA

Kuvarsku priču karakteriše uverenje da ako dve osobe u jednom bliskom odnosu čine stvari na određen način – to jest, ako se drže recepta – odnos će skoro sigurno uspeti. U ovoj priči, odnosi uspevaju zato što se slede izvesni fiksirani koraci, i ključ svega je otkriti te korake, njihov redosled i kako ih preduzeti.

Ova priča je glavna tema najvećeg broja popularnih knjiga o tome kako izgraditi uspešan odnos koje se mogu naći na tržištu. Problem je, naravno, u tome što će one verovatno imati uspeha samo kod onih osoba koje imaju kuvarsku priču. Za neke od tih pojedinaca, tačni koraci recepta mogu biti manje važni od činjenice da postoji niz koraka kojih se treba pridržavati. Za druge, pak, recepti jednostavno ne vrede o čemu možda svedoči činjenica da je prosečan vek trajanja knjiga o odnosima tipa pomozi-sam-sebi obično veoma kratak. Knjige nestaju, ali ih brzo zamenjuju nove knjige koje tvrde isto, samo možda još ubedljivije.

Dijagnostikovanje kuvarske priče

1. Verujem da postoji tačan i pogrešan način pristupanja bliskom odnosu. Možete uspeti ako znate pravi način.
2. Verujem da treba da sledite korak po korak sve neophodne korake da biste imali dobar odnos.
3. Verujem da recept za dobar odnos liči na recept za dobro jelo; zahteva prave sastojke i obraćanje pažnje na pojedinosti.
4. Verujem da su oni koji imaju uspešan odnos otkrili šta je sve potrebno učiniti da bi on bio dobar.
5. Verujem da izgrađivanje uspešnog odnosa liči na kuvanje dobrog jela: ako koristite isuviše mnogo ili isuviše malo sastojaka može da bude kobno.
6. Verujem da je za dobar odnos neophodno da sledite određene korake koji će dovesti do uspeha.
7. Verujem da stvaranje dobrog odnosa dosta liči na pridržavanje recepta u uspešnom kuvanju.
8. Verujem da postoji recept za uspeh u odnosu, koji neki ljudi otkriju a neki ne.

Fred i Polin

Ni Fred ni Polin ne planiraju da se uskoro venčaju; oboje su prošli kroz teške razvode i ne žele da se zaleću u bilo šta novo. Pa ipak, nadaju se da će imati dug, zadovoljavajući odnos. Naravno, ako sve ispadne dobro, i brak bi dolazio u obzir.

Da bi postigli da njihov odnos potraje, Fred i Polin znaju da i jedno i drugo moraju biti srećni i zadovoljni zajedno provedenim vremenom. Oboje priznaju da im neće biti lako da pronađu sreću. Fred voli da se bavi sportom i da gleda sportske prenose, dok Polin više zanimaju odlasci na igranke i u bioskope. Da bi prevazišli ovaj problem, odlučili su se da primene sistem koji bi im omogućio da rade ono što žele. Da bi udovoljili Fredu dva puta nedeljno će trčati i bar jednom mesečno odlaziti na neko sportsko dešavanje; da bi usrećili Polin, ići će jednom nedeljno u bioskop i odlaziće na igranku svake druge nedelje. Takođe su se dogovorili da na sličan način rešavaju i druge nesuglasice o tome kako da provode slobodno vreme – to jest, postizanjem sporazuma. I Polin i Fred veruju da će imati uspešan odnos ako se drže ove formule.

Prošlo je nekoliko meseci i čini se da su Polin i Fred bili u pravu u pogledu svojih predviđanja. Revnosno su se pridržavali svoje formule za uspeh i oboje su se odlično provodili. Polin je čak počela da voli trčanje i pre nekoliko nedelja prvi put je u svom životu navijala na bezbol utakmici. Kada je reč o Fredu, on je naučio nekoliko veoma impresivnih plesačkih koraka i sam je sebe proglasio za filmskog kritičara. Polin je odlučila da se preseli kod Freda i mada su rešili da još dosta pričekaju pre nego što počnu da razmišljaju o braku, oboje osećaju da možda neće još dugo čekati na svadbena zvona.

Fred i Polin shvataju da se ne mogu isuviše kruto držati svog recepta za uspeh. Jasno im je da nijedna formula ne može da garantuje uspešan odnos i da moraju biti spremni da modifikuju svoje aktivnosti ako posebne okolnosti to od njih zahtevaju. Na primer, Fred shvata da će, kada dođe zima, biti

dana kada on i Polin neće moći da trče. Slično, Polin zna da
će biti večeri kada Fred neće želeti da ide na ples. Složili su se
da u takvim slučajevima pokušaju da smisle nove aktivnosti
koje će zadovoljavati potrebe svakog od njih. Veruju da će nji-
hov odnos najverovatnije biti i dalje uspešan ako nastave da
prave kompromise.

Elizabet i Ajzek

Svakog četvrtka, Elizabet i Ajzek se sastaju u Ajzekovom
stanu da večeraju i gledaju film. Obed koji pripremaju za sebe
obično je veoma bogat i raznovrsan – sveža salata, nekoliko
predjela i ukusno glavno jelo. Kada završe s jelom, odlaze u
video klub i biraju film koji nijedno od njih nije videlo. Na
povratku, odlaze u supermarket i kupuju malu kutiju sladoleda
koji zajedno jedu dok gledaju film. Po povratku u Ajzekov
stan, stavljaju film u videorikorder, gase svetlo, umotavaju se
u svoje omiljeno ćebe čvrsto zargljeni.

U životu Ajzeka i Elizabet nije sve tako romantično kao
njihov ritual četvrtkom noću. U stvari, aktivnosti tokom te
posebne večeri su skoro jedino oko čega mogu da se slože.
Njihovi ukusi su, uglavnom potpuno različiti. Ajzek uživa da
sluša nezavisne rok grupe u klubovima u centru grada; Eliza-
bet voli da švrlja po antikvarnicama. Muziku koju Ajzek sluša,
ona smatra nepodnošljivom; on, pak, veruje da nema ničeg
dosadnijeg od toga da se celi dan provede u razgledanju ple-
snivih knjiga. Zbog toga što oboje rade veoma mnogo i ima-
ju veoma različita interesovanja, provode manje vremena za-
jedno nego što bi to želeli. Zato, na Elizabetino navaljivanje,
pokušavaju da svoje slobodno vreme provode u aktivnostima
u kojima oboje uživaju. Stoga nastoje da svoj ritual četvr-
tkom noću učine što je mogćno romantičnijim i prijatnijim.

Naravno, oni ne provode zajedno samo četvrtak veče, ali to je vreme kada su sigurni da će biti zajedno. Veruju da će sve dok budu provodili zajedno to jedno posebno veče svake nedelje, biti kadri da održe skladan odnos uprkos svim razlikama.

Uprkos svom optimizmu, Elzabet i Ajzek shvataju da se ne mogu odveć kruto držati svog rituala četvrtkom noću. Jasno im je da bi bilo naivno misliti da će bilo koja formula garantovati uspeh. Elizabet je nekoliko puta izrazila zabrinutost da će doći vreme kada ih kombinacija večere, sladoleda i filma više neće zadovoljavati kao što ih sada zadovoljava. Ako dođe to vreme, Elizabet i Ajzek znaju da će morati da uvedu novine u svoj ritual četvrtkom noću ili da možda pronađu druge aktivnosti koje im se takođe dopadaju. Važno je da nađu recept sa kojim se oboje mogu složiti, i da su spremni da ga, ako je potrebno izmene. Elizabet i Ajzek veruju da će ako nastave da se pridržavaju ovih načela, njihov odnos i dalje biti uspešan.

Oblici mišljenja i ponašanja

Kuvarska priča je izuzetno popularna sudeći po prodaji popularnih psiholoških knjiga. I odista, mi smo često odgajani u uverenju da postoji "pravi" način da se odnos vodi i da je naš problem da otkrijemo taj "pravi" način.

Psiholozi često razlikuju "dobro strukturisane probleme" od "loše strukturisanih problema"[7]. Razlika je u tome što dobro strukturisani problemi imaju jasan i tačan put do rešenja, dok loše strukturisani problemi nemaju. Na primer, algebarski problem iskazan rečima bio bi dobro strukturisan problem, dok bi problem kako ubedljivo govoriti u prilog nekog političkog stanovišta bio loše strukturisan problem. Recepti poput onih koji se nalaze u popularnim pshološkim knjigama za poboljšanje odnosa pretpostavljaju da je problem kako izgraditi prisan odnos dobro strukturisan problem. Za neke, poput Freda i Polin, i Elizabete i Ajzeka on jeste zato što imaju kuvarske priče. Ali za većinu ljudi on nije.

Zašto ljudi veruju da je problem dobro strukturisan kada on to zapravo nije? Postoji mnogo razloga. Kao prvo, svi smo mi skoro od prvog razreda učeni da problemi ne samo da su strukturisani nego da i treba da budu strukturisani. U udžbenicima problemi su obično prikazani na autoritativan način, sa tačnim i pogrešnim odgovorima. Mnogi testovi imaju pitanja sa tačnim i pogrešnim odgovorima. Religija nas uči da postoje tačni i pogrešni odgovori. Političari nagoveštavaju da takvi odgovori postoje i da ih oni naravno imaju, a da njihovi protivnici to samo tvrde. U našoj sredini postoje mnoge snage koje nas socijalizuju u uverenju da životni problemi imaju samo jedan tačan odgovor, bez obzira na to je li to tako ili ne[8]. I stoga ne bi trebalo da budemo iznenađeni što je kuvarska priča popularna.

Hoće li ili neće ljudi verovati da takvi tačni odgovori postoje, zavisi i od njihovog stila mišljenja.[9] Ja sam na jednom drugom mestu izneo teoriju o stilovima mišljenja, prema kojoj, na primer, neki ljudi više vole da samostalno dolaze do rešenja svojih problema, dok neki ljudi više vole da im se kaže šta da rade. Mnogi parovi sa kuvarskom pričom više vole da im se kaže šta da rade i jednom kada donesu odluku o toku akcije, žele da rade istu stvar iznova i iznova.

Ali ima i parova, poput Elizabete i Ajzeka, koji u suštini prave sopstveni recept. Međutim, kada ga jednom naprave oni mogu da ga se kruto pridržavaju kao što se neki parovi pridržavaju recepata koje dobiju od drugih. Po svoj prilici najuspešniji "kuvarski parovi" su oni koji su fleksibilni, koji tokom vremena menjaju recept kao i kada stupaju u novi odnos.

Komplementarne uloge: kuvari, šefovi kuhinje, šefovi kuhinje i kuvari

Dve glavne komplementarne uloge uvek uključuju dve osobe koje na osnovu recepta zajedno pripremaju jelo (odnos). Odnosi se razlikuju po tome kakav je recept i odakle potiče. Kuvari dobijaju recept od nekoga (spolja); šefovi kuhinje sami prave sopstvene recepte. U slučaju šefa kuhinje i kuvara, jedna osoba preuzima ogovornost da napravi recept, a druga da ga pripremi.

U odnosu kuvar-kuvar, oba partnera dobijaju uputstva spolja. To su verovatno ljudi koji čitaju knjige tipa pomozi-sam-sebi, gledaju televizijske emisije o intimnim odnosima, ili slušaju radio programe u kojima se raspravlja o tome šta jedan odnos čini dobrim. Ili mogu da dobijaju smernice tako što posmatraju svoje roditelje i druge parove.

Odnosi šef kuhinje–kuvar mogu da budu sasvim uspešni, zato što su odgovornosti jasno podeljene; jedna osoba je pre svega odgovorna za pravljenje recepta, druga za njegovo sprovođenje u delo. Elizabet i Ajzek imaju takvu vrstu odnosa, u kojem Elizabet ima ulogu šefa kuhinje. Ako razmotrimo njihov stil mišljenja vidimo da jedna osoba voli da odlučuje o tome šta da rade, dok druga obično voli da joj se kaže šta da radi. Najveći faktor rizika u ovoj vrsti odnosa jeste da šefu kuhinje dosadi kuvar, zato što je šef kuhinje taj koji ima ideje, ili da kuvar počne da biva ozlojeđen tim što šef kuhinje uvek odlučuje kojeg će se recepta partneri pridržavati.

Treća mogućnost je odnos šef–šef, poput onog koji postoji kod Freda i Poline. Oboje imaju otprilike iste odgovornopsti prilikom odlučivanja o njihovom sopstvenom receptu. U takvim odnosima odgovornosti su mnogo ravnopravnije raspodeljene nego u odnosu šef–kuvar. Kao i u odnosu kuvar–kuvar, i ovde oba partnera imaju istu ulogu. Međutim, u ovoj vrsti odnosa postoji veća mogućnost da dođe do sukoba ako se partneri ne slože oko recepta. U takvim slučajevima, potrebno je da partneri imaju dobre strategije za rešavanje sukoba, ili da pronađu drugi odnos u kojem su recepti skoro kompatibilni.

Prednosti i nedostaci

Najveća prednost kuvarskih priča jeste ideja da postoji manje ili više dobro definisana strategija za izgrađivanje uspešnog odnosa i ona je često sasvim jasna kao u slučajevima Freda i Polin, i Elizabete i Ajzeka. Ljudi znaju šta se od njih očekuje da učine i obično će to i učiniti.

Sa ovom vrstom odnosa povezana je neka vrsta idealizma koji obično ljudima pruža nadu : čak i ako nisu pronašli pravi recept, uvek postoji mogućnost da će ga naći. Stoga su neki parovi sa ovom pričom koji osećaju da u odnosu nije sve onako kako bi trebalo da bude, voljni da investiraju u savetovanje, nedeljne odlaske u prirodu, tečajeve ili bilo šta drugo što je potrebno da bi se našao pravi recept. Na izvestan način, neki od parova sa ovim idealizmom liče na optimistične osobe koje stalno drže dijete, koje stalno tragaju za dijetom koja će u njihovom slučaju dati rezultate. Ali se čini da im nijedna nikada u potpunosti ne odgovara. Oni su uvek spremni da kupe najnoviji hit o dijetama, nadajući se da će im ta dijeta, za razliku od drugih, dati recept za trajan gubitak težine. Neki ljudi, nalaze takav recept, većina ne.

Najveći potencijalni nedostatak kuvarske priče jeste rigidnost: ljudi se drže recepta koji u njihovom slučaju ne daje dobre rezultate ili koji je nekada bio dobar ali više nije. Kuvarske priče po svoj prilici imaju najviše uspeha kada partneri svoje recepte prave i primenjuju fleksibilno.

Drugi potencijalni nedostatak, kao što je već rečeno, jeste da partneri ne znaju kada treba da odustanu. Pretpostavimo da su dve osobe u odnosu koji nije dobar i da odlaze kod savetnika. Savetovanje ne pomaže. Misleći da možda savetnik i nije baš sjajan, odlaze kod drugog savetnika. Ni ovaj ne pomaže. Pa, mogu li oni ikada da budu sigurani da savetovanje neće pomoći, da je osuđeno na to da bude poptuni poraz – krajnji neuspeh? Ne, zato što bez obzira na to kod koliko su savetnika bezuspešno išli, uvek postoji mogućnost da će odlazak kod sledećeg savetnika uroditi plodom. To je možda treći, peti ili stosedamdeseti, ali bez obzira na mnogobrojne neuspehe, nada uvek postoji. Oni sa kuvarskom pričom treba da preuzmu odgovornost i odluče kada je ta nada varljiva i izmiče im iz ruku kao zrno peska na plaži – kada za njih, jednostavno, nema plodotvornog recepta.

~ᵎŽANROVSKE PRIČE

U žanrovskim pričama, oblik ili način življenja u odnosu jeste razlog za njegovo postojanje i održavanje. Jedna posebna karakteristika odnosa preovladava nad svim njegovim drugim stranama. U ratnoj priči odnosom dominira stalan rat i mnoge njegove bitke; rat nikada nije dobijen niti izgubljen, da bi odnos opstao kao ratna priča rat ne sme nikada da se okonča. U pozorišnoj priči, jedan partner (a ponekad i oba) igra ulogu. Odnos liči na pozorište. Uloga ili uloge mogu da se menjaju, ali pozorišni aspekti nikada. U humorističkoj priči preovlađuju šale, bezbrižnost i smešna strana stvari. Svaki pokušaj da se vodi ozbiljan razgovor ili pak neka prepirka verovatno će se pretvoriti u šalu. U tajanstvenoj priči, jedan od partnera stalno je obavijen velom tajne, a odnos se razvija kada drugi partner pokuša, nikad potpuno uspešno, da pronikne kroz veo tajne. Obično, kada se pronikne kroz jedan veo, drugi se brzo navlači.

RATNA PRIČA

U ratnoj priči, par vidi ljubav kao niz bitaka u ratu, često dugotrajnom i uništavajućem. Čudno je, ali ako oba partnera na ovakav način gledaju na ljubav, oni mogu da budu srećni u odnosu koji se drugima čini užasnim.

Baš kao što su neki ljudi po svojoj profesiji ratnici, neki parovi su ratnici u svojim odnosima i istinski su najsrećniji kada vode, po njihovom mišljenju, dobru bitku. Kada bi se bitka okončala, par, poput ratnika kada se rat završi, može da ne bude sasvim siguran šta će sa sobom. Ako, međutim, samo jedan partner ima ratnu priču, ono što je za njega sasvim prihvatljivo za drugog može biti pakao.

Dijagnostikovanje ratne priče

1. Mislim da je prepirka zdrava za bliski odnos.
2. Mislim da svađe u stvari čine odnos vitalnijim.
3. Mislim da su odnosi u kojima se partneri ne prepiru često mrtvi.
4. Mislim da je zanimljivije prepirati se nego praviti kompromise.
5. Mislim da česte rasprave pomažu da sporna pitanja izađu na videlo i odnos bude zdrav.
6. Uživam da vodim borbu sa svojim partnerom da bi stvari bile zanimljivije.
7. Odnosi povlače za sobom dosta sukoba, što je po mom uverenju zapravo dobro za odnos.
8. Ja u stvari volim da se svađam sa svojim partnerom.

Bob i Diedre

Ista stara priča za Boba i Diedre. Sedeći za stolom za večerom, Bob pita svoju suprugu Diedre da li je razmotrila svoju odluku da zadrži njihovog sina u državnoj školi. Diedre zatvara oči, duboko udiše vazduh pokušavajući svim silama da ostane mirna. Par se već nekoliko nedelja raspravlja da li da zadrži Džona u državnoj školi ili ne, i posle nekoliko užasnih svađa Diedre je pomislila da su se ona i Bob konačno složili. Međutim, sada oseća da nova svađa lebdi u vazduhu i shvata da problem još nije rešen.

Bob je već ranije viđao taj izraz na Diedrinom licu i zna kako da ga protumači. Odmah je optužuje da se prema njemu ponaša snishodljivo; tvrdi da je njegovo mišljenje isto toliko važno koliko i njeno i da ona mora da uvaži tu činjenicu. Ona se sa njim slaže, ali tvrdi da njena odluka da zadrži Džona u državnoj školi nema nikakve veze sa njihovim pogledima; jedino je važno ono što je najbolje za njihovog sina. Na to Bob udara pesnicom o sto i pita svoju ženu da li ona misli da je za njihovog sina najbolje to da se sledeće četiri godine svog života svakodnevno suočava sa bandama i drogom. Počinje da vrišti na nju i Diedre može jedino da odmahne glavom dok njihov sin besno uleće u svoju sobu.

Ovakve vrišteće utakmice između Diedre i Džona igraju se već skoro petnaest godina. Diedre se zaklinje da će pokušati da održi njihov brak dok Džon ne završi gimnaziju, iako ne zna koliko će još bitaka sa svojim mužem moći da izdrži. Bob je oduvek verovao da treba da se bori za ono u šta veruje, a porodične stvari nikada nisu bile izuzetak. Diedre je uvek više volela mirniji način raspravljanja o spornim pitanjima; mada je, da ironija bude veća, tokom godina otkrila da jedini način kako može da podnese svađu jeste da usvoji Bobovo ponašanje i da se bori sa njim za svaki pedalj puta. Inače, da bi izbegla Bobov bes ona obično popušta pred njegovim željama. Nažalost, primetila je da kad kod na Bobovo ponašanje uzvrati istom merom, da to loše utiče na Džona i stoga pokušava da izbegne svađu sa svojim suprugom kad god to može. Međutim, sada smatra da je pitanje škole veoma važno pitanje; posle razgovora sa prijateljima, rođacima pa čak i sa nastavnicima i upravnicima državnih i privatnih škola, zaključila je da je državna škola bolji izbor za njenog sina. Stoga veruje da mora da se izbori sa svojim mužem po svaku cenu.

Džonovo školovanje je važno pitanje i svađanje zbog njega je neizbežno, ali pitanja zbog kojih se Bob i Diedre upuštaju u borbu nisu uvek tako bitna. Upravo prošle nedelje su se sporili oko toga da li da zadrže kauč u dnevnoj sobi ili ne. Bob smatra da je star i prljav; Diedre, pak, misli da ima čari. Bob počinje da je optužuje da je aljkava i da je loš uzor Džonu. Upravo su završili prepirku oko toga u koju školu Džon treba da ide i Diedre ne može da veruje da svađa ponovo počinje, posebno zbog tako beznačajne stvari.

Pa ipak, Diedre shvata da njen odnos karakteriše i da će ga verovatno uvek odlikovati neprestana svađa i bez obzira na to o čemu je reč, svađa će uvek lebdeti u vazduhu.

Nataša i Markus

Ponedeljak je i igra se poslednja četvrtina ponoćne utakmice između Pitsburg Stilersa i Kanzas Siti Čifsa. Markus, vatreni navijač Stilersa, nervozno šeta po sobi dok posmatra svoj tim na terenu.

Nataša, Markusova devojka već dve godine, uleće u sobu i pita ga hoće li se utakmica ikada završiti. Markus, isuviše zaokupljen igrom da bi čuo šta Nataša govori, samo ovlaš odmahuje rukom da bi joj pokazao da želi da ga ostavi na miru. Nataša, skoro zanemela od besa, kaže da više neće tolerisati tako smešno ponašanje i počinje da se šeta direktno ispred televizora. Raširenih očiju od užasa, Markus se hvata za glavu i ispušta jak krik. Nataša osvetnički vrišti da je apsurdno da mu je više stalo do glupave utakmice nego do njene promocije koju je upravo završila. Pokušavajući da ostane smiren, Markus odgovara da će sutra proslaviti njenu promociju; a zatim je moli da mu dozvoli da gleda u miru poslednje minute utakmice. Umesto odgovora, Nataša besno izlazi iz sobe, cepajući usput Markusove postere Stilersa.

Nekoliko minuta kasnije Stilersi pobeđuju na dramatičan način, ali Markusovo slavlje se prekida kada se Nataša vraća u sobu i nastavlja sa verbalnim napadima. Markus nastoji da je smiri, ali zna da je nju skoro nemoguće zaustaviti kada jednom započne svađu. Objašnjava joj, kao toliko puta ranije, da shvata apsurdnost i iracionalnost svoje strasti prema Stilersima; međutim, smatra da se teško može reći da je to kriminalni prestup i da bi trebalo da bude dovoljno uviđavna da ga ostavi na miru samo tri sata nedeljno dok Stilersi igraju. Nataša odgovara da njeno duševno stanje nema nikakve veze sa tim koliko vremena on provodi gledajući Stilerse; nju u stvari ljuti princip cele stvari – ideja da je njemu više stalo do Stilersa nego do nje.

Markus počinje da odgovara, ali ona ništa ne čuje šta joj on govori; izlazi iz sobe i odlazi pravo u spavaću sobu, zaključavajući vrata za sobom. Markus sedi na kauču u sobi držeći se rukama za glavu. Ovo je postao sasvim uobičajeni scenario u njegovom odnosu sa Natašom; ako nisu Stilersi, onda je nešto drugo. Bilo šta da je u pitanju Nataša je spremna da se bori za šta misli da je u pravu i prepiraće se sve dok Markus ne popusti; ako on to ne učini, ona će jednostavno otići i odbiće da razgovara s njim.

Dok Markus mozga o njihovom odnosu, Nataša ponovo uleće u sobu. Prilično grubim glasom kaže da će obavestiti svog šefa da joj više nisu potrebne karte za sledeću utakmicu

Stilersa, koje je obećala Markusu da će nabaviti. Markusu je za trenutak srce skoro stalo, ali se pribrao i samo odmahnuo glavom.

Oblici mišljenja i ponašanja

Osnovni oblik mišljenja u ratnoj priči jeste da je ljubav rat – dobar odnos je u stvari ratovanje. Ljudi sa ovom pričom misle da uvek treba da budu spremni da se bore za ono za šta veruju da je ispravno. Šta više, potreba za bitkom javlja se prilično predvidljivo, jer njihovi partneri imaju suprotno mišljenje o bilo čemu da se raspravlja.

Za one koji nemaju ratnu priču, može se činiti neverovatnim da je drugi imaju. Zašto bi bilo ko želeo da se svađa? Na kraju krajeva, sukobi su povezani sa rasturanjem a ne izgradnjom odnosa.[1] Ali postaviti im to pitanje, bilo bi kao da pitate nekoga zašto želi da se prijavi za vojsku ili mornaricu. Ljudi koji su ratnici uživaju u dobroj bitki. Za ljude sa ratnom pričom dobra borba (a ponekad i prljava) jeste suština odnosa.

Komplementarne uloge: ratnici pobednici i poraženi ratnici

U uspešnoj ratnoj priči oba partnera su ratnici i u njihovom odnosu biće mnogo čarki kao i nekih velikih bitaka, gde će uvek biti dobitnika i gubitnika – pobednika i poraženih. Parovi u ovoj vrsti odnosa uživaju u tome da pobeđuju u što je moguće većem broju bojeva; ali kada bitku izgube, uvek sa nestrpljenjem očekuju sledeću i mogućnost da nadoknade ono što su u prošloj izgubili.

Prednosti i nedostaci

Ova priča ima dobrih strana u odnosu jedino kada je oba partnera dele i žele istu stvar. U tom slučaju, pretnje razvodom ili nečim gorim mogu da budu uobičajene, ali nijedan od partnera ne pomišlja ozbiljno na to da napusti odnos: na svoj način oni se odlično zabavljaju. Glavni nedostatak, naravno, jeste da često ovu priču ne dele oba partnera, što dovodi do jakog i neprekidnog sukoba što, pak, može imati za posledicu da se partner koji nema ratnu priču najveći deo vremena oseća užasno.

Ljudi mogu da se nađu u ratničkom odnosu iako ne gaje naklonost prema ratnoj priči. U tim slučajevima, stalne svađe mogu biti takve da se oba partnera osećaju jadno. U ovom slučaju, ako se rat nastavi nema radosti ni za jednog partnera.

POZORIŠNA PRIČA

U pozorišnoj priči, jedan ili oba partnera vide sebe kao glumce raznih uloga. Ljubav sledi jedan ili više scenarija, često sa veoma strukturisanim tekstom, scenama i činovima[2]. Partnerovo ponašanje može da bude teatralno, ili može da bude nezanimljivo, ali jednom kada je scena postavljena, ono je predvidljivo.

U nekim odnosima zasnovanim na pozorišnoj priči, partneri znaju u šta se upuštaju i zadovoljni su time. U drugim slučajevima, pak, jedan partner otkriva tek pošto je odnos izgrađen da se onaj drugi ponaša u skladu s nekim scenarijem – osećanja i ponašanja koji izgledaju kao pravi ustvari su lažni i već mnogo puta odigrani, možda bez obzira na to ko je u tom trenutku služio kao publika.

Dijagnostikovanje pozorišne priče

GLUMAC

1. Mislim da moji odnosi liče na pozorišne komade: neki su komedije a neki drame.
2. Često izvodim predstavu za svog partnera.
3. Često otkrivam da u mom odnosu igram ulogu, baš kao u nekom komadu.
4. Često o svom odnosu razmišljam kao o pozorišnom komadu, samo što ja sam stvaram svoj jedinstveni iznenađujući kraj.

OBOŽAVALAC

1. Često otkrivam da me privlače partneri koji mogu da igraju različite uloge, poput glumca u pozorišnom komadu.
2. Volim partnere koji mogu u trenu da igraju različite uloge.
3. Volim partnere koji imaju nešto dramsko u sebi, poput glumca u pozorišnom komadu.
4. Volim da izlazim sa partnerima koji, slično glumcima u pozorišnom komadu, mogu da menjaju svoje ponašanje u skladu sa okolnostima.

Robert i Sindi

Svi neprestano govore Robertu kako će mu se mnogo svideti Sindi, nova sobna drugarica njegove sestre. Danas ona priređuje zabavu i Robert jedva čeka da vidi hoće li mu se ona dopasti koliko to drugi misle. Robert provodi nekoliko sati pripremajući se za to veče; u slučaju da se zagreje za Sindi, želi da bude siguran ne samo da dobro izgleda, već i da raspolaže brojnim raznovrsnim zanimljivim frazama i temama za razgovor. Razmišljajući o svom prethodnom iskustvu, zaključuje da razlika između uspeha i neuspeha može da se svede na nešto veoma prosto kao što je izgovaranje određene fraze ili slanje određenih emocija dok gleda devojku u oči.

Potpuno pripremljen, Robert odlazi do sestrinog stana i zvoni na vratima. Vrata mu otvara predivna devojka i predstavlja se kao Sindi. Robert misli da je izuzetno privlačna, ali se čuva da odmah ne pokaže da je isuviše zainteresovan za nju; učtivo se rukuje sa njom i odmah odlazi da se pozdravi sa svojom sestrom. Zna da prerano iskazano preterano interesovanje može da odbije Sindi od njega; na kraju krajeva niko ne želi nešto što lako može da dobije. Robert razgovara sa nekoliko osoba na zabavi, uvek pri tom držeći Sindi na oku. Želi da bude siguran da će ona uvek biti svedok njegovih uspelih šala.

Kako veče odmiče, Robert počinje da sa Sindi uspostavlja kontakt očima. Držao se po strani dovoljno dugo; sada je vreme da joj da do znanja da je zainteresovan za nju.

Kako se približava kraj zabave, on joj prilazi i upušta se u razgovor. Počinje da govori kako je život čudo, sa svojim skoro slučajnim nizom osećanja i događanja. Zna da ju je privukao svojom pričom, i njena zainteresovanost rasplamsala je njegovu teatralnu strast. Nekoliko trenutaka kasnije, svi su se razišli i Robertova sestra ih obaveštava da ide na spavanje.

Iskoristivši ukazanu priliku, Robert prepredeno odlučuje da promeni razgovor u raspravu o odnosima. Za trenutak je zavladala neprijatna tišina, kada je on, u najboljoj Džems dinovskoj, pozi mekim glasom prošaputao da misli da bi mogla odista da mu priraste za srce. Zatim joj je rekao da mora da ide, ali da bi voleo da jednom večeraju zajedno. Ona se slaže, i pre nego što je ustao i krenuo, spustio je blag poljubac na njene usne.

Dve večeri kasnije, Robert i Sindi su na svom prvom sa-
stanku. Baš kao i prve večeri kada su se upoznali, Robert
izvodi celu predstavu. Priča smešne priče i daje složena psiho-
loška tumačenja parova koji sede za susednim stolom – sve
vreme pomno prateći kako Sindi reaguje, tako da može da
odluči šta će sledeće da uradi. U ovom trenutku, čini se da
Robert ne može da pogreši. Sindi se divno provodi. Pa ipak,
ona misli da je Robert isuviše savršen i da mora da postoji
neka začkoljica.

Kako vreme prolazi, Sindi počinje da se pita nije li Robert
u prošlosti izvodio istu predstavu za nekog drugog. Ima dana
kada misli da je on jednostavno ustreptala, teatralna ličnost;
ponekad joj se, međutim, čini da sledi neku scensku formulu.
Na primer, jednog dana je našla u svojoj tašni kutijicu sa Pez
bonbonama, sa crvenom mašnicom. Robert ju je očigledno
tu stavio, i prvo je pomislila kako je to dražesno, ali dok je
razgovarala sa njim preko telefona, primetila je kako Rober-
tova sestra odmahuje glavom podrugljivo se smeškajući, kao
da kaže:" A stari štos, Pez bonbone u tašni". Sindi bi očigle-
dno bilo neprijatno kada bi Robertov humor i romantični
gestovi bili samo deo komada koji je on već ranije izvodio za
bezbroj žena. A jesu li oni to?

Kilen i Piter

Istog trenutka kada je ušetao u Vejfer, lokalni bar, Piterov
pogled privukla je žena koja je stajala za barom. U svojoj le-
voj ruci drži cigaretu, dok puši, lagano udiše dim i dražesno
ga izdiše, samo blago razdvajajući usne sprečavajući na taj
način da on pokulja i zaseni joj lice. U desnoj ruci drži nešto
nalik na margaritu; sa dva prsta drži čašu za dno i piće piju-
cka lagano kroz koktelsku slamku. Njena lepota se slaže sa

njenom gracioznošću. U poređenju sa njom Piter se oseća veoma nezgrapnim i nedostojanstvenim i stoga, iako žarko želi da razgovara sa njom, pita se da li bi njoj mogao da se svidi neko poput njega. Ipak se odlučuje da pokuša i nemarno joj prilazi.

Ona ga ne udostojava pogleda dok on prilazi. Međutim, on prikuplja snagu i pita je kako se zove. Sa površnim, skoro snishodljivim osmehom kaže mu da se zove Kilen. Za čudo, ona ne pita Pitera kako se on zove, i on se pita da li treba jednostavno da se udalji. Pa ipak, s vremena na vreme, ona se okreće ka njemu i upućuje mu pogled koji nagoveštava da bi mogao da joj se sviđa, tako da odlučuje da ne ide.

Kako noć odmiče, Kilen povremeno počinje da razgovara sa njim, držeći se i dalje na rastojanju. Mada donekle zbunjen, Piter je u stvari veoma zaintrigiran njenim ravnodušnim stavom prema njemu. Pita se da li treba da joj zatraži broj telefona, ali pre nego što je uspeo da se odluči, Kilen iz torbe vadi parče papira i na njemu zapisuje svoj broj telefona i kaže Piteru da je pozove. On je sada zbunjeniji no ikad, ali i ushićen preokretom stvari.

Piter se javlja Kilen i oni prave planove da večeraju zajedno. Sastanak je prošao veoma dobro i Piter je, kao i prošle noći, bio zasenjen njenim držanjem. Dogovorili su se da se vide ponovo, i Kilen predlaže da odu na izlet na jezero van grada. Proveli su divan dan na izletu i Piter je skoro bolno uzbuđen njenim prisustvom od kojeg mu zastaje dah. Imala je držanje filmske zvezde i Piter se ponekad pita nije li nekom magijom ubačen u neku holivudsku romansu; svaki njen pokret čini mu se čarobnim i oseća da ga ona skoro hipnotički privlači.

Piter i Kilen su počeli redovno da se viđaju i on je potpuno opčinjen njom. Pa ipak, na neki način počinje da se pita kako je mogućno da neko bude sve vreme tako potpuno pribran. On čak pomišlja na to da je pita, ali pre nego što mu se ukazala prilika, saznao je neke stvari koje su ga prilično zaprepastile.

Naime, jedne noći dok je opisivao Kilen svom prijatelju, desilo se da je jedna osoba načula njihov razgovor. Ispostavilo se da je prisluškivač imao kratku vezu s njom i na njihovo obostrano zaprepašćenje ispostavilo se da su Piterovi i Kilenini izlasci bili skoro identični sa njenim izlascima sa tom osobom. Sve od načina kako se ponašala u prvoj sceni za barom do načina kako je izrežirala njihov prvi poljubac, sve je bilo skoro potpuno isto u oba slučaja. Piter se gorko osmehnuo, shvatajući da je to sve bila gluma.

Oblici mišljenja i ponašanja

U pozorišnoj priči, sve izgleda da se odvija po scenariju. Svi se mi, naravno, u izvesnoj meri držimo scenarija, a ono što ovu priču razlikuje od drugih, jeste stepen. U pozorišnoj priči, skoro sve, do najmanjih pojedinosti interakcije, isplanirano je što je mogućno više unapred, i to ne samo prvi utisak nego i pojavljivanje koje nije predviđeno scenarijem. Najčešće jedan partner u početku nije svestan toga i otkriva to tek mnogo kasnije kada je odnos već započet. Ponekad nikada i ne sazna.

Za osobu koja služi kao publika u pozorišnoj priči, celi odnos može iznenada da postane veštački i licemeran. Međutim, za glumca, čitav odnos počiva u scenariju; ono što glumac čini ili oseća jeste samo način kako odnosom treba upravljati da bi se postigao optimalan rezultat. Možda je neka osoba u prošlosti igrala uloge koje su bile scenski veoma jasno određene, ili je možda nekad pokušala da bude spontana i u tome nije uspela i otkrila je da ima mnogo više uspeha kada se drži unapred pripremljenih fraza. U svakom slučaju, ova osoba uopšte ne mora da misli da je licemerna ili izveštačena. U nekim slučajevima, ona ne mora da bude čak ni svesna da se ponaša u skladu sa nekim scenarijem.

Komplemenratne uloge: glumac i publika

Dve uobičajene uloge u pozorišnoj priči su glumac i publika. U nekim slučajevima obe osobe mogu da glume i budu jedna drugoj publika.

Prednosti i nedostaci

Pozorišni odnosi mogu biti uspešni kada nijedan pratner nije svestan da je ponašanje određeno scenarijem. Često se dešava da samo jedna osoba glumi i odnos može da se raspadne kada drugi partner otkrije da mu se upućuju vešto smišljene fraze. Odnos ipak može da bude uspešan ako scensko ponašanje nije svesno i ako ne postoji namera da se partner obmanjuje. U ovom slučaju, uspeh je mogućan ako osoba koja služi kao publika shvati da je ono što liči na glumu u stvari način kako se njen partner najprijatnije oseća u odnosu.

HUMORISTIČNA PRIČA

Humoristična priča je obično bezbrižna priča u kojoj jedan ili oba učesnika vole da vide smešnu stranu stvari. U ovom slučaju, jedan ili oba partnera vole da se šale, i pravljenje šala može da postane ritual. Kada se sukob pojavi, partner ili partneri mogu da ga "rešavaju" tako što će ga pretvoriti u šalu – tako što će videti njegovu smešnu stranu i ići dalje. Ljudi sa humorističkom pričom nastoje da u odnosu ništa ne uzimaju ozbiljno, a kada razgovor postane preozbiljan, okreću ga na šalu. Ako njihov partner ne deli sa njima humorističnu priču, onda on može da bude zapanjen da neko može da se šali u tako neodgovarajućem trenutku.

Dijagnostikovanje humorističke priče

PUBLIKA

1. Sviđa mi se partner koji je spreman da misli o smešnoj strani našeg sukoba.
2. Sviđaju mi se partneri koji su kadri da povremeno vide humorističnu stranu problema.
3. Mislim da odnos može da se pokvari kada se shvata isuviše ozbiljno; zato volim partnere koji imaju smisla za šalu.
4. Sviđa mi se partner koji može da me nasmeje kada smo suočeni sa napetom situacijom u našem odnosu.

KOMIČAR.

1. Priznajem da ponekad pokušavam da se koristim humorom kako bih izbegao da se suočim sa problemom u našem odnosu.
2. Često volim da se šegačim kada je moj partner uznemiren zbog mene, uglavnom zato što verujem da je dobro ako možeš da se smeješ samom sebi kada si suočen sa teškom situacijom u svom odnosu.
3. Volim da se koristim humorom kada sam u sukobu sa svojim partnerom zato što verujem da uvek postoji smešna strana u svakoj konfliktnoj situaciji u odnosima.
4. Kada se ne slažem sa svojim partnerom, često pokušavam da od toga napravim šalu.

Dolores i Voli

Od trenutka kada je počela da se viđa sa Volijem, Dolores je znala da će njen odnos, ako ništa drugo, biti pun smeha. Na prvom sastanku imali su poteškoća u komunikaciji; jedno drugom su postavljali standardna pitanja koja se postavljaju na prvom sastanku i, zauzvrat, dobijali standardne odgovore koji se dobijaju na prvom sastanku. Iznenada, kao odgovor na dosadan, nezanimljiv razgovor koji su vodili, Vol je predložio da prestanu da vode tako očaravajuću diskusiju; njegov mozak doživljava isuviše veliku stimulaciju.

To je bila savršena rečenica izgovorena u pravo vreme koja je učinila da se smanji napetost koja je vladala u situaciji i dozvolila im da se bolje upoznaju. Odmah posle toga, Voli je počeo da pokazuje na druge parove koji su izgleda imali teškoća u komunikaciji, i počeo na smešan način podrobno da opisuje njihove odnose. Dolores se zacenila od smeha i počela je i sama da analizira nekoliko parova u restoranu. Uskoro su se ona i Voli nekontrolisano smejali i prestali su da se bekelje tek kada su mnogi ljudi počeli da gledaju u njihovom pravcu.

Doloresino predviđanje da će se ona i Voli dobro zabavljati obistinilo se. Njihova sposobnost da prepoznaju smešnu stranu mnogih dešavanja u svom životu omogućila im je da se dobro zabavljaju, kao i da prebrode mnoge neprijatne trenutke. Ako u njihovom odnosu uopšte postoji problem onda je to što se Dolores povremeno brine da Voli ne uzima njihov odnos dovoljno ozbiljno. Ona se obično pridružuje njegovim šalama u vezi sa njihovim odnosom; međutim, ima trenutaka kada bi želela da bude ozbiljan, kao onda kada ga pita da li misli da njihov njihov odnos može da bude dugoročan. U takvim situacijama Voli na njeno pitanje najčešće odgovara šalom, kojom obično ismeva nju ili njeno pitanje. Jednom ga je zapitala da li je razmišljao o tome da se oženi njom; rekao je da jeste, pod uslovom da ne žive zajedno. Dolores, međutim, uopšte ne misli da je njegov odgovor zabavan; osećajući to, Voli insistira na tome da se samo šalio, ali ipak i dalje izbegava da odgovori na pitanje. Situacije poput ove učinile su da Dolores stekne utisak da se Voli plaši intimnosti i da taj strah prikriva smešnim lakrdijama.

Međutim, njoj uglavnom ne smeta Volijev pristup odnosu. Ona obično prihvata njegov stav i igra se zajedno sa njim. Priznaje da je humor glavna odlika njihovog odnosa, i da ona i Voli istinski mare jedno za drugo. I sve dok je to tako, ona ne vidi razlog zašto bi sebe lišila zabave koju joj Volijeve lakrdije pričinjavaju.

Emili i Nelson

Emili je opet u istoj situaciji. Njen dečko, Nelson, upravo ju je zapitao da li je uopšte razmišljala o tome da počnu da žive zajedno i, kao i obično, Emili žurno izgovara šale jednu za drugom a ne raspravlja ozbiljno o problemu. Ona prvo navodi loše strane zajedničkog života, poput raznih neugodnosti koje se javljaju kada dve osobe različitog pola koriste isto kupatilo. Prelazeći na dobre strane ona šaljivo primećuje da, ako dve osobe žive zajedno u istom stanu, postoje manji izgledi da će, ako se vrata nepažnjom iznenada zalupe, ostati napolju; takođe dodaje da bi joj još jedna osoba u spavaćoj sobi koja bi odgovarala na zvono budilnika, pomogla da tačno na vreme stiže na posao. Iako Nelson ne može da se uzdrži a da se ne nasmeje na neke od Emilinih opaski, shvata da je to način kako ona izbegava da ozbiljno odgovori na pitanje. Voleo bi kada bi ona prestala da se trudi da bude toliko zabavna i kada bi počela da njihov odnos shvata ozbiljnije.

Emili je oduvek i ljubav i odnos shvatala na šaljiv način. Ona primećuje da ljudi nikada ne zastanu i ne shvate kako je život apsurdan i koliko se ljudsko ponašanje i emocije ne mogu kontrolisati; tvrdi da bi oni, kada bi to činili, takođe shvatili koliko je važno da se smeju sami sebi i odnosu u kome su. Iako bi Nelson voleo da Emili tokom razgovora o problematičnim situacijama ili važnim odlukama ne zbija šale, on se u izvesnoj meri slaže s nekim od njenih pogleda. Šta više, veruje da šaljiv način gledanja na odnos ima mnogo prednosti. Pored toga što se dobro zabavlja i smeje dok sluša bujicu Emilinih veselih šala i vispренih komentara, oseća da je važno priznati da život ima i svoju svetlu stranu, posebno onda kada vam se čini da se sve zaverilo protiv vas. U istom smislu, on i Emili su bili u stanju da prebrode mnoge napete trenutke zahvaljujući Emilinoj sposobnosti da nađe nešto smešno u svakoj situaciji. Na primer, na samom početku njihove veze, jedno veče su izašli zajedno i veoma se napili. Kada su se sledećeg jutra probudili zajedno u krevetu, nijedno od njih se nije sećalo šta se stvarno dogodilo. Ne treba ni reći, da je to bila prilično neugodna situacija, i oboje su se pitali ne će li ona značiti i kraj njihovog nedavno uspostavljenog odnosa. I moglo je tako biti da Emili nije počela da raspravlja o pijanačkim seksualnim susretima. Duhovito je oslikala situaciju krcatu zečicama, zečevima koji piju alkoholnu rosu, i naravno, sa na odgovarajući način nameštenom zečijom spavaćom sobom. Kada je završila, Nelson je osećao da mu je bliža od bilo koga do tada; u stvari ova situacija je po svoj prilici i učvrstila njihov status kao para.

Oblici mišljenja i ponašanja

Za humorističku priču karakteristično je shvatanje da je ljubav čudna i na mnogo načina zabavna. Mi možemo da vidimo ozbiljnu ili bezbrižnu stranu ljubavnog odnosa, a ljudi sa humorističnom pričom svakako više vole da vide njenu bezbrižnu stranu. Oni se koriste humorom da bi drugu osobu zainteresovali za sebe, da bi ublažili sukob, a ponekad i da bi izbegli da se suoče sa ozbiljnim pitanjima i da bi svog partnera držali na distanci.

Stagnacija predstavlja najveću opasnost s kojom se ovaj odnos suočava. Ljudima jednostavno postane dosadno. Humoristina priča obezbeđuje način da se izbegne dosada, zato što su mogućnosti za nove humoristične avanture u odnosu u suštini beskonačne. Ako rizik postoji, onda on leži u činjenici da neprestano viđenje šaljive strane stvari može i samo da postane dosadno.

Komplementarne uloge: komičar i publika

Dve uloge u humorističnoj priči su uloge komičara i publike. Partneri mogu da se smenjuju u ulogama, ali u određeno vreme, komičaru je potrebna publika da bi uspeo u svojoj ulozi. Kao što smo svi ponekad otkrili, šaljivost, poput lepote, nalazi se u glavi gledaoca, i komičar čije šale nisu nagrađene uvažavanjem, po svoj prilici prestaće da ih priča, odnosno, ako je reč o osobi koju privlači humor kao ljubavna priča, napustiće odnos ili će se mentalno i emocionalno distancirati od njega.

Prednosti i nedostaci

Humoristična priča može da ima ogromne prednosti: većina situacija ima svetliju stranu, i jedinke sa ovom pričom će je po svoj prilici lakše videti od drugih. Kada napetost zavlada odnosom ili kada partneri osećaju da ih život pritiska ponekad ništa nije delotvornije od šale, posebno ako ona dolazi iz samog odnosa a ne izvan njega.

Humoristične priče omogućavaju da odnos bude kreativan i dinamičan i da se reaguje na veselu stranu životnih iskustava. Ljudi mogu da u šaljivoj strani svog odnosa nađu izvor svoje sreće koji ih stalno podseća da mali broj stvari na kraju bude tako rđav kao što se to isprva čini.

Humoristična priča ima i potencijalnih nedostataka. Najveća opasnost po svoj prilici jeste da šala može da odvrati pažnju od ozbiljnih stvari. Ozbiljan razgovor koji treba da se vodi – recimo Nelsonov i Emilion o zajedničkom životu – stalno se odlaže šalama, ili se okreće na šalu. Tako humor može pre da umanji nego da poveća intimnost[3]. Konačno, ako partner koji igra ulogu publike počne da oseća da biti publika i nije baš neko veliko životno dostignuće, on može da prestane da bude zainteresovan za tu ulogu.

Drugi potencijalni nedostatak jeste da humor može da se koristi da bi se videla bezbrižna strana života, ali se takođe može koristiti i na surov, pasivno-agresivan način. Na primer, komičar, može da se koristi humorom da bi se narugao partneru. Partner svojim ponašanjem navodi komičara da se tako ponaša; komičar onda objašnjava da se "samo šalio" i pita partnera zašto nema smisla za šalu.

Naravno, partner, takođe, može da bude preosetljiv. Ali kada se humor koristi kao sredstvo da se osoba ponizi i to na način da komičar štiti sebe od odgovornosti (samo sam se šalio), odnos je neizbežno ugrožen.

Na kraju, humor može da se koristi na takav način da povezuje ljude i stvara prisnost, ili na način da ih udaljava a stoga i onemogućava prisnost. On predstavlja zanimljiv primer kako nešto u umerenim količinama može da bude dobro za odnos, a u preteranim štetno.

TAJANSTVENA PRIČA

U tajanstvenoj priči preovlađuju tajanstvene strane odnosa. Istorijski, romansa je oduvek bila povezana s velom tajne[4]. I odista, ono što rane stadijume ljubavi čini tako uzbudljivim jeste veo tajanstvenosti koji ih obavija. Svaki dan može da donese nove uvide u partnera. Ljudi sa tajanstvenom pričom nadaju se da nikada neće dočekati kraj ovog uzbuđenja. Većina drugih ljudi, s druge strane, očekuje da ove tajnovite strane njihovog odnosa počnu da blede kako odnos postaje sve dublji i da poverenje zameni tajnovitost.

Dijagnostikovanje tajanstvene priče

DETEKTIV
1. Često me privlače ljudi obavijeni velom tajne.
2. Volim kada mog partnera mogu teško da dokučim.
3. Često me privlače osobe koje su pomalo tajanstvene.
4. Smatram da su tajanstveni partneri koji imaju skrivene tajne veoma privlačni.

TAJANSTVENA OSOBA
1. Ne verujem da je apsolutno neophodno da dozvolim da moj partner zna mnogo o meni.
2. Volim da me u odnosu obavija veo tajne.
3. U odnosu čuvam dosta tajni od svog partnera i sviđa mi se da bude tako.
4. Verujem da je u jednom odnosu dobro da držite svog partnera da naslućuje o vama.

Lora i Darel

Lora i Darel se viđaju šest nedelja i stvari se uglavnom odvijaju odlično. On ne samo da je privlačan i inteligentan, već ima i dinamičnu ličnost koja čini da je zabavno biti s njim. Ali, jedno je brine: shvatila je da su se u prošlosti njeni odnosi u kojima je sebe odmah otkrila partneru, često prerano završavali. Lora zapravo veruje da se ljubav u stvari sastoji u boljem upoznavanju partnera, i ako dozvolite da vas on prerano isuviše dobro upozna, odnos će se prekinuti zato što nije ništa preostalo da se kasnije otkriva. Budući da Lora gaji prema Darelu snažna osećanja, ona ne želi da se tako nešto desi. Želi da bude sigurna da Darel stalno žudi da otkrije kakva je ona zapravo. Stoga kada je sa njim, skriva dosta stvari o sebi, uključujući i mnoga svoja osećanja.

Lorino ponašanje deluje na Darela upravo onako kako ona to želi. Zato ona prikriva mnoga svoja osećanja i neke strane svog života tako da Darel nikada nije sasvim načisto sa tim šta ona oseća ili misli. Iako ga Lorino ponašanje često frustrira, on uživa u svojim pokušajima da otkrije njenu tajnu. Stalno nastoji da dokuči šta to ona krije od njega, i mada ona ponekad otkriva deo sebe, nikada mu ne daje celu priču. Na primer, Darel često primećuje da Lora nešto piskara na parčetu papira. Kada je pita šta to piše, obično mu kaže da to nije ništa, ili da zapisuje koje sve porudžbine treba da obavi.

Povremeno, međutim, Lora poželi da nagradi Darela za njegov trud i kaže mu nešto o sebi što nije znao: na primer, da je nekada želela da bude pisac i zato obično zapisuje neku zanimljivu frazu ili ideju koje bi želela da unese u svoju priču. Na taj način ona očigledno razotkrila jedan deo sebe; međutim, neće mu reći da takođe postoji jedan deo nje koji misli da ima nečeg rđavog u stavljanju sopstvenih osećanja na papir i njihovom prodavanju javnosti. Iako Lora ne namerava da tu informaciju zauvek krije od Darela, veruje da treba još malo da sačeka pre nego što s njim o tome porazgovara.

Darel obično veruje da će njegovo nastojanje da bolje razume Loru uroditi mnogim zanimljivim otkrićima. Ali ima dana kada se pita ima li u stvari Lora bilo šta da krije i nisu li sva njegova nastojanja da je dokuči uzaman. Takođe shvata da ona možda skriva od njega nešto što bi moglo da učini da on promeni mišljenje o njoj. Čak i da nije zabrinut, Lorina tajanstvenost često veoma otežava komunikaciju, posebno kada Darel nije raspoložen da igra detektiva i kada bi više voleo da je poznaje malo bolje. Pored toga, ponekad se čini kao da upravo ta njegova nastojanja da je upozna održavaju njihov odnos.

Srećom, Lora je svesna da Darel možda ima takve pomisli. Shvata da mora neprestano sve više i više da se otkriva ako želi da njihov odnos potraje. Ona nastoji da postigne ravnotežu između toga da drži Darela u neizvesnosti i da mu dozvoli da otkrije neke njene nove strane. Nada se da će na taj način postići da odnos ne postane dosadan i da istovremeno uspostavi snažniju, prisniju vezu s njim.

Martin i Džin

Martin i njegov najbolji prijatelj Spenser, večeraju u svom omiljenom restoranu, nažalost tmurno raspoloženi. Martin i njegova devojka Džin, imaju nevolja u svom odnosu. Spenser je preneražen, jer kada bi to želeo Martin bi veoma lako mogao da otkloni teškoću koja kvari njihov odnos. Ova teškoća bi mogla da se ukratko opiše na sledeći način: Martin odbija da Džini otkrije svoja osećanja i emocije.

Često se dešava da Džini zna da Martina nešto muči, ali kada ga zapita da joj kaže o čemu je reč, on jednostavno slegne ramenima i kaže da je sve u redu. Njegovo lice, međutim, govori sasvim suprotno. Džin se oseća veoma frustriranom kada se Martin tako zatvori i žali se da ga nikada neće upoznati ako nastavi da se tako tajanstveno ponaša prema njoj.

Martin takođe krije izvesne činjenice iz svog života, čije bi otkrivanje olakšalo njihovu komunikaciju. Na primer, Džin se izdržava slikanjem i uvek kada postane potištena zbog svoje umetničke blokade, objašnjava Martinu da on ne može da razume kako se ona oseća zato što nije umetnik kao ona. Ona ne zna da je Martin odličan slikar i da je čak nekoliko njegovih slika izloženo u umetničkoj galeriji.

Spensera veoma zbunjuje ovakav scenario; on jednostavno ne može da shvati zašto Martin nije sasvim otvoren sa Džin kada je reč o njegovom životu i osećanjima. Čini mu se da Martin uživa u tome da čuva svoje tajne, čak i one za koje bi Džin trebalo da zna, kao što je Martinov slikarski talenat. Izgleda da se oni veoma vole, i Martinovo odbijanje da bude iskren sa njom i kada su u pitanju čak i najosnovnije stvari po svoj prilici ometa dalji razvoj njihovog odnosa.

Njihova noćašnja svađa započela je tako što je Džin počela da sumnja da je Martinovo čudno ponašanje možda čak znak da krije nešto ozbiljno od nje, na primer, da možda ima još neki odnos sa nekom drugom ženom. Martin je mogao otvoreno da kaže da takav drugi odnos ne postoji. Ali nije iskoristio ukazanu priliku.

Martinovo objašnjenje sopstvenog ponašanja vrtelo se oko njegovog shvatanja odnosa. On veruje da nikada ne treba nikome potpuno da se otkrije, i da je cela poenta u ljubavi da vaš partner pokuša da otkrije ko ste zapravo vi. Smatra da kada bi rekao Džin sve o sebi, uključujući i svoja osećanja u različita doba dana, bilo kao kada nastavnik pokušava da učenika na silu nahrani značenjima iz neke knjige. Učenik na kraju može da zna činjenice iz knjige, kao što će i Džin konačno saznati činjenice o njemu, ali nijedno od njih ne bi zapravo razumelo šta te činjenice znače. Martin veruje, da bi nešto istinski razumeli, vi sami morate da otkrijete neke stvari.

Iz tog razloga nije rekao Džin ništa o svom slikanju. On je svakako mogao da joj to jednostavno kaže i onda bi Džin mogla da razgovara sa njim o svojoj umetničkoj blokadi, ali Martin bi radije da ona sama nekako otkrije da je on slikar, jer ako bi ona to sama otkrila dokazala bi oboma da je počela da ga dublje razume. Oni bi tada mogli da razgovaraju o svojim slikarskim stremljenjima, ne samo kao dva posebna umetnika, već kao dvoje ljudi koji dobro poznaju jedno drugog.

Spenser se donekle slaže sa onim što Martim govori, ali ga upozorava da Džin možda nikada neće moći da otkrije sve što može da se zna o njemu. Martin priznaje tu činjenicu, ali i dalje tvrdi da će ona, ako se stvarno potrudi da ga bolje upozna, otkriti mnogo stvari koje još ne zna o njemu. Takođe dodaje da ne misli da će današnja svađa okončati njihovo odnos. Na kraju krajeva, Džin mu je u više navrata rekla da uživa u avanturi traganja za odgovorom ko je on i veruje da je večerašnja ljutnja znak da ona ima poteškoća u tome. Priznaje, međutim, da mora da uveri Džin da njegova tajanstvenost nema nikakve veze s nekom drugom ženom.

Oblici mišljenja i ponašanja

Ljudi sa tajanstvenom pričom misle da je tajnovitost važna komponenta ljubavi i da osoba ne treba da dozvoli da se isuviše zna o njoj. Ili, u najmanju ruku, otkrića treba da budu postepena i ne bi trebalo da budu laka. Ljudi sa tajanstvenom pričom skloni su da misle da oni sami, a i drugi ljudi, imaju mnogo tajni, i radije bi da ostane tako.

Detektivski strana ljubavi može, u stvari da donese dosta uzbuđenja. Kada nekoga volite, ogromno zadovoljstvo vam pričinjava da otkrivate nešto o toj osobi. Na početku odnosa ljudi se često ponašaju kao amater Šerlok Hols, obraćajući pažnju na svaku pojedinost u govoru i ponašanju svog partnera, nadajući se da će iz tih pojedinosti dokučiti tajne svojih voljenih. Obično, kako vreme prolazi, tajanstveni aspekt odnosa počinje da se povlači u pozadinu. Ljudi sa tajanstvenom pričom žele da se tajna nikad ne sazna.

Komplementarne uloge: detektvi i tajanstvena figura

Dve komplementarne uloge u tajanstvenoj priči su detektiv i tajanstvena osoba. Iako uloge mogu da se smenjuju, češće se dešava da jedna osoba igra ulogu detektiva dok je druga tajanstveni stranac.

Ima nečeg skoro groteisknog u dobro razvijenoj tajanstvenoj priči, zato što se mnogi romantični romani okreću oko razotkrivanja tajni koje obavijaju jednog ili drugog partnera u odnosu. S druge strane, ima nečeg odista tužnog, kada u dobro razvijenom odnosu, jedan partner uskraćuje informaciju koju bi možda druga osoba trebalo da zna.

Prednosti i nedostaci

Prednost tajanstvene priče je u uzbuđenju koje ona izaziva. Tajanstvena priča pretvara odnos u neprekidnu avanturu u kojoj jedan ili oba partnera pokušavaju da otkriju zanimljive informacije o onom drugom. Mnogi ljudi vole tajanstvene priče iz istog razloga iz koga vole tajanstvene odnose – oni održavaju zainteresovanost.

S druge strane, kada neko pročita, recimo, deset tajanstvenih priča od istog pisca, stvari mogu da postanu predvidljive. Na primer, posle izvesnog broja pročitanih romana o Peri Mejsonu, čitalac stiče ideju da je krivac obično ona osoba koja se najmanje uklapa u tu ulogu. Slično, tajanstvene priče u odnosima mogu da postanu predvidljive i stoga da izgube svoj tajanstveni karakter.

Tajanstvena priča može da se koristi da bi se manipulisalo partnerom ili da bi se on eksploatisao, kao u slučaju kada se prikrivaju informacije koje bi partner odista trebalo da zna. Na primer, teško da bi neko želeo da bude sa osobom koja ima ozbiljnu, zaraznu bolest, pod izgovorom da je tajna neznanja bila deo zabave. Za partnera koji je držan u tami, zabava zbog čuvanja tajne svakako ne opravdava strepnju i tegobu koju sa sobom donosi njeno razotkrivanje.

Tajanstvena priča takođe može da se koristi da bi se sakrila činjenica da osoba nema šta da krije, niti bilo šta da se otkrije. Na primer, Darel je počeo da se plaši da se Lora služi tajanstvenošću kao fasadom da bi prikrila svoju površnost. Ljude može da uzbuđuje ideja da saznaju tajnu druge osobe, a da onda prekasno otkriju da, kao prvo, ničeg odista zanimljivog u njoj nikada nije ni bilo.

III
IMPLIKACIJE

MOŽEMO LI DA PROMENIMO NAŠE PRIČE I POBOLJŠAMO NAŠE ODNOSE?

U ovom poslednjem poglavlju opisujem kako shvatanje ljubavi kao priče može da poboljša naše ljubavne odnose.

TESTIRANJE SHVATANJA LJUBAVI KAO PRIČE

Pre dve godine Karen je shvatila da traga za "gospodinom Gudbarom", poslovičnim uništiteljem iz priča strave i užasa. Često je posećivala barove za usamljene, uzimala droge i privlačili su je najdestruktivniji ljudi. Od kada je bila divljački pretučena njen je život bio na nizbrdici. A onda je počela da shvata kako njena priča utiče na njene izbore i kako ona u stvari proživljava prošli život svoje majke. Njena majka je bila udata za veoma zlog, nasilnog čoveka i da je ona sada, uprkos tvrđenju da nije tako, na ivici da uradi isto. Nadala se da će proživeti ceo proces života svoje majke, ali da će promeniti njegov kraj. Ali činjenica da je bila divljački pretučena navela ju je da shvati da se njen kraj, ako se ne promeni, neće razlikovati od kraja njene majke.

Ali nije lako odbaciti staru priču i Karen shvata da srlja u propast. Kada sada sretne čoveka tipa gospodin Gudbara, beži glavom bez obzira. Oni je još privlače; međutim, sada se svim silama trudi da odoli iskušenju.

Većina "lista želja" koje nosimo sa sobom i ne vrede mnogo. One vrlo verovatno počivaju na onome što osećamo da *treba* da želimo kao i na tome šta *stvarno* želimo. A šta stvarno želimo, možemo otkriti ako razumemo našu idealnu priču, možda onako kako je prikazuju skorovi na inventaru ljubavne priče za svaku priču koja se nalazi u ovoj knjizi. U tome nam mnogo ne pomažu čak ni knjige i vodiči za odnose, zato što se u njima daje spisak svojstava kojima bi ljudi trebalo da teže ako bi svi bili savršeni i isti, na osnovu onoga što oni odista jesu. Da bismo otkrili šta želimo, potrebno je da razmotrimo naše prošle odnose. Treba da se zapitamo koja su svojstva zajednička ljudima koji nas najviše privlače, a koja svojstva imaju ljudi koji su nas nekada privlačili ali nas sada više ne privlače. Ta svojstva su različita za različite ljude.

Bilo da smo raspoloženi za "traganje" ili ne, razumevanje naše idealne priče pomoći će nam da razumemo šta "ne valja" u našem odnosu i šta možemo da uradimo da ga poboljšamo. Ponekad naš partner ima sve željene osobine a ponekad se može desiti da stari partner postane naš novi partner. Ali da bismo suštinski promenili naše odnose, treba da postanemo svesni naših ljubavnih priča i da kraj prepravimo[1]. Možemo da postanemo svesni naših priča tako što ćemo analizirati odgovore na stavkama u inventarima koji se nalaze uz svaku priču u ovoj knjizi (mada, naravno, nijedan inventar ne može da reprezentuje sve moguće priče koje bi ljudi mogli da sastave. Obično ne pomaže da ljude pitamo koje su njihove priče, zato što oni najčešće nisu svesni svojih priča.

Ako se u odnosima pojave nevolje, konvencionalni pokušaji da se oni promene neće uroditi plodom ako se ne uzme u obzir kako se naše priče odvijaju u aktualnim odnosima. Ako naše ljubavne priče vidimo kao dominantu snagu u našim odnosima, ono što parovi misle da je uzrok raspada može u stvari da bude posledica. Drugim rečima, priča je ta koja rađa destruktivno ponašanje, a ne samo ponašanje koje je uzrok raspadanja. Kada se odnos približava prelomnoj tački, odluka da se on stvarno prekine često nije obostrana. Na kraju krajeva, ako su stvari tako loše, zašto se par, kao prvo, uopšte spojio? Kako su stvari mogle da počnu tako dobro, a da se završe tako jadno? I zašto je takav tok događaja toliko uobičajen?

Dalje, shvatanje o ljubavi kao o priči odvraća nas od toga da se usredsredimo na ponašanje i navodi nas da se usredsredimo na priče kroz koje se ponašanje tumači. Nije važna sama akcija već kako je ona protumačena u našim pričama i ostvarena u kontekstu u kojem živimo.

Zašto bi bilo ko podnosio krajnje zlostavljanje ili kinjenje priče ili ne priče. S moje tačke gledišta, zato što su priče tako moćne u našim životima a sem toga veoma ih je teško promeniti. Mi možemo da nastavimo da budemo u odnosu koji u mnogo čemu ne funkcioniše dobro, jednostavno zato što on za nas predstavlja ljubav, ma koliko se to drugim ljudima činilo "bolesnim". Mi čak možemo da mislimo da kultura podržava takvu vrstu ljubavi. Na primer, igre koje Ričar Barton i Elizabet Tejlor igraju u filmu *Ko se boji Virdžinije Vulf* mogu se mnogima od nas činiti bolesnim, ali one ispunjavaju priču koju su oba partnera želela u odnosu. Bez ovakvih igara likovima u filmu i onima koji ovu vrstu priče imaju u stvarnom životu bilo bi dosadno. Kultura u kojoj žive dozvoljava im da imaju ovu vrstu priče.

Kada jednom razumemo ideje u osnovi priča koje prihvatamo kao naše sopstvene, u stanju smo da smislimo novi zaplet. Možemo da se zapitamo šta nam se sviđa odnosno ne sviđa u našoj sadašnjoj (ili prošloj) priči, i kako bismo voleli da je promenimo. Zatim se možemo zapitati kako možemo da je preradimo. Pisanje novog razvoja događaja može da

zahteva menjanje priče ili transformisanje postojeće priče ka-
ko bi bila adaptivnija. Na primer, priča "strave i užasa" može
da se zamišlja tokom seksualne ili neke druge aktivnosti a ne
i da se stvarno fizički odigrava. Tokom prerađivanja priče tre-
ba da prepoznamo naše sopstvene faktore koji se nalaze u
osnovi i koji utiču na to kako pišemo zaplet i biramo teme
za naše priče. Takođe treba da razumemo kulturni kontekst
u kojem živimo. Istovremeno treba da razumemo priču našeg
partnera i kako bi on želeo da je izmeni. Prema tome, stavke
u inventarima iz ove knjige mogu da pomognu partnerima
da prepoznaju koje su njihove priče i da im posluže kao osno-
va za zaključivanje kakve su stvari sada i u kom pravcu bi
trebalo da se razvijaju.

Ponekad je potrebno da privremeno izađemo iz sopstvene
priče ili iz priče svog partnera kako bismo je bolje razumeli.
Kada analiziramo priču treba da se distanciramo od nje, kao
što je to učinjeno u ovoj knjizi, a ne samo da je nekritično ži-
vimo. Prema tome, poboljšavanje odnosa zahteva više od ra-
cionalnih spiskova. Zahteva pričanje priče. Često je potrebno
da priču isprobamo deo po deo, i da otkrijemo koje nam priče
odgovaraju a koje ne. Ponekad je potrebno da dozvolimo dru-
gima da nam pomognu da napišemo novi rasplet događaja u
našoj priči, a ne nastojimo da to sami uradimo. Razmotrimo
slučaj Lujze i Džona.

Lujza i Džon već duže vremena pokušavaju da poboljšaju
svoj odnos. Pokušali su sa knjigama, savetovanjem i grupama
susretanja. Ništa izgleda nije urodilo plodom. I onda, sasvim
slučajno, Lujza je ispričala Džonu bajku. Sama je izmislila baj-
ku o princu i princezi koji su izneverili sva očekivanja – nisu
doveka živeli srećno. Naravno, priča je bila o Lujzi i Džonu.
Nekoliko dana kasnije Džon je odgovorio svojom pričom.
To je bila priča o princu i princezi koji su, posle perioda

nezadovoljstva, doveka živeli srećno. Nastavili su da razmenjuju priče. Ovo im je pomoglo da razumeju svoje priče, bez direktnog suprotstavljanja, bez pretnji, bez strepnje. Ubrzo su pokušali da žive priču koju su zajednički sastavili i koja im se dopadala. Danas oni žive tu priču. Oni su princ i princeza koji doveka žive srećno.

Nije potrebno da uvek budemo racionalni. Odnosi u suštini nisu racionalni. Oni su priče. Prihvatanje ove činjenice znači udaljavanje od ideje o tome ko je u pravu a ko nije, i približavanje ideji o razumevanju i menjanju priča koje nisu ni tačne ni pogrešne. Već veoma, veoma stvarne. Možemo da razumemo i promenimo odnose jedino ako ih prihvatimo onakve kakvi jesu, a ne onakve kakvi bismo želeli da oni jesu u nekom hipotetičkom svetu.

Da li priča izdržava empirijski test? U testu shvatanja ljubavi kao priče, Lora Linč i ja smo konstruisali upitnik sa 75 stavki koje mere stepen do koga svaka od 25 priča opisuje kako ljudi shvataju ljubav[2]. Postoje po tri tvrdnje za svaku od priča (na primer "Odnosi su zabavni kada se jedna osoba istinski plaši druge" (strava i užas), "Kada se sve uzme u obzir ekonomska pitanja su od ključne važnosti u jednom odnosu" (poslovna priča), "Obično na kraju završim sa ljudima kojima je potrebna pomoć da prebrode loše istorije ili da se oslobode loših navika" (priča o izlečenju). Stavke navedene za svaku od priča u ovoj knjizi uzete su iz osavremenjene verzije ovog upitnika.

Učesnici u ovoj studiji procenjivali su svaki od iskaza na skali od 1 ("veoma se slažem") do 7 ("uopšte se ne slažem") gde je 4 predstavljalo srednju vrednost ("niti se slažem, niti se ne slažem"). (U kasnijem radu prešli smo na skalu od 1 do 9). Svaki iskaz procenjivan je dva puta: jednom za aktualan odnos u kome se osoba nalazi i jednom za idealan odnos kakav bi ona želela da ima. Učesnici su takođe popunjavali demografski upitnik i upitnik o zadovoljstvu u odnosu.

U ovoj maloj studiji učestvovalo je šezdeset ispitanika, pola muškaraca i pola žena od 17 do 22 godine (prosečna starost 18,8 godina). Svi su morali da budu sada ili da su bili u prošlosti bar u jednom intimnom odnosu.

Od 25 skala za priče upotrebljenih u ovom proučavanju, kada je reč o aktualnom odnosu, kod četiri su nađene značajne polne razlike: umetničke, kolekcionarske i pornografske (više kod muškaraca), i putopisne (više kod žena). Postojale su takođe velike opšte razlike u prosečnoj procenjenoj vrednosti, najniža za priču strave i užasa (1.56) a najviša za baštensku priču (5.68). Kada je reč o idealnim odnosima, muškarci su davali više prosečne vrednosti umetničkoj, kolekcionarskoj i pornografskoj priči, a žene poslovnoj. I ovog puta, najniža prosečna vrednost bila je za priču strave i užasa a najviša za baštensku priču, što znači da je priča strave i užasa bila najmanje popularna, a baštenska najpopularnija.

U drugoj studiji sa 43 para, Mahzad Hodžat i ja smo našli da su muškarci više od žena imali umetničku, pornografsku i (na naše iznenađenje) priču o žrtvovanju. Prema tome, postojala je izvesna tendencija da muškarci češće od žena postupaju sa svojim partnerkama kao sa objektima, ali takođe je kod izvesnih muškaraca postojala spremnost da se žrtvuju za svoj odnos. Žene su se češće opredeljivale za putopisnu priču. Parovi su imali slične profile priča; to jest, preferirali su slične priče. Prema tome, kao što se i moglo predvideti na osnovu teorije, ljudi su skloni da stupaju u odnos sa osobama koje imaju sličan profil priča. Postojala je tendencija da izvesne priče budu povezane sa manjim zadovoljstvom u intimnom odnosu (poslovna, kolekcionarska, policijska, priča o oporavku, naučno fantastična i pozorišna, autokratska vladavina). Nijedna od priča ne garantuje sreću. Priče mogu da olakšaju sreću, kompatibilne priče olakšavaju sreću, ali je ne garantuju. I najvažnije, što su se profili priča partnera više razlikovali, to je par bio manje srećan u odnosu.

U još jednoj drugoj studiji, sa 55 parova, Hodžat i ja smo našli, da ako bi trebalo da razlikujemo dve široke vrste priča, onda bi to bile one u kojima je moć jednaka odnosno nejednaka. Ljudi koji stupaju u odnos treba zarana da budu osetljivi na distribuciju moći u odnosu, jer kada se ona jednom uspostavi, teško ju je promeniti.

Na osnovu našeg istraživanja zaključili smo da je shvatanje ljubavi-kao-priče korisno za objašnjavanje zašto ljude privlače izvesni pojedinci a drugi ih ne privlače, i zašto neki odnosi traju a neki se raspadaju. Ono takođe govori da čak i odnosi koji se drugima spolja čine mučnim mogu da traju ako su kompatibilni za ljude koji su u odnosu, i zašto odnosi koji se drugima spolja čine dobrim mogu da seprekinu ako nisu kompatibilni za ljude koji su u njima. Opšte uzev, stepen u kojem će ljudi doživljavati trajnu ljubav zavisiće od stepena u kojem partneri ispunjavaju uloge u pričama svakog od njih.

ŠTA JE LJUBAV

Do sada bi trebalo da je svima jasno – ne postoji magični recept da se ljubav poboljša. Knjige o sedam koraka do boljih odnosa ili već bilo kako da se one zovu, verovatno će koristiti samo onim ljudima koji vide svoj odnos kao kuvarsku priču i koji žele da slede i odista se pridržavaju recepata ili, pak, za one koji istinski žele da isprobaju recept koji su dobili od nekog drugog. Ali u većini slučajeva, ne postoji magični recept koji uspeva kod svih, zato što ljudi imaju tako različite priče.

Ove priče se ne ograničavaju samo na 25 priča opisanih u ovoj knjizi. Kao prvo, mogućan broj priča je beskonačan i on uključuje ali se ne ograničava na ovde opisane vrste priča. Drugo, ljudi imaju hijerarhiju priča, što znači da ih verovatno privlači više različitih priča. Treće, njihove priče se tokom vremena mogu menjati. I četvrto, čak i kada priče ostaju iste, svako od nas ih neprestano dopisuje tokom celog svog života. Priče su stalno u stanju razvoja.

Pa ipak, shvatanje o pričama ima izvesne implikacije kako da se ljubav poboljša. Ali to nisu implikacije tipa kako poboljšati, već su to načini rekonceptualizacije šta je ljubav i šta može da se učini da ona više zadovoljava. Istovremeno, važno je imati na umu da je u bliskom odnosu ljubav samo deo onoga, ali ne i sve, što dovodi do uspeha[3]. Sredina koja pruža podršku, prijatelji, ekonomsko blagostanje, duhovna ispunjenost i kompatibilna interesovanja i vrednosti su takođe veoma značajni.

Razumite i uvažite ulogu priča o ljubavi. Ako ljudi shvate ulogu priča o ljubavi oni su već u dobrom položaju da poboljšaju svoj odnos. Većina ljudi koji zaboravljaju na ulogu koju priče igraju iznova i iznova čine iste greške nenamerno ponavljajući neadaptivne misli, osećanja, postupke koje njihova priča izaziva. Poznavanje uloge priča pomaže ljudima da shvate da sve priče mogu da imaju dobre i rđave elemente, i da ljudi moraju da pronađu način da na što bolji način iskoriste većinu dobrih strana i da kompenzuju ili smanje uticaj rđavih.

Otkrijte sopstvenu hijerarhiju priča. Postoji više načina kako ljudi mogu da otkriju koja je njihova hijerarhija priča i da tako bolje razumeju sebe. Jedan od načina da otkrijete koja je vaša hijerarhija jeste da porazmislite o pitanjima postavljenim u ovoj knjizi i da procenite svoj profil skorova.

Drugi način da dođete do zaključka o svojoj hijerarhiji jeste da porazmislite o vrsti ljudi koji vam se sviđaju i o vrsti događaja koji vam se dešavaju u vašem odnosu sa tim ljudima. Koju vrstu priča ovi ljudi i događaji igraju?

U jednom od mojih istraživanja sa Mazhad Hodžatom od ljudi smo jednostavno tražili da nam ispričaju priču o svojim ljubavnim odnosima. Priče koje smo dobili tom prilikom bile su prilično površne, opisivale su površne događaje, kao na primer, kada su se sreli i koje stvari vole zajedno da rade. Da biste došli do zaključka o sopstvenoj priči, morate da se koncentrišete na ono šta su ti događaji značili za vas a ne samo na ono šta oni objektivno znače.

Treći način da dođete do zaključka o svojim pričama jeste da se zapitate koja vam se priča o ljubavi dopada u knjigama, na televiziji ili na filmu. Iako u medijima verovatno nisu prikazane sve priče opisane u ovoj knjizi, oni ipak reprezentuju neke od njih. Budući da su ljudi skloni da projektuju sopstvena osećanja na junake priča, vrste priča koje ljudi vole u medijima mogu bar da nagoveste vrstu priča koju ljudi vole u sopstvenim životima.

Četvrti način kako da saznate o svojim pričama jeste da zapitate druge kako vas vide. Često drugi ljudi mogu da vide način kako vi mislite i ponašate se onako kako vi ne možete.

Otkrijte hijerarhiju priča svog partnera. Razumeti hijerarhiju priča svog partnera u najmanju ruku isto je toliko teško koliko i razumeti svoju sopstvenu. Opisane tehnike mogu se koristiti za partnera kao i za sebe samog. Vaši sudovi o partnerovoj hijerarhiji mogu biti isto toliko korisni koliko i partnerovi sudovi.

Razmotrite koliko se vaše idealne priče slažu sa pričom u kojoj ste. Ljudi imaju hijerarhije idealnih priča kao i aktualnih priča u kojima su. Upoređujući hijerarhiju idealnih priča sa aktualnom pričom i zaključujući koliko se one slažu, ljudi mogu da razmisle da li jedan odnos ili potencijalni odnos ima pravu priču za njih.

Pokušajte da što je mogućno više povećate adaptivne karakteristike priča a da na najmanju meru svedete loše prilagođene. Opisi raznih priča uključivali su kako opise nekih prednosti tako i nedostataka svake priče. Kada su svesni prednosti i nedostataka ljudi mogu da pokušaju da iz svoje priče izvuku najbolje.

Shvatite da iako priče upravljaju vašim izborom partnera i utiču na održavanje vašeg odnosa, one ne kontrolišu odnos ili vaše partnere. Na kraju krajeva, u čovekovoj je moći da odluči kome će stremiti kao svom potencijalnom partneru u ljubavi i da li će odnos sa njim trajati. Priče samo mogu da oblikuju način kako osobe opažaju odnos i kako on upravlja njihovom odnosom; ali odluke su njihove. Ljudi mogu, na primer, da otkriju da ih priča strave i užasa veoma privlači, ali da ipak odluče da ne slede takvu priču.

Razumite da priče utiču kako na događaje koji se dešavaju u odnosu tako i na tumačenje tih događaja. Ljudi su skloni da vide događaje i njihovo tumačenje kao nešto dato. Obično pretpostavljaju da se događaji dešavaju manje ili više sami od sebe, i da postoji jedno tačno tumačenje tih događaja – obično njihovo tumačenje. Jedna od implikacija shvatanja da je ljubav priča jeste da mi aktivno oblikujemo događaje u našim odnosima da bismo shvatili naše priče i da značenje ovih događaja tumačimo pomoću tih priča. Shvatite da su ta tumačenja subjektivna i da ne moraju da korespondiraju sa načinom kako naš partner tumači iste događaje. Ne postoji jedno "tačno" tumačenje događaja, ili bar nijedno koje mi možemo da znamo. Prema tome, važno je razumeti stvari kako sa sopstvenog stanovišta tako i sa stanovišta svog partnera.

Shvatite da se priče stalno pišu i dopisuju. Priča jedne osobe se ne završava kada ona napuni 18, ili 21 ili 50 ili 80 godina. Mi stalno pišemo priču o našem odnosu kako se on razvija. Čak i kada se odnos okonča, mi možemo priču o njemu iznova da napišemo nekoliko puta, tako da način kako ga opisujemo sebi samima ili drugima pet ili deset godina nakon njegovog završetka, može da se potpuno razlikuje od načina kako smo ga opisivali neposredno posle njegovog kraja. Stoga kada tumačimo kako svoje tako i tuđe priče, važno je da shvatimo da one nikada nisu konačne, nego da su radovi u toku. Kao takve, one su podložne promenama, čak i nakon što se odnos završi.

Uvažite da su u okviru date vrste priče moguće velike varijacije. Jedna ista vrsta priča može da bude napisana na više načina. Na primer, postoji bezbroj varijacija kuvarske priče; različiti recepti uspevaju za različite kuvarske odnose; a ponekad se recept menja čak i u toku odnosa. Slično, postoji bezbroj varijacija putopisne priče; nebrojene su destinacije koje par može da izabere kao i putevi koji do njih vode. U stvari, svaka vrsta priče ima bezbroj varijacija. Prema tome, čak iako nesumnjivo dajete prednost jednoj vrsti priča, u okviru nje postoje sve moguće varijacije. A pošto priču neprestano pišemo, mi možemo u bilo koje vreme da započnemo jednu od tih varijacija.

Teško je, ako ne i nemoguće, promeniti način kako razumemo te priče. Priče se teško menjaju, ali ih ljudi ipak stalno menjaju. Pošto svaka priča ima svoje pluseve i minuse, usredsređući se na pluseve izvesnih priča koje su po našoj proceni adaptivnije, i na minuse onih koje smatramo manje adaptivnim, možemo da se usmerimo ka pričama koje su za nas najbolje. Ako ovaj trud ne urodi plodom, dobra psihoterapija može da nam pomogne da pronađemo priče koje su adaptivnije od one koju trenutno imamo.

To što je ljubav priča, ne zatvara mogućnosti koje stoje pred nama; naprotiv, to nas čini svesnim da možemo da stvaramo bezbroj mogućnosti dok pišemo priče naših života i ljubavi.

⁓☙LITERATURA

PREDGOVOR

1. Robert J. Sternberg and Susan Grajek: The Nature of Love, *Journal of Personality and Social Psychology* 4, 1984: 312-29.

2. Robert J. Sternberg: A Triangular Theory of Love, *Psychological Review* 93,1986: 119-35; Robert J. Sternberg: The Tringular Theory of Love. New York: Basic Books,1988.

3. Robert J. Sternberg: Love Is a Story, *The General Psychologist* 30, no.1,1994; Robert J. Sternberg: Love as a Story, *Journal of Social and Personal Relationships* 12, 1995:541-46; Robert J. Sternberg: Love Stories, *Personal Relationships* 3, 1996:1359-79.

4. Anne E. Beall and Robert J. Sternberg: The Social Construction of Love, *Journal of Social and Personal Relationships* 12,1995: 417- 38.

LJUBAV KAO PRIČA

5. Robert J. Sternberg: Love Is a Story, The General Psychologist 30, no.1. 1994: 1-11; Robert J. Sternberg: Love as a Story, *Journal of Social and Personal Relationships* 12,1995: 541-46; Robert J. Sternberg: Love Stories, *Personal Relationships* 3,1996: 1359-79.

6. Sternberg: Love Stories. Videti takođe B.J. Cohler: Personal Narrative and the Life Course, u *Life Span Development and Behaior*, ed. Paul Baltes and Orville Brim Jr., New York: Academic Press, 1979, vol.4, str.205-41; R. Josselon and A. Lieblich (eds.): *The Narrative Study of Lives*. Newbury Park, CA: Sage, 1982; S.L.Murray and

275

J.G.Holmes: Storytelling in Close Relationships: The Construction of Confidence, *Personality and Social Psychology Bulletin* 20, 1994: 650-63; T. Sarbin (ed):*Narrative Psychology: The Storied Nature of Human Conduct* New York:Praeger, 1986.

7. Robert J. Sternberg and Michael L. Barnes: Real and Ideal Others in Romantic Relationships, *Journal of Personality and Social Psychology* 49,1985: 1586-1608.

8. Stanley Coren, Lawrence M. Ward and James T. Enns: *Sensation and Perception*. Ft. Worth, TX: Harcourt Brace College Publishers, 1994.

9. Seymor Epstein and Archie Brodsky: *You're Smarter Than You Think*. New York: Simon and Schuster, 1993

10.Aaron T. Beck: *Love Is Never Enough*. New York: Harper and Row,1988.

11. Jeffrey E. Young and Janet S. Klosko: *Reinventing Your Life*. New York: Duton, 1993.

12. Dan P. McAdams: *Stories We Live By*. New York: Morrow, 1993; Diane Wolkstein: *The First Love Stories*. New York: Harper Collins, 1991.

13. Richard E. Nisber and Lee Ross: *Human Interference: Strategies and Shortcomings of Social Judgment*. Englewood Cliffs. NJ: Prentice Hall,1980.

14. Lee Ross: The Intuitive Psychologist and His Shortcomings: Distortion in the Atribution Process, u *Advances in Experimental and Social Psychology*, ed. Leonard Berkowitz. New York: Academic Press, 1977. vol.10.

15. Robert J. Sternberg and Michael L. Barnes: Real and Ideal Others in Romantic Relationships. *Journal of Personality and Social Psychology*. 49, 1985:1586-1608.

16. Ellen Berscheid: Emotion, u *Close Relationship*. u ed. H.H. Kelley et al. New York: W.H. Freeman,1983, str.110-68; Ellen Berscheid: Interpersonal Relationships, *Annual Review of Psychology* 45,1994:79-129;G. Mandler: The Generation of Emotion: A Psychological Theory, u *Emotion:Theory, Research and Experience* vol.1. *Theories of Emotion*, ed.R. Plutchik and H. Kellerman. New York: Academic Press, 1980, str .219-43.

17. Arthur Aron and Lori Westbay: Dimensions of the Prototype of Love. *Journal of Personality and Social Psychology*. 70, 1996; Michael L. Barnes and Robert J. Sternberg: A Hierarchical Model of Love and

Literatura

Its Prediction of *Satisfaction in Close relationships*, u Satusfaction in Close Relationships, ed. Robert J. Sternberg and Mahzad Hojjat. New York: Guilford, 1997, str. 79-101; Beverly Fehr:Prototype Analysis of the Concepts of Love and Comitment, *Journal of Personality and Social Psychology* 55, 1988: 557-79; Beverly Fehr and James A. Russell: The Concept of Love Viewed from a Protopype Perspective, *Journal of Personality and Social Psychology*, 60,1991:425-35.

18. Diane Ackerman: *A Natural History of Love*. New York: Random House, 1994; Kenneth L. Dion and Karen K. Dion: *Cultural Perspectives on Romantic Love*. New York :Knopf, 1959; Irving Singer, *The Nature of Love*. vol.3. Chicago: University of Chicago Press, 1984.

ASIMETRIČNE PRIČE

1. Thomas N. Bardbury and Frank D. Finchman: Attribution in Marriage: Reviw and Critique, *Psychological Bulletin*, 107,19: 3-33.

2. John Alan Lee: *Colors of Love*. Toronto: New Press, 1973.

3. Elaine Walster, G.W. Walster and Ellen Berscheid: *Equity: Theory and Reserach*. Boston: Allyn and Bacon, 1978.

4. Judson Mills and Margaret S. Clark: Communal and Exchange Relationships: Controversies and Research, u *Theoretical Frameworks for Personal Relationships*, ed.R. Erber and Robin Gilmour. Hillsdale, NJ: Lawrence Erlbaum Associates, 1994. str.29-42.

5. Henry A. Murray: *Explorations in Personality*. New York: Oxford University Press, 1938 .

6. Isto.

7. Ted L. Huston: Power, u *Close Relationships*, ed. Harold Kelly at al., New York: W.H. Freeman, 1983, str. 169.

8. Philip G. Zimbardo: Psychology of Imprisonment, *Transition/Society*, 9 (6), 1972: 4-8.

9. Robert J. Sternberg: Love Stories, *Personal Relationships* 3, 1996: 1359-79.

10. Albert Bandura: *Aggression: A Social Learning Analysis*. Englewood Cliffs, NJ:Prentice-Hall, 1973; Albert Bandura: *Social Learning Theory*. Englewood Cliffs, NJ: Prentice-Hall, 1977.

11. Henry A.Murray: *Explorations in Personality*. New York: Oxford Univeristy Press, 1938.

12. Stanley Milgram: *Obidience to Authority: En Experimental View*. New York: Harper and Row, 1974.

13. Walter Mischel and. Shoda: A Cognitive-Afective System Theory of Personality;Reconceptualizing Situations, Dispositions, Dynamics and Invariance in Personality Structure, *Psychological Review* 102, 1995: 246-68.

PRIČE O OBJEKTIMA

1. Patricia Noller and M. Ruzzene: Communication in Marriage: The Influence of Affect and Cognition, u *Cognition and Close Relationships*, ed. Garth J.O. Fletcher and Frank D. Finchman. Hillsdale, NJ: Lawrence Erlbaum Associates, 1991, str. 203-34.

2. Jack W. Brehm: *A Theory of Psychological Reactance*. New York: Academic Press, 1966; Sharon S. Brehm and Jack W. Brehm: *Psychological Reactance: A Theory of Freedom and Control*. New York: Academic Press, 1981.

3. Cynthia Hazan and Phillip R. Shaver: Romantic Love Conceptualized as an Attachment Process, *Journal of Personality and Social Psychology* 52,1987: 511-24; Phillip R. Shaver and Cynthia Hazan: Adult Romantic Attachment: Theory and Evidence, u *Advances in Personal Relationships*, ed. Warren Jones and Daniel Perlman. London: Jessica Kingsley, 1987,vol.4, str.29-70; Phillip R. Shaver, Cynthia Hazan and Dona Bredshaw: Love as Attachment: The Integration of Three Behavioral Systems, u *The Psychology of Love*,ed. Robert J. Sternberg and Michael L. Barnes, New Haven, CT:Yale University Press, str. 68-99.

4. David M. Buss: *The Evolution of Desire: Strategies of Human Mating*. New York:Basic Books, 1994; Helen E. Fisher: *Anatomy of Love*. New York: Norton, 1992; Meredith F. Small: *What`s Love Got to Do with It?* New York: Anchor Books, 1995; Glen Wilson: *The Coolidge Effect*. New York: Morrow, 1981.

5. Judith H. Langlois a nd L.A. Roggman: Attractive Faces Are Only Average, *Psychological Science 1*, 1990: 115-21.

6. Ellaine Hatfield and Susan Sprecher: *Mirror, Mirror: The Importance of Looks in Everyday Life*.Albany, NY: State University of New York Press, 1980.

7. Mark Snyder, E.D. Tanke and Ellen Berscheid: Social Perception and Interpersonal Behavior: On the Self-Fulfilling Nature of Social Stereotypes, *Journal of Personality and Social Psychology* 35, 1977: 656-66.

8. Albert J.Lott and Bernice E. Lott: A Learning Theory Approach

to Interpersonal Attitudes, u *Psychological Foundations of Attitudes*, ed. Anthony G. Greenwald and Thomas M. Ostrom. New York: Academic Press, 1968, str. 67-88; Gerald L. Clore and Donn Byrne, A Reinfiorcement-Affect Model off Attraction, u *Foundations of Interpersonal Attraction*, ed. Ted L. Huston, New York:Academic Press, 1974, str.143-70.

9. Abraham H. Maslow: *Motivation and Personality*. New York: Harper and Row, 1954.

10. Theodore Reik: *A Psychologist Looks at Love*. New York: Harper and Row, 1954.

11. Ovid (Publius Ovidius Naso): *The Erotic Poems*, prev. na engl.: Peter Green. New York: Wiley, 1957.

12. John Alan Lee: *Colors of Love*. Toronto:New Press, 1973.

13. R. Duncan Luce and Howard Raiffa: *Games and Decisions*. New York: Wiley, 1957.

14. Hudson Mills and Margaret S. Clark: Communal and Exchange Relationships: Controversies and Research, u *Theoretical Frameworks for Personal Relationships* ed. R. Erber and Robin Gilmour, Hillsdale, NJ: Lawrence Erlbaum Associates, 1994, str.29-42.

PRIČE O KOORDINACIJI

1. Diane Wolstein: *The First Love Stories*. New York: Harper Collins, 1991.

2. Anne E. Beall and Robert J. Sternberg: The Social Construction of Love, *Journal of Social and Personal Relationships*, 12, 1995: 417-38.

3. Hatfield: Passionate and Companionate Love, u *The Psychology of Love*, ed. Robert J. Sternberg and Michael L. Barnes. New Haven, CT: Yale University Press, 1988, str. 191-217.

4. John Alan Lee: *Colors of Love*. Toronto: New Press, 1973.

5. John Alan Lee: Love-Styles, u *The Psychology of Love*, ed. Robert J.Sternberg and Michael L. Barnes. New haven, CT: Yale University Press, 1988, str. 38-67. Videti takođe Clyde Hendrick and Susan S. Hendrick: A Theory and Method of Love, *Journal of Personality and Social Psychology* 50, 1986: 392-402.

6. Elaine Hatfield: Passionate and Companionate Love, u *The Psychology of Love*, ed. Robert J. Sternberg and Michael L. Barnes, New Haven, CT: Yale University Press, 1988, str.191-217; Elaine Hatfiled and Richard L. Rapson: *Love, Sex and Intimacy:Their Psychology, Biology*

and History. New York:Harper Collins, 1993.

7. Stanton Peele: Fools for Love: The Romantic Ideal, Psychological Theory and Addictive Love, u The *Psychology of Love*, ed. Robert J. Sternberg and Michael L. Barnes. New Haven, CT: Yale University Press ,1988, str.159-88; Stanton Peele and A. Brodsky: *Love and Addiction*. New York: New American Library, 1976.

8. Robert J. Sternberg: *The Triangle of Love*. New York: Basic Books, 1988.

9. Richard L. Solomon: The Opponent-Process Theory of Acquired Motivation: The Costs of Pleasure and the Benefits of Pain, *Americn Psychologist* 35, 1980: 691-712.

NARATIVNE PRIČE

1. Diane Wolsktein: *The First Love Stories*. New York: Harper Collins, 1991; videti takođe Robert J. Sternberg: *In Search of the Human Mind*. FT. Worth, TX: Harcourt Brace College Publishers, 1995.

2. Francesco Alberoni: *Falling in Love*. New York: Random House, 1983.

3. Anne E. Beall and Robert J. Sternberg: Love and Science: Can Two Be Married? *Jornal of NIH Research* 2, 1990; Robert J.Sternberg and Michael L. Barne: Real and Ideal Others in Romantic Relations, Journal of Personality and Social Psychology 49, 1985:1586-1608

4. Robert J. Sternberg and Elena L. Grigorenko (eds.): *Intelligence, Heredity and Environment*. New York: Cambridge University Press, 1977.

5. Howard Gardner, Mindy L. Kornhabler and Warren K.Wake: Intelligence: Multiple Perspectives .Ft. Worth, TX: Harcourt Brace College Publishers, 1996; Robert J. Sternberg; *Successful Intelligence*. New York: Simon and Schuster, 1996.

6. Howard Gardner: *Frames of Mind: The Theory of Multiple Intelligence*. New York: Basic Books, 1983

7. Robert J. Sternberg and Catherine Whitney: *Love the Way You Want It*. New York: Bantam,1991; videti takođe Robert J. Sternberg: *Cognitive Psychology*. Ft.Warth,TX : Harcourt Brace College Publishers, 1996.

8. Robert J. Sternberg: *Successful Intelligence*. New York: Simon and Schuster, 1996; Robert J. Sternberg and Louise Spear-Swerling: *Teaching for Thinking*. Washington , DC: American Psychological Association, 1996.

9. Robert J. Sternberg: *Thinking Styles*. New York: Cambridge University Press, 1997.

ŽANROVSKE PRIČE

1. John M. Gottman: *What Predicts Divorce? The Relationships between Marital Processes and Mairtal Outcoms*. Hillsdale, NJ: Lawrence Erlbaum Associates, 1994; Howard J. Markman: Prediction of Marital Distress: A Five-Year Follow-Up, *Journal of Consulting and Clinical Psychology* 49,1981: 760-62.

2. Ervin Goffman: *The Presentation of the Self in the Everyday Life*. Garden City, NY: Doubleday, 1959; Roger C. Schank and Robert P. Abelson: *Scripts, Plans, Goals and Understanding*. Hillsdale, NJ: Lawrence Erlbaum Associates, 1977.

3. John H. Harvey: *Odyssey of the Heart: The Search for Closeness, Intimacy and Love*. New York: W. H. Freeman, 1995; George Levinger and H.L. Raush (eds.): *Close Relationships: Perspectives on the Meaning of Intimacy*. Amherts, MA: University of Massachusetts Press, 1977; Harry T.Reis: The Role of Intimacy in Interpersonal Relations, Journal of Social and Clinical Psychology 9, 1990.

4. Denis De Rougemont: *Love in the Western World*. New York: Random House,1983.

IMPLIKACIJE

1. Robert J. Sternberg: Love Stories, *Personal Relationships* 3, 1996: 1359-79.

2. Patricia O`Hanlon Hudson and William Hudson O`Hanlon: *Rewriting Love Stories*. New York:Norton, 1991.

3. Aaron T. Beck: *Love Is Never Enough*. New York:Harper and Row, 1988; Robert J. Sternberg: *The Traingle of Love*. New York:Basic Books, 1988; Robert J. Sternberg: Traingulating Love, u *The Psychology of Love*, ed. Sternberg: What` Love Got to Do With It?, *Omni* 10, 1088:27.

⁀❀INDEKS

Robert Dž. Sternberg
LJUBAV JE PRIČA
*
Izdavačko preduzeće
RAD
Beograd, Dečanska 12
radbooks@eunet.yu
*
Za izdavača
SIMON SIMONOVIĆ
*
Grafički urednik
NENAD SIMONOVIĆ
*
Lektor i korektor
MIROSLAVA STOJKOVIĆ
*
Štampa
Elvod-Print, Lazarevac

CIP - Katalogizacija u publikaciji
Narodna biblioteka Srbije, Beograd

177.61

STERNBERG, Robert Dž.
Ljubav je priča : Nova teorija odnosa / **Robert Dž. Sternberg**;
prevela sa engleskog Ljiljana Miočinović. - Beograd : Rad, 2007.
(Lazarevac : Elvod-Print). - 291 str. ; 21 cm. - (Biblioteka XXI vek)

Prevod dela : Love is the story / **Robert J. Sternberg**. -
Bibliografija str. 275–281. - Registar.

ISBN 978-86-09-00978-5

a) Ljubav
COBISS.SR-ID 144216076